ANONYMUS

KAISER FRANZ JOSEPH I.
UND SEIN HOF

ERINNERUNGEN UND SCHILDERUNGEN
AUS DEN NACHGELASSENEN PAPIEREN
EINES PERSÖNLICHEN RATGEBERS

ÜBERSETZT UND HERAUSGEGEBEN
VON DR. JOSEF SCHNEIDER

PAUL ZSOLNAY VERLAG
WIEN · HAMBURG

Alle Rechte vorbehalten
© by Paul Zsolnay Verlag Gesellschaft m. b. H., Wien/Hamburg 1984
Umschlag und Einband: Werner Sramek
Filmsatz: Wulfenia, Feldkirchen
Druck und Bindung: Wiener Verlag
Printed in Austria
ISBN 3-552-03605-9

CIP-Kurztitelaufnahme der Deutschen Bibliothek
Kaiser Franz Joseph I.[der Erste] und sein Hof
Erinnerungen und Schilderungen aus d. nachgelassenen
Papieren e. persön. Ratgebers / Anonymus. Übers.
u. hrsg. von Josef Schneider.— Wien ; Hamburg :
Zsolnay, 1984.
 ISBN 3-552-03605-9
NE: Schneider, Josef [Hrsg.]

Vorwort des Herausgebers

Ein sonderbares Zusammentreffen entsiegelte mir diese Aufzeichnungen, aus denen ein scharfes Licht auf die letzten zwanzig Jahre Geschichte Österreich-Ungarns fällt. Da es jedes Menschen Pflicht ist, alle Unterlagen einer gerechten Beurteilung des eigenen Volkes vor der Öffentlichkeit auszubreiten, entschloß ich mich zur Herausgabe dieses wertvollen Beitrages zum Beweisverfahren des Weltgerichts, ohne deshalb den politischen Standpunkt des Verfassers zu teilen. Aus diesem Grunde muß ich auch die Verantwortung für manche Urteile über Personen ablehnen, die nachzuprüfen mir jede Möglichkeit fehlt. Um den Gesamteindruck nicht zu stören, glaubte ich die etwas altmodische Form der fremdsprachigen Urschrift möglichst wenig verändern zu sollen, der Hauch von Hofluft gehört nun einmal zu der vergangenen früheren Zeit.

Dr. Josef Schneider

I.
Wie es anfing.

Es war an einem bitterkalten Jännernachmittag 1901. Die scharfe, frostige Winterluft war klar und durchsonnt, trotzdem froren die Truppen, die in Parade längs Rennweg und längs Fasangasse bis zum Wiener Ostbahnhof Spalier standen und sich durch Füßestampfen und Händereiben ein wenig zu erwärmen trachteten. Die Pferde der berittenen Offiziere und der Kavallerie waren unruhig und tänzelten nervös auf den glatt gefrorenen Pflastersteinen der Straßen.

Plötzlich ertönte ein Signal; alles stand regungslos, die umflorten Fahnen wurden gesenkt, die Trommeln, mit schwarzem Tuch bedeckt, wurden gerührt: der einfach vornehme Wagen des Kaisers, erkennbar an den reichvergoldeten Rädern, mit einem herrlichen Schimmelpaar bespannt, bog bei der polnischen Gardekirche in scharfem Trab um die Ecke des Rennwegs und hielt jäh am Eingang der serbischen Kapelle in der Veithgasse, wo Franz Joseph ausstieg, während die Truppen militärischen Salut leisteten.

Der Kaiser, in Feldmarschallsgalauniform mit schwarzem Mantel, trat in die Kapelle ein; er war frisch, und seine flinken Bewegungen deuteten nicht im entferntesten auf die siebzig Jahre, welche er schon überschritten hatte. Als er den Zweispitz mit dem grünen Federbusche abnahm, wiesen auf sein Alter nur einige schneeweiße Haare auf dem kahlen Kopfe, ebenso schneeweiß wie der Bart. Der Kaiser wurde auf den Ehrenplatz im Kapellenschiff geleitet, wo er aufrecht hinter seinem Betstuhl stehen blieb und nachdenklich und ernst auf einen Sarg in der Mitte des Schiffes hinstarrte. Dort lag Milan Obrenowitsch, König von Serbien, aufgebahrt.

Wenige Tage zuvor war er in seinem Wiener Heim in der Johannesgasse gestorben, gepflegt nur von seinem Verwandten, Oberst Konstantinowitsch und dessen Tochter Natalie, der nachmaligen Prinzessin Mirko von Montenegro. Während König Milans letzter Krankheit hatte der Kaiser täglich einen seiner Adjutanten geschickt, um sich nach dem Befinden des Königs zu erkundigen und dem früheren Herrscher Serbiens seine Sympathie auszudrücken, denn dieser stand ihm sehr nahe. „Er war stets mein Freund", sagte der Kaiser einmal nachdrücklich zu Graf Goluchowski, seinem Minister des Äußeren, „und ich werde bis zu meinem Lebensende der seinige bleiben."

Der zelebrierende Geistliche, dem zwei griechisch-orthodoxe Militärgeistliche der österreichisch-ungarischen Armee assistierten, vollzog die vorgeschriebenen Zeremonien, dann wurde der Sarg zum Wagen getragen und der Leichenzug bewegte sich zum Ostbahnhofe. Von dort wurde die Leiche nach Slawonien ins Kloster Kruschedol überführt, wo Milans letzte Ruhestätte sein sollte. Unmittelbar hinter den Verwandten des Königs und einigen wenigen serbischen Würdenträgern folgte Kaiser Franz Joseph allein ohne Begleitung den sterblichen Überresten seines königlichen Anhängers. Er ging den ganzen Rennweg mit, bis dorthin, wo die Abschiedssalven abgegeben wurden und der erste Teil der offiziellen Leichenfeier zu Ende war.

Abends zuvor war in Wien der Adjutant des jungen Königs Alexander, Oberst Lazarewitsch, aus Belgrad angekommen, den der König in äußerst dringender Spezialmission zum Kaiser gesandt hatte. Er hatte sofort nach seiner Ankunft und dann wiederholt am folgenden Morgen um eine Audienz gebeten, wurde von Franz Joseph aber erst nach dem Leichenbegängnisse empfangen; die Botschaft, die er vom König zu bringen hatte, war die Bitte an den Kaiser, sich anläßlich des Todes des Königs Milan jeder persönlichen Kundgebung zu enthalten und von der Leichenfeierlichkeit keinerlei Notiz zu nehmen. Franz Joseph hatte den Zweck der Sendung des Obersten Lazarewitsch im voraus geahnt und befahl ihn daher erst zu einer Zeit zur Audienz, da es nicht mehr möglich war, König Alexanders höchst merkwürdigen Wunsch zu berücksichtigen. Die ritterlichen Gefühle des Kaisers zeigten sich deutlich in seiner letzten Ehrung des verstorbenen Königs und Freundes, doch auch sein diplomatischer Takt glänzte in der Art, wie er der Ablehnung des Wunsches des jungen serbischen Königs auswich, indem er es einrichtete, erst nach der Trauerfeier das Ansinnen zu hören und nun erklären zu müssen, er könne Geschehenes leider nicht mehr rückgängig machen.

Bezüglich König Milans möchte ich hier noch einen geringfügigen Vorfall erwähnen, der jedoch für die Denkungsweise des Kaisers sehr bezeichnend ist. Der kaiserliche Leibarzt erzählte ihn mir. Als einmal beim Vortrage eines der Kabinettchefs, Braun oder Bolfras — ich weiß es nicht mehr genau —, von Milan Obrenowitsch die Rede war, nannte ihn der betreffende Funktionär „Exkönig Milan". Kaiser Franz Joseph fuhr da ganz böse auf und rief: „Es gibt keine Exkönige! König bleibt König." Damit gab Franz Joseph nicht allein seine Sympathie für Milan kund, sondern seine ungemein hohe Meinung vom Amte des Herrschers überhaupt, dem in seinen Augen weder Thronverzicht, noch Absetzung irgendwie Abbruch zu tun vermochten. Diese erhabene Auffassung der Herrschersendung war aber beim Kaiser durchaus keine oberflächliche Formsache, sondern eine tief innerliche, in aufrichtiger Überzeugung begründete Lebensanschauung.

Die verunglückte Mission des Obersten Lazarewitsch, wenngleich an sich nicht so bedeutend, bildet eigentlich das erste erkennbare Merkzeichen in der Spannung der Wechselbeziehungen zwischen dem österreichisch-ungarischen und dem serbischen Herrscherhause, einer Spannung, die sich in der Folge Jahr für Jahr ständig verschärfte, dann auch auf die Völker der beiden Reiche überging und schließlich zur unmittelbaren Ursache des europäischen Riesenkampfes führte.

Nicht vielleicht, daß fürs erste eine besondere Verbitterung zwischen Franz Joseph und Alexander von Serbien entstanden wäre. Der Kaiser hatte wohl keinerlei besondere Zuneigung für König Alexander, einen ziemlich mißratenen und nicht überintelligenten jungen Mann, dessen unpassende Heirat mit Draga

Maschin ihn überdies fast jeglichen Beziehungen auch zu den anderen Souveränen entfremdete, aber nach und nach vermied der alte Kaiser, angewidert von Alexanders Gesinnung und Lebensführung, jeden Verkehr mit dem serbischen Hofe, was bald mehr oder weniger von selbst in den Relationen zwischen den zwei Staaten ebenfalls tausendfältig zum Ausdrucke gelangte, dies umsomehr, als die ungarische Regierung von einer engeren Verbindung mit Serbien eigentlich nie etwas wissen wollte, da das vorwiegend landwirtschaftliche Ungarn den Wettbewerb Serbiens in der Ausfuhr von Vieh und Getreide in übertriebener Weise fürchtete.

Serbiens landwirtschaftliche Erzeugnisse waren seit jeher von hervorragender Bedeutung; die einzige Ausfuhrmöglichkeit dafür gewährte ihm allein die angrenzende habsburgische Monarchie, da die anderen Nachbarn — Türkei, Bulgarien, Rumänien — selbst Agrarstaaten waren und daher nicht das geringste Bedürfnis nach einer Einfuhr von Bodenprodukten hatten. Leider wurde es nun zum Hauptziele der ungarischen Politik, unter geschickter Ausnützung der jetzt aufgetauchten persönlichen Antipathie Kaiser Franz Josephs gegen Belgrad, diese einzige Möglichkeit der landwirtschaftlichen Ausfuhr Serbiens systematisch zu untergraben und schließlich ganz abzuschnüren, um sich dadurch selbst den größten Teil des mitteleuropäischen Marktes möglichst konkurrenzlos zu sichern; ein ebenso kurzsichtiges wie unsinniges Beginnen.

Zur Erreichung dieses Endzwecks diente vortrefflich das lebhafte Schüren der Zwietracht zwischen den Höfen Habsburg und Obrenowitsch — und Ungarn ergriff die Gelegenheit mit beiden Händen. Alle Arten der lästigsten Plackereien wurden der Vieh- und Getreideausfuhr, ja dem serbischen Exporte überhaupt an der ungarischen, slawonischen und bosnischen Grenze auferlegt, und binnen kurzem waren die serbischen Erzeugnisse im eigenen Lande hermetisch eingeschlossen, die serbische Bevölkerung fühlte sich ihrer Lebensmöglichkeit vollständig beraubt und erstickte — von Tag zu Tag mehr verarmend — in ihrem Fett, das sie nirgends ausführen konnten. Zweifellos hatte aber diese Politik das Ergebnis, daß die Serben aller Volksschichten von tiefstem Haß gegen Österreich-Ungarn erfüllt wurden, welches sie als ihren grausamsten Kerkermeister ansehen lernten, der sie zum unausweichlichen Hungertode erbarmungslos verdammte.

In Österreich wurde die Sachlage von den leitenden Staatsmännern erkannt, denn in der westlichen Reichshälfte war man nun hinsichtlich der Ernährung den Ungarn und ihren Preistreibereien ausgeliefert. Eine rapid ansteigende Teuerung setzte ungesäumt ein, gegen welche sich Ministerpräsident Koerber, Handelsminister Weiskirchner, der Wiener Bürgermeister Lueger und viele andere mit Wort und Tat energisch wehrten; aber alles half nichts, Kaiser Franz Joseph war zu Maßnahmen gegen diese Übergriffe der ungarischen Machthaber nicht zu bewegen. Er gab das Wohl seiner österreichischen Völker den ungarischen Aristokraten, Politikern und ihren Drahtziehern aus Börsenkreisen preis. Dr. Koerber geißelte das Verhalten des Monarchen einst mir gegenüber unmutig mit den Worten: „Diese heillose Angst, die der Kaiser vor den magyarischen Staatslenkern hat! Er wird noch schwer daran zu tragen haben! Sie richten ihren Privatinteressen zuliebe das ganze Reich zugrunde, sie laden uns den grimmigsten Haß aller Balkanvölker auf, mit denen wir so schön in Frieden leben könnten!"

Rußland nahm das Amt des Schutzherrn, das ihm Serbien anbot, vorerst nicht mit Begeisterung an, für den Augenblick wenigstens; die russischen Staatslenker taten noch beleidigt wegen der bedingungslosen Gefolgschaft, zu der sich Milan Obrenowitsch Österreich-Ungarn und Franz Joseph gegenüber bekannt hatte, die letzterer aber auch durch ebensolche Treue belohnte, besonders 1885, als er Serbien durch sein wohlwollendes Eingreifen am Ende des serbisch-bulgarischen Krieges vor der denkbar tiefsten Erniedrigung bewahrte. Es ist sicher, daß Rußland in jenen Zeiten eine Spannung mit Österreich-Ungarn Serbiens wegen zu vermeiden wünschte. Graf Goluchowski baute auch darauf. Einst sagte er darüber zum Ministerpräsidenten Dr. Koerber: „Rußland hat über Serbien die Akten geschlossen. Es will von diesem nichts mehr wissen, und wir brauchen keineswegs zu befürchten, daß es sich Serbiens halber mit uns in Gegensatz stellt. Trotzdem rede ich der ungarischen Absperrungspolitik nicht das Wort. Aber die Budapester Herren denken nur an sich, und sie sind dabei der Unterstützung des Kaisers gewiß. Leider! Doch wiederhole ich, daß wir mit einer Intervention Rußlands zugunsten Serbiens nicht zu rechnen haben dürften."

Nichtsdestoweniger unterstützten viele einflußreiche Kreise Rußlands, wenn auch nichtoffiziell, Serbien in seinen Kämpfen gegen die ungarische Handelsbedrückung und dies umsomehr mit Recht, als

Serbiens Nachbar und Konkurrent Rumänien von der Regierung Franz Josephs augenfällig vorgezogen und besonders in wirtschaftlichen Dingen, die für Serbien, nicht aber für Rumänien Lebensbedingung waren, sichtlich begünstigt wurde. Die Beziehungen zwischen Österreich-Ungarn und Rumänien entwickelten sich in der Folge allmählich zu einem festen Bündnis, und Bulgarien wurde ebenfalls in die Allianz aufgenommen, die dem abgeschlossenen Serbien nicht nur fast jede Ausdehnungsmöglichkeit nahm, sondern es geradezu erdrosselte.

Die Lage dieses Landes verschlechterte sich demzufolge tatsächlich von Jahr zu Jahr; König Alexander, gereizt durch die Unmöglichkeit einer Verbesserung der Situation, hielt sich von Franz Joseph fern und suchte stetig, schrittweise mit Rußland in bessere Beziehungen zu kommen: es war sein letzter Rettungsanker, um diese erdrückenden Schwierigkeiten zu überwinden. Aber Rußland, das amtliche wenigstens, zauderte noch immer. Daher hielt es Alexander für vorteilhaft, in Wien etwas einzulenken, um auf alle Fälle zwei Eisen im Feuer zu haben. Im Jänner 1903 erbat er von Kaiser Franz Joseph die Erlaubnis, das Grab seines Vaters in Kruschedol zu besuchen. Er erhielt sie umgehend. In den ersten Februartagen begab sich der König mit der Königin Draga und zahlreichem Gefolge nach Kruschedol, wozu ihm auf Befehl des Kaisers, dem Range des Gastes entsprechend, ein Hofzug mit den nötigen Funktionären zur Verfügung gestellt wurde. Der König nahm an der weitläufigen rituellen Zeremonie teil, die der griechisch-orthodoxe Patriarch von Karlowitz an seines Vaters, König Milans, Sarg im Kloster vollzog und kehrte dann heim, nicht ohne vorher dem Kaiser eine Depesche zu senden, worin er seine Erkenntlichkeit für die erwiesenen Aufmerksamkeiten darbrachte, auf die Möglichkeit anspielend, seine Danksagung bei einem persönlichen Besuche zu erneuern.

II.

Die erste Gelegenheit versäumt?

In ganz Europa gab es seinerzeit kein glänzenderes und malerischeres Schauspiel als die Fronleichnamsprozession in Wien.

Am 13. Juni 1903 war dieser Fest- und Freudentag überdies verklärt durch den herrlichsten, wolkenlosen Himmel eines warmen Frühsommertages. Zeitig am Morgen fuhr der Kaiser, angetan mit der prunkvollen weißen und roten Galauniform eines Feldmarschalls, geschmückt mit den Ketten, Sternen und Bändern aller höchsten Orden Österreich-Ungarns in der historischen, über und über vergoldeten Staatskutsche von der Hofburg in die Kathedrale zu St. Stefan. Vor ihm fuhren die Staatskutschen der Erzherzoge, alle vier- und sechsspännig. Im Dome wohnte er der heiligen Messe bei und ging dann, trotz seines Alters, in der Prozession mit. Er schritt unmittelbar hinter dem Thronhimmel, unter dem der Kardinal-Erzbischof von Wien das Allerheiligste trug. Der Weg führte durch die Kärntnerstraße, über den Neuen Markt, durch die Augustinerstraße zum Michaelerplatz und über den Kohlmarkt und Graben zurück zur Kathedrale; auf dem Wege waren an überlieferten Plätzen kleine Altäre errichtet, wo der Umgang haltmachte und die Evangelien gelesen wurden. Schon während dieses Schauspiels gingen im Flüsterton unter den offiziellen Teilnehmern Gerüchte um von einem schrecklichen Palastdrama, das sich in der vorhergehenden Nacht in Belgrad ereignet haben sollte und viele der Teilnehmer an dem Aufzuge verlangten gegenseitig voneinander nähere Auskunft.

Nach dem Ende der kirchlichen Feierlichkeit in der Kathedrale kehrte der Kaiser in gleich pompöser Weise wie bei der Ausfahrt am Morgen in die Hofburg zurück, stieg dort aus und betrat für eine kurze Weile seine Gemächer. Unterdessen marschierten die Truppen, die in den Straßen Spalier gebildet hatten, auf dem Kohlmarkt und Graben auf, und sobald alles bereit war, begab sich der Kaiser auf den inneren Burgplatz und nahm vor dem Erzstandbild Kaiser Franz I. Aufstellung, um die Defilierung der ausgerückten Truppen abzunehmen.

In diesem Augenblick sah man den Minister des Äußeren, Grafen Goluchowski, sich dem Kaiser in Eile nähern, um ihm das Ereignis der verflossenen Nacht in Belgrad zu berichten: König Alexander, Königin Draga und alle ihre getreuen Diener waren grausam ermordet, die Leichen zum Teil aus den Konakfenstern auf die Straße geworfen worden. Die militärischen Verschwörer, die Urheber der barbarischen Hinschlachtung waren jetzt die Herren der serbischen Hauptstadt.

Franz Joseph hörte mit scharfer Aufmerksamkeit dem Bericht des Ministers zu; einige der Nahestehenden beobachteten gespannt, ob die Züge des Kaisers die Zeichen eines Eindruckes zeigen würden, doch nichts von alldem war zu sehen. Als Goluchowski geendet hatte, fragte ihn der Kaiser mit klarer, fester

Stimme: „Ist für uns in der Sache etwas zu tun?" „Gar nichts", antwortete der Minister. Er wurde mit einer Handbewegung entlassen, die Sache war für den Kaiser erledigt; eben begannen die Truppen zu defilieren, und dieses militärische Schauspiel nahm sogleich seine ganze Aufmerksamkeit in Anspruch.

Wenige Tage nachher ermahnte Major von Bülow, der Militärattaché bei der deutschen Botschaft in Wien, die militärischen Spitzen Österreich-Ungarns eindringlich, sie sollten doch trachten, aus dem serbischen Umsturz Vorteil zu ziehen, durch rasche Maßnahmen Belgrad und andere Städte auf dem rechten Donauufer in die Hände zu bekommen, um sich so einen Einfluß auf die weitere Entwicklung der Ereignisse in Serbien zu sichern. Der Rat scheint sehr gut gewesen zu sein, aber in Wien dachte man anders — oder traute man sich nicht? Dann würde sich hier zum ersten Male jenes Symptom zeigen, welches in den letzten Regierungsjahren Kaiser Franz Josephs ständig wiederkehrt: Die Furcht vor schwerwiegenden Entschlüssen und Entscheidungen. Diesmal war es die Angst davor, die letzten Folgerungen aus der jahrelangen Politik der Einschnürung Serbiens zu ziehen, welches sich in einem derartigen Zustande wahrer Anarchie befand, daß sogar Fernerstehenden ein Einschreiten erklärlich erschienen wäre.

Dem Kaiser, seinem persönlichen Gefühl, welches Aufstand, Aufruhr, politischen Mord verabscheute, widerstrebte es, aus einer solchen Schwierigkeit des Nachbarn politischen Vorteil zu ziehen, die unentschlossenen Minister scheuten die Verantwortung, die Militärs aber, der Generalstabschef Baron Beck, ein alter Herr, und der Kriegsminister General Pitreich waren nicht die Männer plötzlicher und wirksamer Entschlüsse, wenn niemand trieb. Zudem hielten sie das kleine serbische Königreich einer alten, überlebten Ansicht folgend, für eine zu vernachlässigende Größe, die es nicht lohnte, Zeit auf die Untersuchung möglicher Folgen innerer serbischer Unruhen zu verwenden. Schließlich waren beide der Meinung — und zweifellos mit Recht — daß der Zeitpunkt sich für entscheidende kriegerische Maßnahmen gegen ein fremdes Land ganz und gar nicht eignete, da eben, wie schon früher so oft, Unstimmigkeiten mit Ungarn aufgetaucht waren, so recht angetan, um das kunstvolle Gebäude der kaiserlichen und königlichen Armee, des von den beiden Staaten der Monarchie aufgestellten Feldheeres, in seinen Grundfesten zu erschüttern.

Vom Grafen Goluchowski hatte man in Wien sowohl in den offiziellen Kreisen, als auch in der Gesellschaft keine besonders gute Meinung. Man sah in ihm den Typus des stolzen und trägen, nur auf Äußerlichkeiten bedachten Diplomaten, in dessen Händen die äußere Politik der Donaumonarchie kaum wohlgeborgen lag. Dieses abfällige Urteil wurde bestärkt durch eine 1901 oder 1902 erschienene Broschüre des geistreichen Grafen Adalbert Sternberg, betitelt „Österreich in zwölfter Stunde", in welcher Graf Goluchowski mit beißendem Sarkasmus lächerlich gemacht wird. Viele Jahre nachher sprach ich über ihn mit dem österreichischen Staatsmann Dr. Koerber, mit dem Hofrate im kaiserlichen Zivilkabinett Dr. Mikesch und mit dem deutschen Botschafter Tschirschky, welche alle Goluchowski sehr gut kannten und durchwegs von ihm gar nichts hielten. Trotzdem bewiesen die späteren Ereignisse, daß Goluchowskis scheinbare Untätigkeit und übergroße Vorsicht allezeit sehr am Platze gewesen sind, daß er sein Ressort viel besser verwaltet hat als seine Nachfolger. Er war sich klar darüber, welch gefährliches politisches Wespennest im Balkan steckte, und daher rührte er mit keinem Finger daran. Andererseits ist es nicht zu leugnen, daß bei diesen Maximen Österreich-Ungarn langsam, aber sicher seine Prärogativen und seinen Einfluß im Südosten verlieren mußte und daß seine Balkanpolitik ausgesprochen zu einer der versäumten Gelegenheiten wurde. Lag das aber allein an Goluchowski und war die Donaumonarchie überhaupt in der Lage, in unseren Tagen eine leitende Rolle zu übernehmen? Das ist die große Frage!

Weiters lohnt es sich, hier ein wenig Halt zu machen, um den schwächsten Punkt im Gefüge Österreich-Ungarns ins Auge zu fassen. Die Verbindung ihrer verschiedenen Staaten und Nationen beruhte hauptsächlich auf dem Ausgleich von 1867.

Der krasse Unterschied in der politischen Struktur der beiden Hälften der Donaumonarchie war ein augenfälliger und bildete zweifellos eine Anomalie, welche der Thronfolger Erzherzog Franz Ferdinand sehr zutreffend mit dem Ausspruche kennzeichnete: „In Österreich herrscht nichtdeutsche Anarchie, in Ungarn magyarische Despotie."

Es entbehrt nicht einer gewissen Tragik, festzustellen, wie die Ungarn — oder, besser gesagt, die gewissenlosen und kurzsichtigen Adelskreise, welche die Geschicke der Nation leiteten — systematisch nicht nur die Donaumonarchie zugrunde richteten, sondern schließlich sogar ihrem eigenen Lande den Untergang bereiteten. Unablässig verlangten sie besondere Rechte, berauschten sich an hohlen Schlagworten von Unterdrückung und Freiheitsdrang, lockerten die Bande zur westlichen Reichshälfte, hemmten die Entwicklung des Gesamtstaates und somit auch des eigentlichen Ungarn, das, nie zur Ruhe kommend, alle Nachbarvölker schädigte.

Man könnte geradezu glauben, daß die leitenden Kreise Ungarns von der Idee befangen waren, sie seien eine bevorrechtete Herrennation und alles müsse sich ganz und gar nach ihnen richten. Dieser Gedankengang wurde in Wien witzig mit dem treffenden Schlagworte vom „Ungarischen Globus" gekennzeichnet, aber es gehört nicht viel Geistesschärfe dazu, um zu erkennen, daß es eigentlich eine recht traurige Sache war, die Ungarn zügellos schalten und walten zu lassen, vor allem deswegen, weil sie in ihrem Dünkel die brennend gewordene Lösung der slawischen Frage verhinderten, an deren übermäßiger Verzögerung die Monarchie zugrunde gehen mußte.

Mr. Seton Watson wies schon lange vor dem Weltkriege darauf hin, daß es nur einen Weg gebe, um zum Ziele zu gelangen, jenen, den auch der hochbegabte, glühende Patriot Stroßmayer, der Bischof von Djakova, dem Kaiser gewiesen hat. Stroßmayer befürwortete die Zusammenfassung der Südslawen in einem eigenen Staate und die Umwandlung des Dualismus in einen Trialismus. Aber ungarische Beschränktheit verhinderte eine Lösung aufs hartnäckigste, vor allem durch Verleumdung Stroßmayers, welchen Kaiser Franz Joseph auf ungarische Anstiftung hin in äußerster Ungnade fallen ließ. Damit war der Bannerträger für die slawische Reichsidee unter Habsburgs Ägide gestürzt, und viele Jahre später sagte Minister von Koerber hierüber zu mir: „Von den Ungarn gefesselt, sah der alte Kaiser nicht, daß ihn da einer befreien wollte, um zugleich die Herrschaft Habsburgs zu retten; er stieß ihn von sich und blieb dann allein und verlassen im Kampfe mit den verblendeten magyarischen Fanatikern."

Der ungarische Ministerpräsident Koloman Tisza hatte mit sehr viel Geschicklichkeit das Kesseltreiben gegen die Idee des habsburgischen Trialismus und ihren Vorkämpfer Stroßmayer eingeleitet, und sein Nachfolger im Amte, Desider Bánffy, der diesen Kampf mit Feuereifer fortsetzte, konnte sich bald eines vollkommenen Sieges erfreuen.

Schon von 1900 an war die vollständig unabhängige ungarische Armee das Ziel der ungarischen Chauvinistenpolitik, sie gaben sich nicht zufrieden mit der Landwehr, die in Ungarn vollkommen national war und jeder österreichischen Einmischung entzogen. Hand in Hand mit diesen zentrifugalen militärischen Bestrebungen gingen auch großangelegte politische Ränke, die auf vollkommene Trennung der beiden Teile der Monarchie abzielten und von einem großen Teil der ungarischen Volksvertreter, auch hervorragendsten Persönlichkeiten, tatkräftig unterstützt wurden.

Wie sehr der alte Kaiser diese Trennungsbestrebungen für geeignet ansah, die Schlagkraft der Armee zu erschüttern und zu untergraben, die er mit vollem Recht als die Schutzwehr der Monarchie, ihrer inneren und äußeren Kraft ansah, bewies für die Öffentlichkeit der größtenteils selbstverfaßte Armeebefehl von Chlopy, erlassen nach den Kavalleriemanövern in Galizien im September 1903, worin Franz Joseph sich bitter über die Anschläge beklagte, die den historischen, übernommenen Einheitsblock der Armee zu zerschlagen suchten. Er erklärte da feierlich, er würde nie seine Zustimmung zu einer Trennung in nationale Teile geben. Der Kaiser war überzeugt, daß eine weitere Lockerung des Zusammenhanges der beiden Staaten oder die Trennung der Armee das Ende der Großmachtstellung der Monarchie bedeuten würde; dagegen gab es eine Zeit, in der er der Errichtung des Trialismus, mit einem südslawischen Reiche als drittem Teile der Habsburgermonarchie, nicht unsympathisch gegenüberstand. Schließlich legte er sich auf den Standpunkt fest, daß alles gut sei, wie es sei, und daß unter seiner Regierung möglichst nichts geändert werde.

Mit allem Nachdrucke betonte der greise Monarch überdies wiederholt dem für die ungarischen Bestrebungen teilweise gewonnenen Kriegsminister Pitreich gegenüber: „Über diesen Punkt lasse ich mit mir nicht reden; merken Sie sich's ein für allemal, daß „Ich" mit der Einheit des gemeinsamen Heeres stehe und falle! Daran darf unter keiner Bedingung gerüttelt werden, solange ich lebe!"

Franz Joseph weilte in den Jahren 1901 und 1902 viele Monate in seinen ungarischen Residenzen, dem herrlichen, prunkvollen Königsschloß in Ofen und auf seinem reizenden Landsitz in Gödöllö. Er versuchte, bei allen ungarischen Führern persönlich eingreifend, mit allen Mitteln die Unstimmigkeiten zu beseitigen.

Hiebei wurde er von dem klugen ungarischen Ministerpräsidenten Koloman Szell und dem prächtigen ungarischen Landesverteidigungsminister Fejérváry nach Kräften unterstützt. Trotz all dieser Bestrebungen wurde die Lage aber immer bedenklicher, und schließlich wollte das ungarische Parlament die Mittel für die Armee nicht mehr bewilligen.

Da rief ihn der Besuch des Königs Eduard VII. nach Wien zurück. Dieser Besuch wurde viel besprochen, denn er war wohl des englischen Königs erster Versuch, Kaiser Franz Joseph zur Lösung des Bündnisses seiner Staaten mit Deutschland zu überreden. Dieses Gerücht mag wahr gewesen sein, zumal wenige Tage später überraschend der deutsche Kaiser Wilhelm II. in Wien erschien und es erreichte, daß die österreichisch-deutsche Verbrüderung mit stärkstem Nachdrucke offiziell und in der Presse gepriesen und erneuert wurde.

Noch mehr Interesse erweckte der Besuch des russischen Kaisers Nikolaus II. in Schönbrunn, Ende September 1903. An den Schönbrunner Aufenthalt schloß sich ein gemeinsamer Ausflug der beiden Monarchen nach Mürzsteg in der Nähe des Semmerings an, wo die beiden Herrscher sich ein paar Tage dem Jagdvergnügen hingaben, während ihre Minister des Äußeren, Graf Goluchowski und Graf Lambsdorff, die berühmte Mürzsteger Konvention festlegten, durch welche der westliche Teil des Balkans dem österreichisch-ungarischen, der östliche dem russischen Einfluß unterworfen wurde. Rußland ließ also Serbien, welches seine Unterstützung in den Differenzen mit der Donaumonarchie anrief, scheinbar im Stich.

Dieses politische Entgegenkommen Rußlands, gepaart mit einer ganz ungewöhnlichen Liebenswürdigkeit seines Herrschers gegen Kaiser Franz Joseph I., wirkte für Uneingeweihte damals überraschend, war aber ziemlich natürlich, da Rußland vor einem großen Kriege im fernen Osten stand und sich den Rücken decken wollte für den Kampf mit Japan, welches Bestreben beim Wiener Hofe auch auf keine Schwierigkeiten stieß.

Franz Josephs Vorliebe für Rußland — als Staat genommen und nicht als politische Macht — ist vollkommen begreiflich. Von allen Nachbarn der Donaumonarchie war es Rußland, das niemals mit ihr Krieg geführt hatte. Im Gegenteil: 1849 griff Rußland in Ungarn mit bewaffneter Hand ein, um Franz Josephs Thron dort wieder aufzurichten, und es bleibt immer fraglich, ob dies ohne des Zaren Nikolaus I. wirksame Hilfe möglich gewesen wäre, da die Magyaren von den schwachen Truppen Franz Josephs allein kaum hätten bewältigt werden können. Allerdings zeigte Franz Joseph dafür eigentlich keine Dankbarkeit, da wir ihn schon 1854 an der Seite der Westmächte Rußlands Orientpläne kreuzen sehen. Manche Historiker erblicken in dieser Tatsache den Beginn des unabwendbaren Verfalles der Habsburgischen Monarchie, und vieles, das sich später ereignete, scheint ihnen beinahe recht zu geben. Da fällt mir ein treffender Ausspruch des ernsten, hochgebildeten Dr. Koerber ein, der 1917, also schon nach Franz Josephs Tod in lapidarer Kürze des Kaisers Tätigkeit nicht unzutreffend charakterisiert: „Zweifach hat uns Franz Joseph unendlich geschadet", meinte Dr. Koerber, „einmal durch seine

Jugend und das zweitemal durch sein Alter!" Denkt man darüber nach, so muß man zugestehen, daß dies stimmt. In den Fünfzigerjahren ereigneten sich durch des Kaisers jugendliche Unerfahrenheit für Österreich Dinge, die nie mehr wieder gutgemacht werden konnten, und in unseren Tagen hat der altersmüde Herrscher nicht mehr die geistige Spannkraft aufgebracht, um seiner Völker Schicksal zeitgerecht in gedeihliche Bahnen zu lenken und vom Kriegsbrande fernzuhalten.

Auf Franz Josephs Sympathie für Rußland zurückkommend möchte ich noch eine Kleinigkeit erwähnen, die ihr sinnfälligen Ausdruck verlieh. Der Kaiser legte fremdländische Dekorationen nur sehr selten an und bloß, wenn es der Anlaß unbedingt erforderte. Aber das russische Georgskreuz, das Nikolaus I. ihm 1848 verliehen hatte, trug er immer, selbst wenn er im häuslichen Kreise in die bequeme, kleine Uniform gekleidet war.

Der Kaiser war sehr darauf bedacht, mit seinem mächtigen Nachbar im Osten auf gutem Fuße zu bleiben; daher ist es nicht schwer gefallen, seine Zustimmung zu dem Vertrage zu erlangen, der die Balkanfragen allerdings mehr im Geist als in Wirklichkeit regelte.

Franz Joseph hielt sich, soviel er konnte, den Unruhen fern, die mehr oder weniger ständig in den kleinen Staaten an der Südostgrenze seines Reiches schwelten. Er tat dies im Bewußtsein der Schwierigkeiten, welche mit einer gewaltsamen Oberherrschaft über Serbien oder über das kleine Montenegro verbunden waren, und rechnete hiebei immer mit der

Gefahr, mit Rußland aneinander zu geraten, das sich in Wort und Tat als slawische Vormacht aufspielte. Der Kaiser rechnete schon damals auch mit Italien, dessen König Viktor Emanuel III. der Schwiegersohn des regierenden Fürsten Nikolaus von Montenegro war und sich unter anderem auch unter Berufung auf diese seine Verwandtschaft in die Balkanfragen einmengte.

Doch wenn es je eine aussichtsreiche Gelegenheit gegeben hat, Österreich-Ungarns Vorherrschaft über die erwähnten Staaten auszubreiten und festzulegen, so war dies offenbar in den Jahren 1904 bis 1905 der Fall, nicht nur durch die Tatsache des überaus tragischen Endes des Dynastie Obrenowitsch in Serbien, welche mit Volksbeschluß von den Karageorgiewitsch, die niemandem zusagten und vorerst von keiner europäischen Macht anerkannt waren, abgelöst wurden, sondern auch im Hinblicke auf Rußlands Unfähigkeit, sich während des ostasiatischen Krieges auch in die Verhältnisse auf dem Balkan einzumischen.

Franz Joseph wollte, wie schon erwähnt, die Lage nicht ausnützen, und ebenso wenig ernsthaft dachte sein Minister des Äußeren, Graf Goluchowski, daran. Aber, wenn dieser schon nicht zur Unterwerfung Serbiens schreiten wollte, warum benützte er nicht wenigstens die Gelegenheit — die erste, die sich tatsächlich seit 1878 dazu bot — um doch das labile, ungesunde und zum Teil illegale Verhältnis Bosniens und der Herzegowina zur Donaumonarchie endgültig durch deren Annexion in irgendeiner geeigneten Form zu lösen, umsomehr als England einerseits Japans Verbündeter gegen Rußland war und andererseits König Eduard VII. sich die größte Mühe gab, zur

Verwirklichung seiner weiteren Pläne mit Kaiser Franz Joseph in bester Freundschaft zu bleiben. Von England wären daher keinerlei Schwierigkeiten zu erwarten gewesen und demnach von Frankreich ebensowenig. Rußland war ausgeschaltet und Italien hätte sich gehütet, allein auf sich angewiesen, die Annexion Bosniens und der Herzegowina anzufechten. Die Chancen standen also wahrhaft glänzend; warum wurden sie nicht ausgenützt?

Dieser Vorwurf einiger hervorragendster Diplomaten der Monarchie haftet dauernd auf Goluchowski, welcher der Monarchie so das böse Jahr 1908 hätte ersparen können. „Er hat einen ebenso wichtigen als dringenden Weckruf damals verschlafen", sagte später oft mein Freund, Mr. Wickham Steed, Korrespondent der „Times" in Wien zu mir, mit dem ich wiederholt darüber sprach, und Franco Caburi, Mitarbeiter der „Illustrazione italiana", lachte jedesmal, wenn ich mit ihm diesen Gegenstand erörterte, und er machte Glossen hierüber, die mit dem Schlußsatz endeten: „Es sind wieder einmal die Ungarn, die dem Karren der alten Austria in die Speichen fallen." Er hatte recht; gerade damals war Ungarn, wie so oft, in blinder Wut gegen den Dualismus und die Zusammengehörigkeit mit Österreich entbrannt, es forderte die zwei Provinzen für sich allein, und dies war der Grund für das Vermeiden einer Lösung der bosnisch-herzegowinischen Frage überhaupt, an die Goluchowski gedacht hat.

Auch war ein gewaltsames Auftreten nicht angezeigt, da das Heer nicht im entferntesten auf moderner Höhe stand, nicht nur vermöge seiner verhältnismäßig sehr geringen Zahl, sondern auch in Hinsicht auf die Kriegsbereitschaft, besonders was die damals schauderhaft veraltete Artillerie anlangt.

Der Generalstabschef, General Beck, war, wie oben angedeutet, sehr alt, sein Stellvertreter, General Potiorek kann zwar als militärisch außerordentlich unterrichteter, gescheiter und ungewöhnlich tätiger Mann bezeichnet werden, aber er hatte nicht die Macht, vielleicht auch nicht die Kraft, in den militärischen Ministerien seinen Willen wirksam durchzusetzen. Das Kriegsministerium war damals in der Hand des Generals Pitreich, des Nachfolgers des nicht gerade in rühmlicher Art bekannten Generals Krieghammer, der in Heereskreisen sehr unbeliebt war und das ihm anvertraute Amt keineswegs hochzuhalten verstanden hatte. Pitreichs Hauptstreben war die Erzielung eines Übereinkommens mit den Magyaren, und er war, seinem Hirngespinst nachjagend, im besten Zuge, von amtswegen die Trennung der ungarischen Armee von der österreichischen durchzuführen. In Wechselbeziehung aber ermutigte diese Kompromißstimmung und schwächliche Haltung des Ministers die magyarischen Chauvinisten zu immer maßloseren Forderungen.

Der Kaiser selbst war in Militärangelegenheiten zwar stets von den besten Absichten beseelt, dabei aber ganz und gar nicht Soldat. Diese Feststellung erscheint befremdend, da Franz Joseph bekanntlich immer nur die Uniform trug und sich fortwährend sorgsam und mit großem Aufwand an Zeit und Mühe mit militärischen Angelegenheiten befaßte, streng auf militärische Disziplin sogar bei Hofe achtete und hierin selbst in Kleinigkeiten niemandem Freiheiten einräumte. Mehr als die Hälfte der laufenden Tagesarbeit des greisen Kaisers nahmen die militärischen Angelegenheiten in Anspruch, die er in einer zweifellos viel zu weitgehenden, selbst die nichtssagendsten Details durchdringenden Weise und mit einer geradezu erstaunlichen Geduld behandelte. Letztere wäre sicherlich einer besseren Sache, unbedingt aber größerer Ergebnisse würdig gewesen. Daß Erfolge vollkommen ausblieben, hat seinen Grund darin, daß der Kaiser sich bei seiner anscheinend ungemein umfangreichen, faktisch jedoch bedeutungslosen militärischen Betätigung nur in den alten Geleisen bewegte, welche nicht bloß längst ausgefahren, sondern zweifellos weltverlassen waren. So kam es, daß Franz Joseph durch seine rege Einflußnahme auf den militärischen Kleinbetrieb — große Gedanken und durchschlagende Antriebe waren von ihm nicht im geringsten zu erwarten — nicht nur die zeitgemäße Entwicklung des Heeres und der Flotte nicht im mindesten förderte, sondern sie geradezu und oft recht wesentlich hemmte. Denn, da die militärischen leitenden Funktionäre genau wußten, daß der Kaiser bloß den altbekannten und allbekannten Anschauungen und Grundsätzen huldigte, getraute sich keiner, Vorschläge oder Anregungen außerhalb dieses Rahmens vorzubringen, und wenn überhaupt etwas in der Richtung geschah, so war man von vornherein sorgfältig darauf bedacht, daß es ja nicht die Grenzen der vom Kaiser jederzeit eingehaltenen engen Richtlinien irgendwie überschritte. Durch diese Zurückhaltung seiner Ratgeber, dieses Verschweigen der in anderen Heeren erprobten Neuerungen verlor Franz Joseph in militärischen Dingen jeden Überblick über die größeren Fragen, namentlich jene des technischen Fortschrittes.

Trotz intensivster Beschäftigung fehlte ihm also der klare Blick für die Erfordernisse zu einem gesunden Fortschritt der Armee, er lebte in den Gedankenkreisen längst vergangener Tage. In seinen Augen waren die Offiziere eine bevorzugte Kaste, die sich dem Dienste nur ehrenhalber widmete, er fand es nicht nötig, die wirtschaftliche Seite ihres Berufes in Betracht zu ziehen. Vom Soldaten hielt er sich grundsätzlich und sorgfältig in entsprechender Entfernung und niemals bei den vielen Anlässen, die ihn mit der Truppe in Berührung brachten, hat er an einen oder mehrere der Soldaten ein leutselig ermunterndes Wort gerichtet.

Auf die kleinliche Bedachtnahme des alten Kaisers hinsichtlich militärischer Details, mit denen er sich unausgesetzt befaßte, ja auf welche er geradezu erpicht gewesen ist, dürfte auch die veraltete Uniformierung der österreichisch-ungarischen Armee zurückzuführen sein, an der bis unmittelbar vor dem Weltkriege krampfhaft festgehalten wurde.

Erst kurz vor Beginn des großen Krieges, schon als Franz Ferdinand in militärischen Dingen allmächtig war, wurden die Truppen mit grauen Felduniformen ausgestattet. Bei der Wahl dieser Farbe war man aber nicht glücklich gewesen, denn es wurde zwar ein sehr schönes, aber ungemein schmutzempfindliches, weithin sichtbares Grau eingeführt, das im Laufe des Krieges aus unabweislichen Gründen durch ein praktischeres und dunkleres Graugrün ersetzt werden mußte. Merkwürdigerweise ließ man aber die Kavallerie in ihren bunten Uniformen ins Feld rücken; für sie gab es keine Neuerung; Grund: Die Einwirkung des früheren langjährigen Kavallerieinspektors General Brudermann, welcher, um sich ja nach obenhin zu decken, sagte, man könne die Pferde auch nicht grau färben.

Besser als die Militärs hatten es die Leiter der zivilen Zentralstellen, viel besser, in ihre Agenden griff der Kaiser kaum wesentlich ein.

Die Zivilminister erlangten nach und nach beträchtliche Gehaltserhöhungen für die Beamten, für die aktiven und nichtaktiven, wozu die fortschreitende Verteuerung aller täglichen Lebensbedürfnisse vollberechtigten Anlaß gab. So kam es, daß die Offiziersgehälter bedeutend hinter denen der gleichgestellten Beamten zurückblieben. Trotzdem erreichten die militärischen Minister von den Parlamenten nicht die Bewilligung der Mittel zur Herstellung des richtigen Verhältnisses. Ein entscheidendes Wort des Kaisers hätte Wunder gewirkt, es wurde von den Parlamentariern erwartet, die Bewilligung war für den Fall einer kaiserlichen Intervention gesichert, aber Franz Joseph blieb merkwürdigerweise stumm.

Dieses sein Schweigen zeigt sehr deutlich, daß er in wesentlichen militärischen Angelegenheiten nicht mit der Zeit Schritt hielt. Er betrachtete die Armee hauptsächlich als prunkvollen Rahmen, als Gloriole und Werkzeug der Machtstellung des Gottesgnadentums des Monarchen, er wertete sie nicht als wertvollstes Hilfsmittel, überzeugendstes Argument in der Politik, da er, wie wir in der serbischen Frage gesehen haben, gewaltsamen Entscheidungen überhaupt aus dem Wege ging und entschlossen schien, jeder kriegerischen Verwicklung auszuweichen.

So beschränkte sich seine Einflußnahme offensichtlich auf kleinliche Einzelheiten, Formsachen, in denen er, ehrlich gesagt, oft schwer zu befriedigen war.

Franz Josephs Absichten als solche waren immer vollkommen ehrenhaft und aufrichtig, er hätte nur die geeigneten Ratgeber gebraucht, die ihm den rechten Weg für sozialen und militärischen Fortschritt zu weisen hatten. Solche Männer hatte er aber nicht um sich. Warum? Es ist recht schwer, auf diese Frage zu antworten: Carlyles allgemeine Antwort: „Ein Herrscher, der immer schlecht beraten ist, verlangt eben nicht, gut beraten zu werden", ist vielleicht zu hart und paßt nicht auf den alten Kaiser. Er wünschte brennend, gute Ratschläge zu bekommen, und bemühte sich ernstlich, danach zu suchen, aber er konnte sie in den ihn umgebenden Adelskreisen nicht erlangen.

Im Banne der alten habsburgischen Familientradition machte Franz Joseph sehr häufig zu große Unterschiede zwischen den Aristokraten und den übrigen Schichten der Gesellschaft, obwohl er bei weitem nicht die rückständige feudale Abgeschlossenheit hatte wie manche andere Fürsten, denn Dr. Kerzl war sein Leibarzt, Dr. Adolf Bachrach sein Advokat, und in den kaiserlichen Hofstaat wurde eine ganze Reihe Bürgerlicher in den verschiedensten Verwendungen eingestellt.

Für den Kaiser waren die Adeligen Leute, die kraft ihrer Geburt dem Throne näher standen als einfache Bürger. Diese Anschauung übernahm er vermutlich von seinem Großvater Franz I., der nach seiner Abdankung als deutscher Kaiser allen Adel seiner Erbländer um sich scharte und ihn auf alle mögliche Art privilegierte und auszeichnete, um sich im Adel eine der Krone unwandelbar ergebene Klasse zu schaffen, die treu durch alle Wechselfälle sozialer und nationaler Entwicklungsstürme zum Monarchen stünde.

Dieses Ziel erreichten aber weder Franz I. noch sein Sohn, der schwache und geistig beschränkte Ferdinand I., da ein beträchtlicher Teil des Adels sich den Umsturzbewegungen der Jahre 1848 — 1849 anschloß und sie sogar, besonders in Ungarn, teilweise leitete. Desungeachtet wurden die Adelsvorrechte unter Franz Josephs I. Regierung nicht beschnitten, und wenn die Notwendigkeiten des modernen Lebens die weitere Ausstattung des Adels mit materiellen Privilegien nicht möglich machten, so wurden die Aristokraten andererseits mit moralischen und gesellschaftlichen Sonderrechten bedacht, die manchmal viel schätzenswerter sind als wirtschaftliche Vorteile. Der Adel benützte diesen Vorzug, ohne sich die Gelegenheit zur selbstsüchtigen Auswertung aller anderen Möglichkeiten entgehen zu lassen. Er bediente sich hiezu besonders der nationalen Wirren, die unter Franz Josephs Regierung die österreichisch-ungarische Monarchie ständig heimsuchten. Und gerade, um in dem Adel eine treue Gefolgschaft gegen alle nationalen Ansprüche zu finden, hielt der Kaiser an ihm fest; umso bitterer mußte die Enttäuschung sein, als er erkannte, daß die Aristokraten ihm nicht im geringsten anhänglicher waren als seinem Großvater und Onkel.

Mir war der Unterschied immer vollkommen unverständlich, den der Herrscher zwischen seinen Untertanen machte, besonders aber die Bevorzugung einer besonderen, durch fragwürdige Geburtsvorrechte ausgezeichneten Klasse. Andererseits konnte ich nicht begreifen lernen, daß der Adel im Besitz so vieler nicht nur idealer, sondern wirklich greifbarer Vorteile nicht unter allen Umständen ausnahmslos der Krone ergeben war und deren Sache gegen alle Widersacher verfocht. Oftmals machte ich meinem Erstaunen Luft, wenn ich sah, daß Mitglieder des Adels nicht nur in Ungarn, sondern auch in Böhmen und Galizien begeistert einer Richtung folgten, die der Dynastie die allergrößten Schwierigkeiten verursachen mußte, und daß die Aristokraten die mächtigen zentrifugalen Bestrebungen stärkten, die schon in jenen Tagen mit mehr oder weniger Intensität unter der Oberfläche an der Zerstörung der Donaumonarchie arbeiteten. Einmal sprach ich diesen meinen Eindruck dem ungarischen Ministerpräsidenten Koloman Szell gegenüber offen aus und bekam von ihm eine Antwort, wert, der Nachwelt überliefert zu werden. Er sagte: „Sie wundern sich, daß unser Adel, den der König so vielfach unterstützt, ihm nicht einmal durch die allererste Pflicht der Untertanentreue dankt, wenn schon nicht durch mehr? Sie haben recht, aber Sie vergessen, daß diese Treue die Fähigkeit zur Voraussetzung hat, Recht und Unrecht zu unterscheiden, und an dieser Fähigkeit fehlt es gerade unserem Adel so oft. Sie lernen in ihrer Jugend nicht einmal genug, um zwischen loyalem und illoyalem Verhalten unterscheiden zu können, und sind vielleicht auch oft nicht intelligent genug, selbst bei richtiger Anleitung im Sinne einer wirklichen Loyalität zu handeln. Und dann übersehen Sie vielleicht, daß hierzulande die persönlichen Interessen und die Ehrsucht überall derart obenan stehen, daß sie den Sinn für alle anderen Gefühle, auch für das der Treue gegen den König, verdrängen und ertöten."

Beim letzten Teil dieses Ausspruches mochte Szell wohl Bismarcks Urteil vorschweben, der sich oftmals auch schriftlich mißbilligend über die Macht der persönlichen Interessen ausdrückte, die bei vielen österreichisch-ungarischen Politikern und Beamten über alles andere gestellt wurden.

Unter der höheren Beamtenschaft, besonders in der Diplomatie und in den Ministerien war der Adel überwiegend, ja die Diplomatie war ihm völlig und bedingungslos anvertraut.

Im Heer stand es anders, und auch die Nichtadeligen hatten da bessere Aussichten für ihr Vorwärtskommen, seit die höheren Offiziersstellen in den modernen Armeen besondere Studien, die Generalstabsschule bedingten, zu welchen jeder Offizier von Begabung und Fleiß zugelassen werden mußte. Doch verhieß ein guter alter Name und ein altes Wappen, ebenso wie Privatvermögen, dem damit ausgestatteten Offizier, wenn auch keine raschere Beförderung, so mindestens bessere Verwendungen und Kommandierungen, in denen er sich auszeichnen konnte und daher Anspruch erwarb, in hervorragende Stellungen zu gelangen.

Trotzdem hielt sich die Aristokratie auffällig von Armee und Marine fern und wandte sich mehr oder weniger ausschließlich dem politischen Dienste und der Diplomatie zu, namentlich aber der letzteren, die eine absolute Adelsdomäne wurde. Diese Fernhaltung war in gewissem Sinne ein Schaden für das Offizierskorps, da der Adel diesem doch wohlerzogene, von Haus aus, trotz Szells Urteil, mit einer nicht zu unterschätzenden allgemeinen Bildung bedachte junge Leute zuführte, die einen gewissen vornehmen Ton mitbrachten und die die Gesinnung, wenigstens äußerlich, stets auf der Höhe der ritterlichen Loyalität gegen den Herrscher zu erhalten bestrebt waren. Der Offiziersnachwuchs ließ in den letzten Dezennien außerordentlich viel zu wünschen übrig. Durch das Fernbleiben des Adels fanden sich auch die besseren, jederzeit von einem leichten Snobismus angekränkelten Bürgerkreise bewogen, gleiches zu tun, und daher drängelten sich zur Offizierskarriere außer den Offizierssöhnen und jenen der Beamten auch mindere Elemente, die häufig nationale Reibungen in das Heer hineinbrachten. Daraus ergab sich einerseits das besonders im Generalstab grassierende, oft alle ethischen Schranken über den Haufen werfende Strebertum, naturgemäß mit ungesunder Protektionswirtschaft enge verknüpft, und andererseits die völkische Zersetzung der bis zur Jahrhundertwende doch einheitlichen Armee. Diese Erscheinungen entgingen auch den leitenden Stellen nicht, und Erzherzog Franz Ferdinand beklagte sich oft und laut über das Fehlen des Adels in Heer und Flotte. Er sann auf Mittel, um die Aristokraten wieder dahin zu locken, jedoch ohne Erfolg.

Eine Ausnahmsstellung, aber nur bei Hof, genossen jene Offiziere, die ihrem Stammbaum nach als Kämmerer bezeichnet wurden. Dies war allerdings nur mehr ein bloßer Titel ohne wirkliche Vorrechte, der aber selbst junge Offiziere bei höfischen Festlichkeiten unmittelbar hinter die „Geheimen Räte" einreihte.

In Österreich-Ungarn war der Militarismus nicht bis zu jener Überwucherung gediehen wie in Deutschland, ja manches war geradezu lax. So waren die Offiziere gewöhnt, öffentlich und laut die geheimsten Heeresangelegenheiten zu erörtern, und diese üble Gewohnheit wurde auch in den kritischesten Zeiten des Krieges nicht abgestellt, im Gegenteil! An jeder Ecke stolperte man über Offiziere, die von der Front kamen oder zur Front gingen oder in militärischen Ministerien in Verwendung standen, welche über ihre Erfahrungen schwatzten, über geplante Operationen debattierten oder über im Zuge befindliche Änderungen der höheren und höchsten Kommandostellen berichteten. Eine solche wahre „Nachrichtenbörse" war das Café Scheidl in Wien an der Ecke der Kärntnerstraße und Walfischgasse bei der Oper, das den ganzen Tag von Offizieren aller Grade und Waffen besucht war, wo auch die Generalstäbler einen Tisch belegt hatten und häufig interessante militärische Dinge öffentlich erörtert wurden. In Österreich war alles geheim, daher wurde eigentlich nichts wirklich geheimgehalten.

Es braucht daher nicht wunderzunehmen, wenn beispielsweise die bekannte Kabarettsängerin Mela Mars den Beginn der ersten Offensive Conrads gegen Italien mit mathematischer Sicherheit vorauszusagen wußte.

Die Herren vom hohen Generalstab haben allerdings später, um ihre Geschwätzigkeit zu bemänteln, den Stammtisch im Café Scheidl als eine absichtlich vom Evidenzbüro zur Verbreitung falscher Nachrichten errichtete Filiale des Armeeoberkommandos erklärt.

III.

Verstohlener Einblick in eine Herrscherfamilie.
Ein Machthaber und seine Umgebung.

In Österreich-Ungarn waren in den Jahren 1904 und 1905 die Augen aller Staatsmänner und Militärs auf den großen Krieg im fernen Osten gerichtet, und auch des Kaisers Blick blieb dort festgebannt.

Die Sympathien des Kaisers, wie auch die seiner Völker waren während des Zusammenstoßes in Ostasien entschieden auf russischer Seite, da die Japaner als Halbwilde angesehen wurden. Als nach der russischen Niederlage bei Mukden und der Auflösung der großen Armeen Kuropatkins und Lenewitschs der Niederbruch der zarischen Militärmacht und der Sieg der Soldaten des Mikado offenbar wurde, waren viele Leute in Österreich enttäuscht. Auch Franz Joseph war persönlich mit dem Ausgang unzufrieden, hielt sich aber grundsätzlich abseits von den verschiedenen Kundgebungen in dieser Richtung und trat, seine exponierte Stellung gewohnheitsgemäß berücksichtigend, mit seinem Urteile öffentlich gar nicht hervor; aber in Privatgesprächen mit dem russischen Militärbevollmächtigten Oberst Martschenko äußerte der Kaiser wiederholt seine Besorgnisse.

Die ängstliche Bedachtnahme des Kaisers auf seine Stellung in der Welt erhärtet folgender Zwischenfall, den mir der Kabinettsbeamte Dr. Mikesch berichtete.

Anläßlich der Kämpfe um Port-Arthur verlieh Wilhelm II. sowohl dem russischen Befehlshaber Stoessel als auch dem japanischen General Nogi den preußischen Orden „Pour le Mérite", die höchste Kriegsauszeichnung. Graf Paar oder General Bolfras, ich weiß nicht mehr genau, welcher es war, machte dem Kaiser Franz Joseph einen gleichen Vorschlag, unter Hinweis auf deren Dekorierung durch Wilhelm II. Doch Franz Joseph lehnte den Antrag rundweg ab. „Die zwei Generale unterstehen mir doch nicht!" sagte er, „wie komme ich dazu, sie auszuzeichnen? Sie haben nur ihrem eigenen Vaterlande Dienst geleistet und nicht mir; also ist es Sache Rußlands und Japans, sie dafür zu ehren. Daß Kaiser Wilhelm sich durch diese Dekorierung der Welt gegenüber eine Art Oberhoheit über die zwei kriegführenden Mächte anmaßt, mag er mit sich selbst austragen. Ich ahme das nicht nach, fällt mir gar nicht ein!"

Als in Portsmouth der Friede geschlossen wurde und der von Japan errungene Vorteil sich doch nicht als zu wesentlich herausstellte, bildete sich eine Partei, welche befürchtete, daß Rußland neuerlich trachten werde, seinen vielfachen Ehrgeiz im Westen und Südwesten zu befriedigen. In maßgebenden Kreisen gewann diese Befürchtung schnell und reichlich Boden. Der Kaiser unterlag diesem Eindrucke nicht, er freute sich ehrlich und aufrichtig über die Geringfügigkeit der russischen Einbuße im fernen Osten, und als die Verständigung vom erfolgten Friedensschluß ihn erreichte — es war in Romeno in Südtirol, wo der Kaiser eben den Gebirgsmanövern Ende August 1905 beiwohnte —, ging er nach dem gemeinsamen Mahl in

dem kaiserlichen Lagerzelt auf den russischen Militärbevollmächtigten Oberst Martschenko zu, schüttelte ihm die Hand und sprach ihn heiter mit folgenden Worten an: „La paix vient d'être conclue et en des condition très favorables pour la Russie!"
Franz Josephs optimistische Ansicht über die russische Neuorientierung erwies sich leider als unrichtig, denn Rußland setzte mit einer Politik der Nadelstiche gegen seinen westlichen Nachbar ein, welche ihren guten Teil zu dem entsetzlichen Weltkrieg beigetragen hat. Im Gegensatz zur früheren Haltung begönnerte Rußland nun offenkundig die serbischen Wünsche ohne Scheu vor den dadurch bedingten Schwierigkeiten und Spannungen mit der Habsburger-Monarchie.
Wenige Wochen zuvor hatte der Kaiser in seiner Sommerresidenz Ischl neuerlich einen Privatbesuch des englischen Königs empfangen, und das Gerücht entspricht den Tatsachen, daß Eduard VII. bei dieser Gelegenheit das österreichisch-deutsche Bündnis zu unterwühlen sich bemühte, indem er Zwietracht zwischen die Personen des alten Kaisers und des verbündeten Wilhelm II. zu säen versuchte. König Eduard erreichte zwar vorläufig nichts, aber er ließ auch die Hoffnung nicht sinken. Besonders die andauernden Unstimmigkeiten in Ungarn, die Unmöglichkeit ihrer Beilegung selbst mit Hilfe der schlauesten Männer, wie Dr. Wekerle, Dr. Lukacs und anderer geschickter Politiker, ließen in England die Absicht erstarken, Deutschlands Macht dadurch mattzusetzen, daß man es nach und nach, wenn nicht mit Feinden, wenigstens mit neutralen Mächten umgebe, unter denen

nach den Vorschlägen König Eduards VII. die Führung Österreich-Ungarn zugedacht war.

Für England hing von Franz Josephs Stellungnahme gar manches ab, das erkannte Eduard VII. nur zu gut, und deshalb stellte er sich unverdrossen in den Dienst dieser großen und, wenn sie gelang, gewiß lohnenden Aufgabe. Er verschmähte hiebei den Weg über die Diplomaten, von welchen er keine allzugute Meinung hatte; mit Recht, denn er selbst war wohl einer der hervorragendsten Staatsmänner seiner Zeit.

Mit der ihm eigenen bezaubernden Liebenswürdigkeit, der unvergleichlich anmutenden Biederkeit sparte der auch die deutsche Sprache mit vollendeter Geläufigkeit beherrschende Eduard VII. nicht, als er sich um Franz Josephs Zustimmung in Ischl bemühte; er ließ den greisen Kaiser förmlich nicht zu Atem kommen und ging scharf und sicheren Blickes auf sein Ziel los. –– Umsonst; am Abend vor seiner Abreise aus dem Salzkammergut entfuhr ihm beim Verlassen der kaiserlichen Villa das zu seinem jungen Sekretär Ponsonby unmutig geäußerte: „Methinks the Emperor to be a very old man!" Auf diese Art machte sich der im Verkehre, was meritorische Angelegenheiten betraf, ungeheuer zurückhaltende König Luft; es lag in seiner Bemerkung jedoch das Einbekenntnis des Mißerfolges.

Letzteren deutete kurz nachher neuerdings die scheinbar zufällig vom König an Ponsonby im Hotel Kaiserin Elisabeth, des Herrschers Absteigequartier, in Ischl gerichtete und von anderen gehörte Frage an: „I suppose Aehrenthal to be extremely shortsighted; yes, extraordinarily shortsighted" . . . und als er bemerkte, daß man achtgab . . . „he wears ponderous spectacles; doesn't he?" Also auch Aehrenthal war für des Königs Absichten nicht zu gewinnen.

Worin — ganz genau — dieselben bestanden, wenigstens hinsichtlich Kaiser Franz Josephs, wußten die wenigsten, denn Eduard VII. war unendlich schwer zugänglich und selbst in der geschicktesten Konversation war aus ihm nichts herauszuholen. Erzherzogin Marie Valerie, welche vortrefflich englisch sprach, hat bei diesem königlichen Besuch im Laufe des Gespräches ganz unwillkürlich gesagt, daß es so schön und erstrebenswert wäre, Österreich, Deutschland und England als gute Freunde nebeneinanderzusehen, worauf der König mit seinem herzgewinnenden Lachen nur erwiderte: „Well, well; but don't let us talk politics! I detest them if I'm not compelled to devote myself to such awful bores!"

Franz Joseph empfand die Zumutung Eduards peinlich, obwohl sie in den ungarischen Schwierigkeiten gewisse Berechtigung fand. Da deren Beilegung unwahrscheinlich schien, hielt sich der Kaiser durch lange Zeit diesem Lande grollend fern, oder er kam nur auf einen Tag, so im Mai 1905, um dem Begräbnis des Erzherzogs Joseph beizuwohnen, des Oberbefehlshabers der ungarischen Landwehr, eines Schwagers des Bulgarenfürsten Ferdinand. Erzherzog Joseph hatte sein ganzes Leben in Ungarn verbracht, ist dort gestorben und wurde in der Gruftkapelle des Königsschlosses von Ofen begraben. Bei dieser Gelegenheit besuchte der Kaiser in der ungarischen Hauptstadt den Ministerpräsidenten General Fejérváry, der nach dem Willen seines Herrschers selbst gegen den Wortlaut der Verfassung wider die herrschende Oligarchenpartei regierend, wacker für die Realunion Ungarns mit Österreich und für die Einheit des Heeres stritt. Er focht den Kampf tapfer durch; wenn Fehler geschahen, waren es nicht die seinen, sein einziges Ziel war unbedingter und unerschütterlicher Gehorsam gegen die Befehle seines Königs, welcher, vorläufig erfolglos, Ungarn beruhigen wollte, ohne auf die wichtigsten Kronrechte verzichten zu müssen.

In diesen Bestrebungen konnte sich Franz Joseph voll und ganz auf den ritterlichen, stets hervorragend bewährten Fejérváry verlassen, die glänzendste und vornehmste Gestalt des modernen Ungarn. Der Kaiser war ihm in freundschaftlicher Gewogenheit zugetan und dankbar gerührt ob seines nie versagenden loyalen Opfermutes. So äußerte er sich dem Sektionschef der ungarischen Abteilung seines Kabinettes, Koenig von Aradvár gegenüber: „Fejérváry wird mich niemals im Stiche lassen, ich kenne keinen zweiten, der so treu zu mir steht, wie er", und zu Graf Paar, seinem Generaladjutanten, sagte der Kaiser gelegentlich: „Alle Männer, auf die ich mich bisher in Ungarn stützte, waren Säulen, die früher oder später barsten, aber Fejérvary ist eine solche aus Granit; kein Sprung, kein Makel ist da zu finden."

Hätte doch Kaiser Franz Joseph diesem Paladin mehr Aktionsfreiheit gelassen; der hatte das Zeug in sich, mit Männern wie Graf Albert Apponyi, Ludwig Kossuths Sohn Franz, Desider Justh fertig zu werden, „mit denen es sich nicht vernünftig reden ließ", wie Franz Joseph so richtig bemerkte, nachdem er sie nach langem Widerstreben empfangen hatte, um auch ihre

Ansichten zu hören. „Mit denen kann und will ich nichts anfangen", sagte aber damals der Kaiser geärgert und gereizt, und er versuchte weiterhin allein die von jenen aufgepeitschten Wogen des politischen Kampfes zu beruhigen.

Hierin wurde Franz Joseph nur wenig vom Grafen Aehrenthal und dem Kriegsminister General Pitreich unterstützt. Schließlich war Pitreich gar so weit, den Ungarn fast alles, was sie verlangten, zuzugestehen, das heißt, er war daran, die völlige Trennung des bis dahin gemeinsamen Heeres durchzuführen, die ungarische Kommandosprache zu bewilligen, als er im Herbste 1906 ganz plötzlich von seinem Ministerposten entfernt wurde.

Gleichzeitig wurde auch der überalte, aber in militärischen Dingen allmächtige General Beck von seinem Posten als Generalstabschef abgesetzt und unter Verleihung des Grafentitels zum Kapitän der Arcièrenleibgarde ernannt, während ihn der deutsche Kaiser zum Inhaber eines preußischen Regiments machte. Für Beck war dies ein Danaidengeschenk, da er fürchterlich am Gelde hing und „sich nur nach vielen tiefen Seufzern entschließen konnte, die teuere, für ihn unnütze preußische Uniform zu kaufen", wie der deutsche Militärattaché Major von Bülow mit vielen scherzhaften Bemerkungen lachend allenthalben erzählte. Graf Beck war 25 Jahre Generalstabschef gewesen, zweifellos eine zu lange Zeit für eine solche führende Stellung, den wichtigsten Posten im Heere, dessen Inhaber nur dem Kaiser verantwortlich, sonst nahezu ohne jedwede Befugniseinschränkung ist. Graf Beck hatte große und vielfältige Verdienste, er war ein sehr genauer Arbeiter, aber er rieb sich, wie sein kaiserlicher Herr, in Kleinarbeit auf, es fehlte ihm der Zug ins Große.

Solche Verhältnisse in den Kommandostellen sind nur möglich in einer Armee, welche von ihrem Herrn nicht als Organ des Militarismus, Imperialismus gewertet wird, sondern die hauptsächlich Dekorations- und Repräsentationszwecken dienen soll. Dieser Umstand möge besonders hervorgehoben werden, ebenso das im folgenden Absatze ausgeführte Verhältnis des Kaisers zu den Spitzen seiner Zivilverwaltung, denn durch dieses weltfremde Regime, verkörpert in einem einsamen alten, wenn auch regsamen Manne scheint mir jene unheilvolle Politik der Entschluß- und Energielosigkeit bedingt, welche das hervorstechendste Merkmal österreichisch-ungarischen Staatslebens im 20. Jahrhundert ist.

Hauptsächlich bedingt wurde die einseitige Geschäftsführung durch eine zwar allbekannte, aber dennoch bemerkenswerte Eigenschaft Franz Josephs, welche ihn Zeit seines Lebens charakterisierte. Wenn der Kaiser jemanden auf einen hervorragenden Posten im öffentlichen Dienste berufen und ihn dadurch als seinen Vertrauensmann gekennzeichnet hatte, so räumte er ihm auch, so lange der Betreffende seine Stelle innehatte, alle damit verbundenen Gewalten voll und ganz, bedingungslos ein. Das heißt, er ließ ihn in seinem Wirkungskreis ohne Hemmung, Beeinflussung oder irgendwelchen Eingriff schalten und walten, wie der Funktionär wollte oder es für gut fand. Initiativ mengte er sich niemals in den Wirkungskreis des Beamten ein, wie es am besten die offizielle Politik des Ministers des Äußeren Grafen Aehrenthal während des Tripoliskrieges zeigt, welcher diplomatisch mit dem ganzen Gewicht der Monarchie Italien bekämpfte, während der Kaiser persönlich und seiner privaten Gesinnung nach das Gegenteil erwünschte.

Der Kaiser nahm auch alle Vorschläge, Anregungen und Anträge des mit dem Ressort Betrauten von vorneherein in gutem Glauben als vollwertig an, ohne sich noch anderwärts weiteren einschlägigen Rat zu holen.

Enthob dann aber der Kaiser einen höheren Funktionär seines Amtes, ließ er ihn also — wie man allgemein zu sagen pflegt — fallen, so war derselbe für Franz Joseph sofort endgültig aus der Liste der Lebenden oder, besser gesagt, Vorhandenen gestrichen, natürlich ausgenommen, daß der betreffende Würdenträger aus eigenen Stücken ohne direkten Wunsch des Monarchen demissionierte, in welchem Falle sich der Kaiser Wiederverwendung ausdrücklich vorbehielt. Es wäre sehr gefehlt, diesen auf den ersten Blick harten Vorgang des gänzlichen Fallenlassens, diesen scheinbar erbarmungslosen Grundsatz mit den Worten zu kennzeichnen, die Rev. C. Arthur Lane auf Heinrich VIII. von England anwendet, von dem er sagt: „He never ruined a man by halves", oder mit jenen, die Schiller in Wallensteins Tod dem Obersten Butler in den Mund legt: „Dank vom Hause Habsburg? Ha, ha, ha!"; im Gegenteil: der Kaiser sah, ohne mit dem Menschen höhere Fühlung zu erstreben, in dem betreffenden Funktionär eben immer nur das von ihm repräsentierte Amt, mit dem allein der Herrscher es zu tun hatte, gleichgültig, wer es bekleidete. Wurde der

Minister dann enthoben, so wurde er für Franz Joseph wieder nur eine mehr oder weniger indifferente Privatperson und sank in das große Meer der Untertanen oder Staatsbürger zurück, aus welchem der Kaiser sich grundsätzlich keine Ratgeber holte.

Daran hielt Franz Joseph unverrückbar fest, und diese „s c h e i n b a r e" Undankbarkeit oder Rücksichtslosigkeit hatte ihre großen, ja ausschlaggebenden Vorteile; denn den Kaiser erreichten nur offizielle Ratschläge, von den zur Erteilung wirklich und gesetzlich Berufenen und Verantwortlichen, interkurrente Einflüsse in Staatsangelegenheiten waren unbedingt vollständig ausgeschaltet, es gab am Hofe Franz Josephs nicht die Kategorie der „unverantwortlichen und unbefugten Ratgeber", die — wie die Geschichte aller Zeiten lehrt — so viel Unheil angerichtet haben. Das war etwas zweifellos Vortreffliches, ja sogar Vorbildliches. Hinwieder muß leider zugegeben werden, daß dieses System sowohl den Überblick, als auch die Elastizität der Entscheidungen Franz Josephs stark beengte, da es ihm, besonders als altem Mann, oft schwer fiel, unfähige Funktionäre als solche zu erkennen, und da es lange währte, bis sie, um weiteres Unheil ihrer Betätigung zu verhüten, von ihren Stellungen entfernt wurden.

Wie waren unter der konservativen Führung des Kaisers und bei dessen Abneigung gegen jeden Wechsel in den Spitzen der Armee so tiefgreifende Veränderungen, welche auf eine völlige Änderung des Systems hindeuteten, plötzlich möglich geworden? Denn im Herbste 1906 tauchten, wie gesagt, neue Männer empor: General Schönaich als Kriegsminister und General Conrad von Hötzendorf als Generalstabschef.

Es begann sich eben im starren Kranz der Mitarbeiter des Kaisers ein neuer, legitimer Einfluß bemerkbar zu machen: Franz Ferdinand von Österreich-Este, der älteste Sohn des Erzherzogs Karl Ludwig, eines Bruders des Kaisers, der Thronerbe des Habsburger Reiches, hatte die Änderungen durchgesetzt. Dies war seine erste offenkundige Einflußnahme als Thronfolger, welchen Rang er seit dem kläglichen Ende Rudolfs, des einzigen Sohnes Franz Josephs, bekleidete, der Ende Jänner 1889 auf Schloß Mayerling beim Kloster Heiligenkreuz in der Nähe von Baden in Niederösterreich, ermordet worden war. Für die kaiserliche Familie war es sicher ein schmerzlicher Verlust, den einzigen Sohn in der Blüte der Mannesjahre zu verlieren, für den Staat war das Unglück nicht so groß, denn Kronprinz Rudolf hatte sich, obwohl er von guten Anlagen war, besonders seit seiner unglücklichen Ehe mit Stephanie von Belgien selbst verloren, er war dem Trunke ergeben, und ganz Wien entrüstete sich über seine „Weibergeschichten", denen er ohne Rücksicht auf seine Stellung als Thronfolger und Ehemann öffentlich nachging.

Viel wurde über Kronprinz Rudolfs Geschick geschrieben, dessen Ende nie ganz aufgehellt wurde.

Es ist ungemein wichtig, daß sich ein Mann darüber geäußert hat, einer der wenigen Leute mit authentischer Kenntnis dieser höchst traurigen Geschichte, der Hofpfarrer Dr. Mayer. Dieser hielt daran fest, daß Kronprinz Rudolf in Mayerling nicht von seinen Zechgenossen, sondern von seiner Geliebten, Mary Vetsera, umgebracht worden sei. Als diese Untat von Rudolfs Freunden entdeckt worden war, habe einer von ihnen — wer, das konnte man nie erheben — in seinem Entsetzen über die grauenhafte Tat die Freiin von Vetsera niedergemacht. Letzteres war eine Handlung im Affekte und sozusagen das sofortige Lynchgericht über des Kronprinzen Mörderin. Ob diese Schilderung zutrifft, läßt sich heute nicht mehr erweisen; sie hat jedenfalls manches für sich und gewinnt zweifellos an Glaubwürdigkeit dadurch, daß der in den habsburgischen Familienschicksalen bestunterrichtete Dr. Mayer zähe an dieser Auffassung festhielt.

Ganz anderer Anschauung war der insbesondere in der Familie des Erzherzogs Karl Ludwig als Freund aufgenommene und als Erzieher der erzherzoglichen Kinder ungemein geschätzte Propst der Votivkirche und spätere Wiener Weihbischof Doktor Marschall. Dieser behauptete stets, daß Kronprinz Rudolf und Baronesse Vetsera auf Grund eines in gemeinsamer Verabredung verübten Selbstmordes aus dem Leben geschieden seien, wobei Rudolf zuerst Hand an sich gelegt habe, während Mary Vetsera unmittelbar darauf seinem Beispiele gefolgt sei. Wenn man Marschall auf den Zwiespalt seiner Version mit jener Mayers aufmerksam machte, erwiderte Marschall mit überlegenem Lächeln: „Mein verehrter Amtsbruder Mayer kann und darf niemals den Selbstmord — von dem er, ebenso wie ich, wissen dürfte — eingestehen, da es ihm doch sonst nicht möglich gewesen wäre, dem Kronprinzen das katholische Leichenbegräbnis zuzubilligen! Deshalb Mayers abweichende Feststellung der Öffentlichkeit gegenüber."

Bemerkenswert erscheint auch, daß die zwei Sektionschefs in des Kaisers Zivilkabinett über des Kronprinzen Rudolf tragisches Ableben Authentisches zu erbringen vorgaben und daß alle Versionen untereinander sich wesentlich widersprechen.

Der ungarische Sektionschef Koenig-Aradvár wollte von dem mit ihm befreundeten und in der Angelegenheit eingehend unterrichteten Aristides Baltazzi erfahren haben, daß Mary Vetsera gelegentlich der letzten Zusammenkunft den Kronprinzen mit einem Rasiermesser im Schlafe entmannt habe. Als dieser unter fürchterlichen Schmerzen erwachte, erwürgte er im Affekte die Vetsera und schoß sich dann aus einem Revolver eine Kugel durch den Kopf. Die entsetzliche Tat der Vetsera soll Baltazzi damit motiviert haben, daß ihr der Kronprinz an jenem Abend erklärte, sie niemals heiraten und endgültig verlassen zu wollen.

Andererseits erzählte der österreichische Sektionschef Kundrat, daß der Kronprinz mit ein paar Freunden und der Vetsera ein Gelage veranstaltete, bei dem es sehr erregt zuging, da die Vetsera vom Kronprinzen die bündige Erklärung heischte, daß er sie endlich von seiner Geliebten zur Gattin machen würde. Kronprinz Rudolf lehnte dieses Ansinnen barsch und mit höhnischen Bemerkungen ab, worauf ein wüster Wortwechsel einsetzte, während welchem einer der Zechkumpane — wer das war, wußte Kundrat nicht oder wollte es nicht sagen — für die Vetsera Partei ergriff und dem auf diese losschimpfenden Kronprinzen mit einer Champagnerflasche einen so wuchtigen Hieb auf den Kopf versetzte, daß er ihm den Schädel zertrümmerte und ihn augenblicklich tötete. In dem darauffolgenden furchtbaren Durcheinander habe dann ein anderer Teilnehmer am blutigen Mahle die Vetsera mit einem Pistolenschusse niedergeknallt, doch sei es nicht ausgeschlossen, daß die Vetsera auch Selbstmord verübt habe, als sie sah, daß der Kronprinz leblos zusammensank. Jene, die Kundrat auf die anderen Auslegungen, als vielleicht wahrscheinlichere, verwiesen, erhielten von ihm in seiner eigentümlich polternden Art die stereotype Antwort: „Es ist so, wie ich es sage, und nicht anders. Mein Vater (derselbe war einer der Leibkammerdiener des Kaisers Franz Joseph) hörte am Morgen des 31. Jänner 1889 mit eigenen Ohren, wie die Majestäten die Missetat der vergangenen Nacht miteinander besprachen und wie die Kaiserin weinend und schluchzend dem ganz niedergebrochenen Kaiser die Sache ganz genau so erzählte, wie ich sie darlegte." Für Kundrats Auffassung würden die schweren Kopfwunden sprechen, welche die Leiche des Kronprinzen faktisch aufwies.

Außer diesen Schilderungen kursieren noch viele andere, alle mehr oder weniger unverbürgt: Ruhmlos ist Kronprinz Rudolf aus dem Leben geschieden!

Des Hofpfarrers Dr. Mayer, des Beichtvaters des Kaisers, Meinung über Rudolf war folgende: „Zweifelsohne recht begabt und im großen und ganzen gutmütig, fehlte ihm jener tiefe Ernst in der Lebensauffassung, welcher für Männer in so außergewöhnlich hohen Stellen vollkommen unerläßlich ist." Der Kronprinz hatte eine merkwürdige, recht wechselnde Erziehung und Anleitung genossen; aus der allzustrengen Hand des rauhen Generals Gondrecourt kam er in die schwache des Latour und dann in die des zerfahrenen Admirals Bombelles, der, selbst ein Lebemann, den Kronprinzen im Wirbel der Genüsse und Vergnügungen untertauchen und schließlich zugrunde gehen ließ. Wo blieb da das wachsame Vaterauge? Hatte der Kaiser gar keine Zeit, sich mit seinem einzigen Sohne zu befassen? Welches Regierungsgeschäft konnte so wichtig sein, daß deswegen die Obsorge um das körperliche, vor allem aber um das geistige Gedeihen des künftigen Trägers der Krone in zweite Linie hätte gerückt werden dürfen? Und doch hat sich Kaiser Franz Joseph im wesentlichen blutwenig um des Kronprinzen Schicksal gekümmert. Und die Kaiserin Elisabeth, die sich nach Rudolfs Tod die Augen ausweinte und sich niemals mehr von dem herben Schicksalsschlag erholte? Fand sie gar keine Möglichkeit, ihn mit milder, zarter Hand von dem Abgrund zurückzuhalten, dem er jeder Führung bar blindlings entgegentaumelte, um in entsetzlicher, ruhm- und würdeloser Weise zu verschwinden?

Jedenfalls beraubte ein Verhängnis den Kaiser auf gewaltsame Art seines einzigen Sohnes und Erben, wie es früher, 1867, seinen ältesten Bruder Ferdinand Max dahingerafft hatte, welcher als Kaiser Max von Mexiko auf Befehl des Präsidenten Benito Juarez als Landesfeind in der Ebene von Queretaro erschossen worden ist, als ein Opfer der Politik Napoleons III., und wie es Franz Joseph später, am 10. September 1898, auch seine Frau genommen hat, die schöne, vornehme und kunstsinnige Elisabeth von Bayern, die der italienische Anarchist Lucceni in Genf erdolchte. Nach kurzer Zeit sonniger Flitterwochen war die kaum den Kinderschuhen entwachsene Kaiserin durch eine systematische Hetze ihrer damals in Wahrheit das Regiment in Österreich führenden und nun darum bangenden Schwiegermutter, der Erzherzogin Sophie, so verängstigt worden, daß sie Wien und ihren Gemahl soviel als möglich mied. Es unterliegt keinem Zweifel, daß Erzherzogin Sophie, die mit herrischer, stets nur Mißgeschick bringender Hand überall — auch in die Politik — eingriff, schon von allem Anfange an in ihres ältesten Sohnes Ehe die schwersten, niemals wieder gutzumachenden Zerwürfnisse und Unstimmigkeiten hineinbrachte, welche bald Elisabeth und Franz Joseph bleibend entfremdeten. — Der Kaiser hatte, streng genommen, keinen ausgesprochenen Sinn für eine behagliche Häuslichkeit; er ging in den Staatsgeschäften auf, und seine wenigen Mußestunden opferte er obendrein teilweise repräsentativen Pflichten. Solche fielen aber dem in sich gesammelten Wesen der Kaiserin so zur Last, daß sie dieselben, wo es nur anging, gerne ihrem Gemahl allein überließ. Daher entstand nach und nach beim Kaiserpaare jene Eheform, bei welcher „sich die Gatten am besten verstehen, wenn sie nicht beieinander weilen", wie Balzac geistreich sagt.

Die Kaiserin widmete sich mit Sorgfalt allerdings in einer oft recht kleinlichen, in der Behütung vor Krankheiten kulminierenden und in peinlicher Angst vor Unfällen eingeengten Art der Erziehung ihrer Töchter, insbesondere der jüngeren, Marie Valerie. Deren scheues und weltfremdes, aus sich gar nicht heraustretendes Naturell soll eben auf diese eigenartige, von der Kaiserin überwachte Kinderstube zurückzuführen sein.

Am nächsten stand aber der Kaiserin Elisabeth doch der einzige, ihr auch physisch allein gleichende Sohn, der bei der Mutter jederzeit liebevolle Nachsicht und als sein Lebensschiff gleichfalls in eine nichts weniger als glückliche Ehe einlief, auch wirklich herzliches Verständnis fand. Mit dem in seinem Privatleben immer mehr und mehr zunehmenden Schwierigkeiten getraute er sich nicht zum Vater; bei der Mutter fand er dagegen stets entgegenkommenden Willen und hilfsbereite Hand. Dieses innige Verhältnis zwischen der Kaiserin und dem Kronprinzen Rudolf hat in der Folge — wie der eingeweihte Hofpfarrer Dr. Mayer behauptete — die zwischen dem Kaiser und der Kaiserin bestehende Entfremdung noch bedeutend verschärft, da Franz Joseph seine Gemahlin für manche Entgleisungen des Sohnes mitverantwortlich machte. Doch der Kronprinz bildete für die zärtlichkeitsbedürftige und daher von wiederholten bitteren Enttäuschungen doppelt schwer getroffene Frau schließlich den einzigen und letzten Halt im Dasein; als er ihr plötzlich entrissen wurde, verfinsterte sich Elisabeths Gemüt vollends. Sie wurde von einer qualvollen Unruhe erfaßt, in der sie nirgends und bei niemandem einen Ruhepunkt fand; jetzt begannen die zigeunerhaften Reisen, die exzentrischen Baukaprizen und all das, was schließlich die Kaiserin von der Schaubühne der Öffentlichkeit vorzeitig verschwinden ließ.

Franz Joseph ließ die schwergeprüfte Frau gewähren; er konnte nicht anders, obwohl er darunter unsäglich gelitten hat, denn seinem Herzen stand Elisabeth sehr, sehr nahe; das erhärten die Worte, die er beim Empfang ihrer Todesnachricht seinem Generaladjutanten Paar in wildem Schmerze entgegenrief: „Niemand weiß, wie sehr ich diese Frau geliebt habe." Das war keine leere Phrase. Ebenso hing auch Elisabeth an dem Kaiser, wenn sie auch — in ihrer Jugend bei Gefühlsäußerungen durch Erzherzogin Sophie für alle Zeiten verschüchtert — es nicht zeigte oder nicht zeigen konnte. Aber Beweise tiefempfundener Fürsorge taten dies kund, wenn sie beispielsweise aus weitester Ferne Weisungen erließ wegen der Mahlzeiten und der Kleidung des Kaisers, wegen Lüftung und Beheizung seiner Zimmer, wovon der kaiserliche Leibarzt Dr. Kerzl so gerne erzählte.

Im vollsten Sinne des Wortes war des Kaiserpaares Ehe einstmals eine „Liebesehe" gewesen — Lucchenis Mordstahl tötete eine Frau, die die Gemahlin des Kaisers von Österreich, aber seit Jahren nicht mehr die österreichische Kaiserin war.

So war der Kaiser nach Rudolfs frühem Tod und dem schrecklichen Ende der Kaiserin ganz vereinsamt. Franz Ferdinand näherte sich seinem Onkel nicht allzuviel in den ersten Jahren nach dem schweren Verlust. Überdies litt Franz Ferdinand an einem chronischen Lungenleiden, das ihn zwang, sich längere Zeit in warmen Gegenden, in Ägypten und an der See aufzuhalten. Hauptsächlich aus diesem Grunde unternahm er auch seine Weltreise, und bald nach seiner Rückkunft heiratete er 1900 in morganatischer Ehe die Hofdame der Erzherzogin Isabella, Gräfin Sophie Chotek. Dadurch wurde er dem Kaiser, dem er nie sonderlich sympathisch war, noch mehr entfremdet, zumal dieser peinlich und eifersüchtig über der Familienüberlieferung wachte und dem Thronerben die unebenbürtige Heirat sehr übel nahm, wenn er auch seine Einwilligung nach wiederholten, dringenden Fürbitten, welche mit der Einflußnahme der Kaiserin begannen und dem Drängen des Kaisers Wilhelm II. abschlossen, endlich formell gab.

Wenn man vom dynastischen Standpunkte absieht und vom rein menschlichen aus die Art und Weise betrachtet, wie Franz Ferdinand seine Ehe mit Sophie Chotek durchsetzte, so zeigte da der Erzherzog eine Charakterstärke, die ihm wirklich zur größten Ehre gereicht, denn es erforderte eine wahrhaft bewunderungswürdige Zähigkeit, alle Hindernisse zu überwinden, die sich entgegenstellten, vor allem eben des Kaisers beharrlicher und lange nicht zu brechender Widerstand.

Seit 1894 trug sich Franz Ferdinand mit dem Gedanken, seine spätere Gattin heimzuführen. 1895 schlug ihm dies Franz Joseph auf entschiedenste ab, ja er drohte ihm mit der Ausstoßung aus der Kaiserfamilie. 1896 wurde der Erzherzog auf dem Kriegsschiffe „Elisabeth" nach Afrika und Asien geschickt, von wo er, Nordamerika zu Land durchreisend, um rascher heimzukehren, wieder in Wien eingetroffen, neuerdings alle möglichen Schritte unternahm, um den gegensätzlichen festen Willen seines kaiserlichen Oheims zu beugen; vergebens! Schließlich gelang es Franz Ferdinand, die Fürbitte der seelensguten Kaiserin zu erhalten, doch auch diese half nichts, im Gegenteil: Sophie Chotek wurde in einem Kloster konfiniert, nachdem sie vorher dem Erzherzog endgültig hatte entsagen müssen. Doch die Liebenden blieben einander treu, und Kaiserin Elisabeth half ihnen bis zu ihrem Tode nach Möglichkeit, jedoch ohne Erfolg. Auch die anderen Erzherzoge — Friedrich ausgenommen — versuchten fallweise für Franz Ferdinand ein gutes Wort einzulegen, vornehmlich der vortreffliche Rainer, aber der Kaiser gab nicht nach, um keinen Preis. — Franz Ferdinand wandte sich nun an auswärtige Freunde und Gönner; vorerst an den Zaren Nikolaus II., welcher sich, schon im Hinblicke auf die slawische Abkunft der Gräfin Chotek, für die Liebesleute warm einsetzte, nicht nur beim letzten Besuche Franz Josephs in St. Petersburg, sondern auch nachher brieflich, wobei der Militärbevollmächtigte Woronin eine Rolle spielte. Allein auch da willfahrte Franz Joseph nicht. — Franz Ferdinand ging weiter: durch den Kardinal Ledochowski gewann er Papst Leo XIII. für seine Sache, und dieser veranlaßte im Wege seines Staatssekretärs Kardinal Rampolla beim Kaiser entscheidende Schritte zugunsten des Erzherzogs. Das wirkte endlich insofern, als Kaiser Franz Joseph zu Ostern 1899 seinem Neffen eine einjährige Bedenkzeit auferlegte, nach deren Ablauf sich der Kaiser weitere Entscheidungen vorbehielt. Als die Frist zur Neige ging, trat aber der deutsche Kaiser Wilhelm II. an des Erzherzogs Seite auf den Plan; er übte auf Franz Joseph einen so starken Druck aus, daß letzterer schließlich schweren Herzens die morganatische Ehe Franz Ferdinands mit Sophie Chotek zugab und lediglich den Thronverzicht für deren eventuelle Kinder verlangte.

Seither die große Freundschaft zwischen dem dankbaren Erzherzog Franz Ferdinand und Wilhelm II.; anderseits aber auch die tiefgehende Abneigung Franz Josephs gegen Rampolla, welche — wenigstens mitbestimmend — auch im Sommer 1903 in des Kaisers Veto bei der Papstwahl Ausdruck gefunden hat.

Wegen seiner Heirat mußte Franz Ferdinand mit aller Feierlichkeit den Renunziationseid schwören, durch den seine Nachkommenschaft gesetzlich von der Thronfolge in Österreich und Ungarn ausgeschlossen wurde. Es mag mehr als zweifelhaft erscheinen, ob er in alle Zukunft diesem Eid treu zu bleiben gedachte, denn manche Tatsachen sprachen gar deutlich für das Gegenteil, Kaiser Franz Joseph war jedenfalls nie davon überzeugt. Mit reger Tatkraft wußte der Thronfolger schrittweise die Stellung seiner ehrgeizigen Frau zu heben, welche vom Kaiser zur Fürstin und später zur Herzogin von Hohenberg erhoben wurde und endlich nahezu mit den gleichen Vorrechten bei Hofe erschien wie die Erzherzoginnen. Auch die Kinder, eine Tochter und zwei Söhne, erhielten eine Sonderstellung, die nicht mehr weit von der der kaiserlichen Prinzen war. Daneben häufte Franz Ferdinand, seit 1875 Erbe des auch für Habsburger Begriffe sehr reichen, letzten Herzogs von Modena, Franz V. von Österreich-Este, eine Unmenge Geld als Privatvermögen an, um damit seine Kinder auszustatten und seinem ältesten Sohne vielleicht den Weg zum Throne ebnen zu können. Personen seiner Umgebung berichteten sogar, Franz Ferdinand hätte die Absicht gehabt, vom Papste zu gegebener Zeit die Ungültigkeitserklärung des Renunziationseides zu erreichen, was vielleicht nicht zu schwer gewesen wäre, wenn man die ausgezeichneten Beziehungen in Betracht zieht, die er stets mit dem römischen Stuhle unterhielt. Dieses offenkundige Streben war sicherlich Unrecht von Franz Ferdinand, und der Kaiser war mit Recht bei jedem neuen Vorstoß aus dem Wiener Belvedere, welches das Thronfolgerpaar bewohnte, empört und erzürnt, zumal Franz Ferdinand durch seine Heirat und ihre möglichen Folgen, sowie durch seine Ränke die mannigfachen Schwierigkeiten, mit denen die Monarchie dank ihrer inneren und äußeren Anlage stets zu kämpfen hatte, um ein Übriges vermehrte.

Der Kaiser tröstete sich mit zunehmendem Alter langsam über die Enttäuschung, welche ihm Franz Ferdinands Heirat bereitet hatte, und begann sich in vielen Regierungsgeschäften auf ihn zu verlassen; so folgte er 1906 seinem Rat, die Generale Beck und Pitreich zu entlassen und durch neue, geeignetere Männer zu ersetzen. Franz Ferdinand gewann zusehends Einfluß, seine Stellung an der Spitze der Erzherzoge wurde gestärkt. Das zu erreichen war für den seine Pflichten sehr ernst nehmenden, scharf und logisch denkenden, tatkräftigen Thronfolger nicht sehr schwer, da keiner der anderen habsburgischen Prinzen viel Ansehen genoß, weder beim Kaiser noch beim Volke. Es unterliegt keinem Zweifel, die Habsburger waren ein zu altes Geschlecht, und es erging ihnen wie dem Weine, der, wenn er zu lange liegt und nicht sorgfältige, auffrischende Pflege findet, einfach Essig wird. Einmal entfuhr es sogar dem Ministerpräsidenten Dr. Koerber mir gegenüber: „Was diese Erzherzoge und Erzherzoginnen treiben, ist geradezu unerhört! Sie wollen auf jeden Fall der Öffentlichkeit beweisen, daß die Dynastie dekadent, degeneriert ist. Sie brauchen sich nicht so anzustrengen, wir wissen alle schon längst, daß mit den Habsburgern nicht mehr viel anzufangen ist."

Die Beziehungen des Kaisers zu seiner Familie waren wirklich sonderbar. Gegen außen, daß heißt gegen die Öffentlichkeit hielt er alle seine Familienmitglieder unendlich hoch, andererseits aber kümmerte er sich nicht viel um sie, ihre Erziehung, ihr Benehmen und ihr Tun und Lassen, außer, wenn ein Skandal drohte oder schon entstanden war. Vielleicht hatte er nicht Muße dazu, aber die Zeit, die er auf die Kontrolle verwendet hätte, wäre nicht vergeudet gewesen. Die Erzherzoge und Erzherzoginnen zeigten äußerlich eine tiefe Ehrfurcht vor dem greisen Familienoberhaupte, was sie aber andererseits nicht im geringsten zu Rücksichten veranlaßte, auch wenn sie durch ihr Gehaben sogar politische Schwierigkeiten verursachten.

Ich erwähne hier nur die Skandale des Erzherzogs Leopold Ferdinand (Wölfling), Ferdinand Karl (Burg), des Erzherzogs Otto, der noch in jungen Jahren nach einem ausschweifenden Leben im November 1906 starb, die öffentlichen Ärgernisse des während seiner letzten Lebensjahre in Klesheim bei Salzburg internierten Erzherzogs Ludwig Viktor. Mit diesen Beispielen ist jedoch die Chronik noch lange nicht erschöpft.

Der Kaiser litt persönlich unter solchen Vorfällen ungeheuer, aber er war offenbar machtlos, sie abzustellen und für eine bessere Erziehung und Aufführung seiner Verwandtschaft zu sorgen. Wie im öffentlichen Leben fehlte ihm auch seinen Familienmitgliedern gegenüber in großen Fragen im entscheidenden

Moment die nötige Energie und Rücksichtslosigkeit, während er in kleinlichen Dingen starrköpfig, ja tyrannisch war. Dies ist umso merkwürdiger, als der Kaiser ohne jeden Zweifel ein Mann von echtem Pflichtgefühl war und ein ernster Arbeiter von eiserner Tatkraft: das gerade Gegenteil der meisten Erzherzoge, die sich allen Vergnügungen des Lebens hingaben, besonders den gewöhnlichen und niedrigen, und nur dem Namen nach in Armee und Flotte dienten, wo sie rasch und mühelos zu den höchsten Rängen gelangten. Standen sie dann an hervorragender und verantwortungsreicher Stelle im Heere, wofür sie weder die nötigen Eigenschaften, noch Kenntnisse hatten, dann waren sie ihrer Umgebung ganz ausgeliefert. Wenn diese, was meist der Fall war, unglücklich gewählt war, konnten unheilvolle Folgen nicht ausbleiben. Leider war die Umgebung für die Erzherzoge fast immer unglücklich gewählt, denn bei der Wahl war alles eher entscheidend als Charakter und Fähigkeiten. Nach den herrschenden Gepflogenheiten kam nur Hochadel in Betracht, und über diesen habe ich vorhin das vernichtende Urteil des scharfsinnigen Koloman Szell angeführt.

Da erinnere ich mich an einen aufsehenerregenden Artikel des Pariser „Matin" unter dem vielsagenden Titel „un empire, qui croule", der sich mit den drei Neffen des Kaisers: Franz Ferdinand, Otto und Ferdinand Karl beschäftigte und besonders über das Lotterleben der beiden letztgenannten Prinzen Haarsträubendes zu berichten wußte. Franz Ferdinand mußte sich infolge seines Lungenleidens den Ausschweifungen fernhalten, was für ihn ein Glück war. Dagegen trieb es Otto umso ärger, ohne Rücksicht auf Frau und Kinder oder gar auf seine Stellung zu nehmen. Er kneipte in voller Uniform in den verrufensten Lokalen mit feilen Dirnen oder veranstaltete wüste Gelage in den abgeschlossenen Räumen einzelner Hotels, wo es in einer Weise zuging, die das Schamloseste aus der Zeit des tiefsten Verfalles des römischen Kaisertums vollends in den Schatten stellte. Bei einer solchen Orgie wurde er von seinen Zechgenossen ganz unbekleidet mit umgeschnalltem Säbel aus dem Salon, in dem das Gelage stattfand, ausgesperrt. Während er pochte und bettelte, daß man ihn einlassen möge und genug des Spaßes haben solle, erschien zufällig der im gleichen Hotel mit seinen Damen zum Abendbrote eintretende großbritannische Botschafter auf dem Gange, zu seinem größten Entsetzen den Erzherzog in der geschilderten Verfassung dort antreffend.

Vom Erzherzog Otto zeigte einmal ein Droschkenkutscher in der Weinstube der Berta Kunz Briefe, durch welche er sich lasterhafte Mädchen in unerhört „ungezwungener" Weise bestellte; die vornehmen Gäste waren entsetzt über den Inhalt der Briefe, nicht minder aber auch darüber, daß der Erzherzog keine Ahnung von der deutschen Rechtschreibung hatte und orthographische Verstöße beging, die man einem Bürgerschüler nicht verzeiht.

Nicht viel besser war auch sein jüngerer Bruder Ferdinand Karl, der schließlich dem Trunke verfiel, das seinem kaiserlichen Onkel feierlich gegebene Ehrenwort brach, indem er ein Fräulein Czuber heiratete, der deshalb aus der kaiserlichen Familie ausgestoßen wurde. Die anderen Erzherzoge trieben es nicht viel anders, wenn auch die Öffentlichkeit weniger davon erfuhr, da sie nicht in Wien weilten. Joseph Ferdinand und auch sein Vetter Leopold Salvator ahmten überdies ihren Onkel Johann von Toscana, der als Johann Orth in der Magelhaensstraße vor Jahren verschollen ist, insoferne nach, als sie mit ihren Kameraden über Einrichtungen, Persönlichkeiten, Vorgesetzte, ja sogar über den Kaiser schimpften und öffentlich loszogen, dadurch zu fürchterlichsten Krebsschäden der Disziplin im Heere wurden und dem Ansehen des Kaiserhauses den allergrößten Nachteil zufügten.

Es war übrigens ein eigenes Mißgeschick mit den Kindern des letzten Großherzogs von Toscana, Ferdinand IV., von welchen ich die zwei ältesten schon erwähnte. Des Großherzogs älteste Tochter Luise, heute Frau Toselli, gab ihrem Vater und damit dem greisen Kaiser Franz Joseph Anlaß zu bitterstem Kummer. Als Gattin des Kronprinzen, späteren Königs Friedrich August III. von Sachsen, verließ sie kurz vor Weihnachten 1902 den Dresdener Hof — möglicherweise auf Anstiftung ihres ältesten Bruders Leopold Ferdinand hin — mit dem französischen Sprachlehrer ihrer vielen Kinder, Giron, und führte dann ein unschönes Abenteurerleben in der Schweiz, in Frankreich und in Italien, wo sie schließlich den Klaviervirtuosen Toselli heiratete. Diese unmotivierte Flucht war ein furchtbarer Skandal; ihr feuriges Temperament mag als Entschuldigung dafür dienen, daß sie sich im sächsischen Königspalast, wo unter dem alten König Georg dessen nichts weniger als fröhliche, angejahrte Tochter Mathilde ein tyrannisches Regiment führte, nicht heimisch fühlen konnte.

Kaiser Franz Joseph wies alle Annäherungsversuche, die sie und ihr Bruder Leopold zu wiederholtenmalen einleiteten, aufs entschiedenste ab, für ihn waren die beiden aus der Liste der Lebenden gestrichen. Durch diese Vorfallenheiten wurden dem Kaiser überhaupt die Mitglieder der toskanischen Linie seines Hauses beinahe unsympathisch, er gab dies wiederholt offenkundig zu erkennen und hielt sie sich möglichst ferne.

Es waren wohl unter den Erzherzogen einige wenige Ausnahmen: der alte, ritterliche, gewandte und gütige Rainer, der ernste, großzügige und unterrichtete Eugen, der tapfere, wirklich soldatische, junge Karl Albrecht, aber diese waren nur Ausnahmen von der äußerst unerfreulichen Regel.

Der Kaiser beschränkte mit zunehmendem Alter sein Familienleben auf seine nächsten Verwandten und kümmerte sich, angewidert und verärgert, um die übrigen nicht viel. Beide Töchter Franz Josephs, Gisela, die Frau des Prinzen Leopold von Bayern, und Marie Valerie, welche mit dem Erzherzog Franz Salvator von der toskanischen Linie des Kaiserhauses verheiratet wurde, waren herzensgute, fromme, einfache Damen, durchaus achtbare, ausgezeichnete Mütter und bildeten mit ihren Kindern die häusliche Zufluchtsstätte des alten Kaisers. Auch Leopold von Bayern, der sich — ohne Byzantinismus — als einer der besten Generale des deutschen Heeres erwiesen hat, war ein Schwiegersohn, auf den Franz Joseph stolz sein konnte, während Franz Salvator, der Gatte der Erzherzogin Marie Valerie, ein „flotter Bursche" war, der es wohl verstand, sich gelegentlich außer Haus zu unterhalten, ohne aber allzuviel Schaden anzurichten.

In den letzten Friedensjahren erhielt sich ein hartnäckiges Gerücht von Marie Valeries großem Einfluß auf den Kaiser in politischen Dingen, ja es wurde sogar von einem Schönbrunner Unterrockregiment geredet: es gibt nichts Unsinnigeres als diesen Tratsch, denn die Tochter war nicht einmal imstande, den Vater zum Ankauf modernerer Taschentücher zu veranlassen, so überlegen fühlte sich der Kaiser über die Erzherzogin, und so eigensinnig war Franz Joseph; wie hätte er sie da in Staatsangelegenheiten mitsprechen lassen sollen?!

Daß Franz Joseph seinen beiden Töchtern in zärtlicher Liebe zugetan war, konnte auch die Allgemeinheit des öfteren beobachten, besonders im kaiserlichen Sommersitze Ischl, wo der Kaiser seine Erholungszeit zusammen mit seinen Töchtern, deren Gatten und Kindern verlebte. Alle Mußestunden verbrachte der greise Monarch im Kreise der Seinen, und er zeigte sich dabei als gemütlicher Vater und Großvater, dem namentlich das lustige Treiben der kleineren Kinder der Erzherzogin Marie Valerie unendlich viel Spaß machte, so daß er darüber oft herzlich lachen konnte. Er führte seine jüngeren Enkelkinder an der Hand im Parke der Ischler kaiserlichen Villa manchmal stundenlang spazieren, ging mit Freuden auf ihre kindlichen Wünsche ein, pflückte mit ihnen Beeren oder Blumen und überraschte sie dann beim Nachhausekommen mit einer Süßigkeit oder einem kleinen Spielzeuge, das er aus seinem Arbeitszimmer scherzend hervorholte.

Aber auch im engsten Kreise erwies sich Franz Joseph stets als der vornehme, allerdings von erlesenstem Zartgefühl durchdrungene Kaiser. Keine Festlichkeit bei seinen Angehörigen, kein Geburts- oder Namenstag ging vorüber, ohne daß er sich mit einer sinnigen Aufmerksamkeit, mit wertvollen und künstlerischen Geschenken eingefunden hätte. Deren Wahl traf er immer selbst und scheute dabei weder Mühe noch Zeit, um seinen Töchtern, Schwiegersöhnen und Enkelkindern ja etwas zu spenden, das sie sich tatsächlich wünschten und das ihnen wirklich Freude bereitete. Zu solchen Zuwendungen bot insbesondere das Weihnachtsfest den geeigneten Anlaß, welchen der Kaiser auch immer benützte, um einen Ausflug nach Wallsee zu unternehmen, wo Erzherzogin Marie Valerie ihren nahezu ständigen Wohnsitz hatte. Hier verbrachte Franz Joseph am Jahresausgange einige sorgenfreie Tage bei seiner Tochter; den Glanzpunkt seines Aufenthaltes bildete naturgemäß der Christabend, an welchem im Hallenraume des Schlosses ein prächtiger Tannenbaum, von Marie Valerie und ihren älteren Töchtern größtenteils eigenhändig geschmückt, im Lichte vieler Kerzen hell erstrahlte. Nach dem Absingen des Weihnachtsliedes ging es an die Verteilung der Geschenke, und Franz Joseph half da mit heiterer Miene rüstig mit, zeigte den Kleinsten ihre Spielsachen, händigte den Größeren kostbare Gaben ein, kurzum, er war nicht nur der belebende Mittelpunkt der Feier, sondern er nahm an derselben voll und ganz ebenso freudig teil wie sein jüngster Enkel. Daß dies tatsächlich zutrifft, beweist am besten sein Ausspruch in den ersten Dezembertagen eines der letzten Jahre vor dem Kriege, als er, ermattet von anstrengender Tagesarbeit, von seinem treuen Leibarzt Dr. Kerzl ermahnt wurde, sich doch ein wenig zu schonen; da sagte nämlich der Kaiser frohgemut: „Ach was, jetzt fällt mir alles leicht! Weihnachten steht vor der Türe; wie ich mich darauf freue! Da gehe ich wieder zu meinen Kleinen nach Wallsee und werde gleich wieder jung . . . wenigstens für ein paar Tage!" setzte er resigniert lächelnd hinzu.

Und als 1914 der Herbst und Frühwinter dem alten Kaiser schwere Sorgen aufbürdeten, klagte er seinem bewährten Generaladjutanten Paar: „Zu alledem kommt noch, daß ich diesmal nicht nach Wallsee kann; und Weihnachten allein verbringen zu müssen, ist zu traurig!" Paar wandte darauf ein, daß die Erzherzogin mit den Kindern nach Schönbrunn kommen und die Christbaumfeier da abgehalten werden könnte; wie der Kaiser das hörte, rief er freudig aus: „Das wäre herrlich, das würde mich glücklich machen!" Als der Besuch der Tochter und Enkelkinder feststand, war er gleich besserer Stimmung und deutete wiederholt dem Grafen Paar seine gute Laune darob an: „Ich danke Gott, daß ich auch heuer wenigstens hier meinen schönen Christbaum zusammen mit den Kleinen haben werde." Seine Enkelkinder waren aber auch wohlgeratene Menschen, an denen der Kaiser seine Freude haben konnte.

Anders war Elisabeth geartet, das einzige Kind des verstorbenen Kronprinzen Rudolf. Sie hatte sehr jung den Prinzen Otto Windisch-Graetz geheiratet, der nicht aus regierendem Hause war, ebenso wie ihre Mutter, die belgische Prinzessin Stephanie, bald nachher die Frau des ungarischen Grafen Elemer Lonyay wurde. „Ces mariages manquent, à dire vrai, de grandeur", sagte mir damals der französische Botschafter Reverseaux, und er hatte recht.

Elisabeth und ihre Mutter trugen die Nasen sehr hoch, obwohl sie durch ihre Heirat aus dem Erzhause ausgeschieden waren. Besonders Elisabeth prahlte bei jeder passenden und unpassenden Gelegenheit damit, daß sie des Kaisers Enkelin sei, was sie aber nicht hinderte, sich ohne Rücksicht auf diese exponierte Stellung offen allen möglichen Vergnügungen hinzugeben, und ich entsinne mich sehr wohl eines gelegentlichen Aufenthaltes auf der Adriainsel Brioni, wo Elisabeth Windisch-Graetz ohne Mann, aber mit ihren Kindern weilte und wo wir alle das Benehmen dieser Kaiserenkelin nicht begreifen und noch weniger billigen konnten, die öffentlich mit Egon Lerch und anderen jungen Seeoffizieren in einer Art und Weise flirtete, die bei der exponierten Stellung der Kaiserenkelin besonderes Aufsehen erregen mußte.

In früheren Jahren hatte die Absicht bestanden, die gewiß schöne und elegante Erzherzogin Elisabeth eine ihrer vornehmen Geburt entsprechende glänzende Partie machen zu lassen. Als zu Ostern 1901 der noch unvermählte deutsche Kronprinz dem Kaiser Franz Joseph einen längeren Besuch in Wien abstattete, sprach man in der Hofgesellschaft viel davon, daß er der Auserwählte sei. Stimmte das Gerücht nicht, oder hatte Elisabeth schon ihr Herz an Otto Windisch-Graetz verloren, so daß sie vom deutschen Thronfolger nichts mehr wissen wollte? Jedenfalls fand man, daß sie nicht zueinander paßten, denn der wohlüberlegende, greise Erzherzog Rainer hat sich hierüber folgendermaßen geäußert: „Nein, nein; das wäre ein großes Unglück gewesen; die gute Elisabeth hätte Habsburg und Hohenzollern ganz gegeneinander gebracht und den Potsdamer Hof in der kürzesten Zeit vollends auf den Kopf gestellt! Wie hätte sich Erzsi" — mit diesem ungarischen Diminutivum wurde sie für gewöhnlich in der kaiserlichen Familie genannt — „in die Disziplin der deutschen Kaiserin hineingefunden? Das hätte jeden Tag Zank, Streit und Funken gegeben! Es ist besser, daß es nicht so kam! Otto Windisch-Graetz hat uns einen Dienst und Gefallen erwiesen, daß er sie nahm und uns dadurch weiterer Sorgen enthob!" Ich glaube, daß Erzherzog Rainer vollkommen recht hatte, denn im gleichen Sinne wie er, äußerte sich einige Jahre später auch der Wiener Botschafter Tschirschky, der allerdings für seinen zukünftigen Kaiser auch nicht viel übrig hatte. Er meinte, daß der deutsche Kronprinz und Elisabeth, in vielen schlechten Eigenschaften und dem fahrigen Gehaben gleichgeartet, sich bald gegenseitig die Köpfe eingeschlagen hätten, was übrigens auch nicht das Schlechteste gewesen wäre, wie er sarkastisch hinzusetzte.

Franz Joseph wußte um das Treiben seiner schönen und lebenslustigen Enkelin und lud sie daher nicht allzuoft ein. Sie erschien gewöhnlich nur am 18. August, an Kaisers Geburtstag in Ischl, sehr selten in der Wiener Hofburg oder in Schönbrunn und dann hauptsächlich, um von ihrem Großvater geldliche Unterstützung zu verlangen und zu bekommen, da sie, wie auch ihre Mutter, eine Menge Geld verbrauchte und immerfort Mangel daran hatte. Bei solchen Gelegenheiten benahm sich Elisabeth Windisch-Graetz, die sich überhaupt sehr freier Umgangsformen befliß und die Dienerschaft mit Schimpfworten zu bedenken pflegte, in einer so „auffallenden" Weise, daß der alte Kaiser stets froh war, wenn sich die Tür wieder hinter ihr geschlossen hatte.

Vor ihrer eigenen Dienerschaft legte sie sich überhaupt keinen Zwang mehr auf, sie machte vor ihren Leuten gar kein Hehl aus ihren Beziehungen zu Lerch, den sie als Gemahl zur linken Hand behandelte; allerdings verklärte ein Schimmer echten Gefühls dieses Verhältnis. Als Lerch mit seinem U-Boot unterging, rief die Kaiserenkelin verzweifelt: „Was habe ich verbrochen, daß ich so hart gestraft werde?" und fast zwei Jahre trug sie um ihn Trauer.

Stephanie Lonyay war nicht viel anders als ihre Tochter, und hierin mag für Kronprinz Rudolf eine kleine Entschuldigung für alle seine Vergehen in der Ehe gefunden werden, da er beim besten Willen mit einer solchen Gattin nicht gut auskommen konnte. Übrigens zeigte auch ihre Schwester, Luise von Koburg — unrühmlichst bekannt durch ihre Skandalprozesse und mehr als bedenklichen Geldaufnahmen —, welchen Sinnes diese hohen Damen waren.

In Geldsachen war der Kaiser gegen seine Familie sehr entgegenkommend. In vornehmster Weise stellte er beispielsweise die geradezu märchenhaften Beträge zur Verfügung, welche die künstlerischen Phantasien und die Reisen der Kaiserin Elisabeth verschlangen, die selbst für sein großes Vermögen eine fühlbare Belastung bildeten.

Nicht minder freigebig zeigte er sich gegen seine Töchter und deren Kinder. So wandte er der Prinzessin Gisela von Bayern die Mittel zu, um das Palais des

Prinzen Leopold in München prunkvoll auszugestalten, und der Erzherzogin Marie Valerie stattete er nicht nur das Schloß Wallsee in Niederösterreich, sondern auch im Lainzer Tiergarten bei Wien die herrliche „Hermes-Villa" aus. Ungezählte Geschenke — Schmuck, Silbersachen, kostbare Kleider und Pelzwerk — spendete der Kaiser bei allen Gelegenheiten, jedenfalls aber zur Weihnachtszeit seinen Töchtern und Enkelkindern, während seinen Schwiegersöhnen und Enkeln in ebenso reichem Maße wertvolle Bilder, goldene und edelsteinbesetzte Dosen, Reitstöcke, köstliche Zigarren und Zigaretten zuteil wurden.

Daß Franz Joseph auch oft in die Lage kam, andere Fürstlichkeiten mit Gaben zu bedenken, ist selbstverständlich; stets wurde die Auswahl nach dem Anlasse getroffen, aber es kamen für Herrscher doch zumeist Porträtgemälde des Kaisers oder kleinere Bilder in besonders kostbaren, brillantgezierten Rahmen, für Damen regierender Häuser Schmuckgegenstände — vor allem Diademe in Brillanten — in Betracht. Merkwürdigerweise verlieh der Kaiser gerade an Potentaten keine Orden in Brillanten; bloß bei der deutschen Kaiserin Auguste Viktoria und beim Zaren Ferdinand der Bulgaren wurden vereinzelt Ausnahmen gemacht.

Geldgeschenke als solche wendete Kaiser Franz Joseph wohl nicht zu, doch ist es bekannt, daß er den Fürsten Nikolaus von Montenegro, den König Milan von Serbien, den Herzog von Braganza und noch manche andere in sehr ausgiebiger Weise pekuniär unterstützte und daß mit der Zeit diese Beihilfen recht beträchtliche Summen ausmachten, welche ausschließlich des Kaisers Privatschatulle belasteten.

Auch griff er seinen Verwandten gerne und ohne Zögern unter die Arme, wenn sich dieselben aus irgend welchem Grunde in finanziellen Schwierigkeiten befanden, so unter anderem auch der Erzherzogin Clothilde, Witwe nach dem ungarischen Erzherzog Joseph, welche durch eine besonders unglückliche Gebarung ihrer Vermögensverwalter sehr bedeutende, beinahe den Ruin herbeiführende Verluste erlitten hatte.

An seinen toten Familienmitgliedern hing Franz Joseph mit pietätvoller Liebe, namentlich seinen einzigen, unaufhörlich tief betrauerten Sohn und seine Gattin, deren Verlust er nie zu verwinden vermochte, konnte er nicht vergessen. An den Todestagen beider fuhr der Kaiser am frühen Morgen von Schönbrunn in die Kapuzinergruft auf dem Wiener Neuen Markt, wo er an deren Särgen ein langes, inbrünstiges Gebet verrichtete; niemand durfte ihn dabei begleiten, er wollte ganz allein sein. — Am Sterbetage der Kaiserin wohnte er überdies mit seinen Angehörigen und dem Hofstaate dem für die Verewigte alljährlich in der Hofburgkapelle abgehaltenen feierlichen Trauergottesdienste bei.

Wohl das Hauptinteresse dürften die Gefühle erwecken, welche der Kaiser dem Thronerben entgegenbrachte. Man kann ruhig sagen, daß er ihn nicht liebte und sich schließlich vor ihm buchstäblich fürchtete. Der Thronfolger pflegte nur in großen Zwischenräumen in Schönbrunn vorzufahren, dann verlangte er aber in entschiedenster, oft lauter Art sofortige einschneidende Änderungen, und der Kaiser brachte meist nicht mehr die Kraft auf, gegen ihn und sein stürmisches Begehren anzukämpfen. Franz Ferdinand war eine eckige, fast abstoßende Natur, nicht sehr gesellig, manchmal aber konnte er, wenn er wollte, bezaubernd liebenswürdig sein. Im Verkehr mit dem Kaiser hatte er sich allerdings ein System kalter Schroffheit zurechtgelegt, aber es scheint die einzig mögliche Art gewesen zu sein, auf den alten Herrn einzuwirken, denn schließlich war er der einzige, der damals weitgehenden Einfluß auf kaiserliche Entschließungen durchsetzen konnte. Von militärischen Dingen verstand der Thronfolger sehr viel, und im Gegensatz zum Kaiser war er von der Notwendigkeit überzeugt, zur Sicherung des Reiches eine moderne große Armee und eine leistungsfähige Flotte zu unterhalten, welch letzterer der alte Kaiser leider ziemlich interesselos gegenüberstand.

Bemerkenswert ist es, daß Franz Ferdinand die großen Gefahren, die das Treiben der Ungarn für den Bestand der Donaumonarchie bildete, klar erkannt hat. Bestimmt kein Ungarnfeind, verwarf er aber ihren maßlosen, unsinnigen politischen Dünkel, und er war stets entschlossen, sie fest in Schranken zu halten. „Weg mit allen diesen Prärogativen der Magyaren", sagte er einmal zu Dr. Koerber, „sie sind eine Nationalität, wie jede andere. Sie haben die gleichen Rechte und nur zu erwarten, was auch den Tschechen, Kroaten, Polen, Rumänen und Slowenen gebührt, die im Verhältnis bisher viel zu wenig Rechte hatten. Es soll eine meiner Hauptaufgaben sein, diese Fragen, vor allem die slawischen, nach Recht zu lösen und allen Völkern der Monarchie eine gesunde Entwicklungsmöglichkeit im Rahmen des Gesamtstaates zu gewährleisten. Sind die Magyaren damit nicht zufrieden, so werde ich schon den Radiergummi finden, um sie von der Landkarte wegzulöschen; darum ist mir nicht bange!" Dieser Ausspruch ist vollkommen wortgetreu wiedergegeben, und Dr. Koerber setzte damals hinzu: „Ich bin überzeugt, daß es Franz Ferdinand unbedingt gelingen wird, in unserer Monarchie sowohl die nordslawischen, als auch die südslawischen Fragen zu lösen. Beide sind überreif, aber der alte Kaiser drückt sich aus Angst vor den Ungarn furchtsam darum herum."

Daraus ersieht man, daß sich Franz Ferdinand mit seiner Lebensaufgabe in vollem Ernste möglichst vorurteilslos und eingehend vertraut machte, und es ist zu bedauern, daß das Schicksal ihn nicht zur Ausführung seiner Pläne kommen ließ. Mr. Kerens, der Botschafter der Vereinigten Staaten in Wien, kennzeichnete ihn einmal kurz: „Ohne seine Frau würde er vermutlich ein sehr guter Herrscher werden", — aber — seine Frau war eben da!

Es mag erwähnenswert sein, daß Sophie Hohenberg, eine sehr selbstbewußte, stolze Frau, mit dem Wiener Weihbischof Marschall sehr gerne von den politischen Zukunftsmöglichkeiten der Monarchie sprach und die Erörterungen darüber stets mit der stereotypen Wendung beendete: „Und mir ist eine große Sendung für Österreich-Ungarns Geschick anvertraut." — Sie hatte ganz recht, ihre Sendung war überraschend, in ihrer Größe von geradezu tragischer Übermacht: sie war eine unmittelbare Ursache der Zerstörung Österreich Ungarns.

Es ist eigentlich selbstverständlich, daß Erzherzog Franz Ferdinand bei seinem verschlossenen Charakter nahezu gar keine Vertrauten hatte, da er, ähnlich wie

Kaiser Franz Joseph, Fernerstehenden nicht viel Einfluß gewährte. Desto größere Macht über ihn hatte Sophie Hohenberg, welche der Erzherzog selbst bei geringfügigen Dingen um Rat fragte, an den er sich auch zu halten pflegte. Sie war allmächtig bei Franz Ferdinand, aber da war noch jemand, dem er willig sein Ohr lieh, der Einfluß übte; das war des Erzherzogs Haushofmeister Janatschek, und es war oft sicherer, an ihn als an die Herzogin Hohenberg heranzutreten, denn Janatschek war ein sehr gefälliger, liebenswürdiger Mensch, was der Herzogin niemand nachsagen kann.

Franz Ferdinand hatte während der Manöver des Jahres 1906 in Teschen und dann in Dalmatien — er beaufsichtigte sie ganz allein, da der Kaiser infolge katarrhalischen Unwohlseins nicht reisen konnte — erkannt, daß die Zukunft der Armee in den Händen des alten Generals Beck und seines Schülers Pitreich geradezu in Frage gestellt erschien. Nach seiner Rückkehr gab es in Schönbrunn einen gewaltigen Auftritt, Franz Ferdinand bestand auf schleunigster, sofortiger „Abschaffung des unglaublichen Schlendrians", wie er sich ausdrückte. Er setzte die sofortige Entlassung des Kriegsministers und des Generalstabschefs durch, und über seinen Vorschlag wurde Freiherr von Schönaich zum Kriegsminister und General Conrad von Hötzendorf zum Chef des Generalstabes ernannt.

Die Wahl Schönaichs, des bisherigen Landesverteidigungsministers, war glänzend. Er war ein Gelehrter und trotzdem ein hervorragender Praktiker, im Vollbesitze des Vertrauens der Kammern, die ihm ohne Schwierigkeiten alle verlangten Mittel bewilligten, die er zur Erhaltung und Vermehrung der bewaffneten Macht brauchte. Er forderte auf einmal nicht zu hohe Beträge, sondern suchte schrittweise die Verhältnisse in der Armee zu verbessern.

Franz Joseph schätzte Schönaich sehr hoch und hörte gern mit reger Aufmerksamkeit die wohl abgewogenen, in vornehmer Weise vorgebrachten Ratschläge dieses Mannes, der sich eines sehr großen Einflusses beim Kaiser erfreute und darob nicht wenig beneidet wurde. Dem General Conrad spendete der Kaiser nicht uneingeschränkt dasselbe Lob.

Im großen ganzen war Conrad ein ehrlicher, begeisterter Idealist, aber auch mit allen unheilvollen Eigenschaften eines solchen behaftet. So konnte er, wie der ehemalige Gouverneur Bosniens, General Varešanin, häufig hervorhob, nur schwer die tatsächlich tüchtigen Leute von den albernen Schwätzern und Maulhelden unterscheiden, und manche der letzteren hatten leichtes Spiel mit ihm, wie sich dies später erwies. Das erste Erfordernis eines Führers für die heutigen Millionenheere: klare Ziele und Stetigkeit in ihrer Durchsetzung hat Conrad leider gefehlt. Er hatte eine Menge Gedanken, lauter sehr gute und viele ganz ausgezeichnete, aber ein Einfall jagte den anderen, so daß er nie die Folgerichtigkeit aufbrachte, um das Begonnene auch voll und ganz durchzuführen.

Die Gestalt Conrads faszinierte mich bald nach seiner Berufung auf den Posten eines Chefs des Generalstabes, ich verfolgte seine Tätigkeit mit lebhaftem Interesse und kam nach reiflicher Überlegung zum Schlusse, daß Conrad doch ein außergewöhnlich hervorragender, ja genialer, unendlich selbsttätiger Mann sei, der die Zeitgenossen in seinem Vaterlande durchwegs turmhoch überragte, der leider oft nicht verstanden wurde, aber auch nicht verstanden werden konnte, weil er einerseits bei seinen Absichten und Plänen vom Glück zu wenig begünstigt war und andererseits für deren zweckentsprechende Verwirklichung keine halbwegs geeigneten Mitarbeiter zu finden wußte. Er hatte, wie gesagt, kein Glück und noch weniger Geschick in augenfälligen Unternehmungen; das verdunkelt bleibend sein Bild.

Im Anfang seiner Tätigkeit als Generalstabschef unternahm es Conrad, alles auf einmal nach seinen Ideen zu verbessern; auf sein Geheiß wurden alle militärischen Einrichtungen ohne Rücksicht auf die Überlieferung mehr oder weniger gründlich niedergerissen und neu aufgebaut. Dies war notwendig, anerkennenswert. Aber als die Neueinrichtungen kaum fertig waren, wurden sie sofort wieder umgestürzt und durch bessere ersetzt und so weiter. Der Erfolg dieser nicht endenden Serie von Veränderungen war, daß sich durch alle Ränge der Armee ein Geist der Nervosität und, damit zusammenhängend, des oberflächlichen Strebertums verbreitete.

Der ruhige, stetige Fortschritt machte hysterischer Hast Platz, und nach und nach wurde das Vertrauen in den Generalstab und seinen Chef erschüttert, das unbehagliche Gefühl, ohne zielbewußten Führer zu sein, blieb haften, bis der Zusammenbruch der österreichisch-ungarischen Armee 1918 dem ganzen System ein jähes Ende bereitete.

Franco Caburi, mit dem ich mich damals mehrfach über Conrad unterhielt, sagte oft: „Ein ehrlicher

Mann, gewiß! Aber er gefällt mir nicht! Er wirft alles durcheinander! Chi va piano va sano e va lontano! Wir werden sehen, wohin er kommt, vielleicht läutet er noch die alte Austria zu Grabe!" Das wurde 1907 — ich lege Gewicht auf diese Jahreszahl — gesagt!

Ein gut Teil der Verantwortung für diese Entwicklung fällt auf den Thronfolger Franz Ferdinand, welchem der Kaiser im Laufe der Zeit die Fragen des Militärwesens fast ganz überlassen hatte. Außerdem war es entschieden ein Unglück, daß dem Generalstabschef nur ausgesprochene Mittelmäßigkeiten und nicht einmal durchwegs lautere Charaktere zur Seite standen: sein Stellvertreter war General Langer, bei Anleitung ein guter Handwerker, aber ohne allen persönlichen Antrieb; die wichtigsten Abteilungsleiter, die Obersten von Arz, Krauss-Elislago, Hordliczka und Löbl waren unterwürfige, hie und da unaufrichtige, ehrgeizige Leute, keiner eine aufrechte Persönlichkeit großen Stiles. Diese Charakterisierung wurde mir wiederholt durch gelegentliche Bemerkungen der fremdländischen Militärattachés, wie Mac Clintock, Allaire und anderer bestätigt; das Urteil aller dieser über die oben erwähnten Offiziere war nicht gerade schmeichelhaft, besonders Krauss-Elislago und Hordliczka wurden wiederholt zwar als befähigte Männer, aber ohne große Verläßlichkeit geschildert. So kommt man zum Schlusse, daß die Nervosität und Hast im Generalstabe und das stetige Sinken seines Ansehens infolge der Oberflächlichkeit seiner Verfügungen hauptsächlich auf Rechnung von Conrads Mitarbeitern zu setzen ist und nur zum geringeren Teil auf seine eigenen Schultern fällt. Wie alle wirklich genialen Männer war Conrad nicht sehr genau und ausführlich in seinen Detailverfügungen, er gab nur allgemeine Richtlinien, welche ein Programm für längere Zeit darstellten. Bei dem in Wien herrschenden Byzantinismus wurden diese Richtlinien aber von seinen Mitarbeitern ohne Rücksicht auf Zeit, Mittel und Personen sofort in die Tat umgesetzt.

Dieser Eindruck einer immer überstürzten Tätigkeit schadete dem Generalstabschef bei Kaiser Franz Joseph sehr, der ohnehin 1906 nur zu geneigt gewesen war, den vom hochgeschätzten General Beck zum Nachfolger empfohlenen General Potiorek dem General Conrad vorzuziehen, welchen der Thronfolger vorschlug. Es gelang Conrad nie, mit dem alten Kaiser auf den Standpunkt restlosen gegenseitigen Vertrauens zu kommen, was auch daraus erhellt, daß der Kaiser mit Gunstbezeigungen gegenüber Conrad kargte und sie, wenn sie schon gegeben werden mußten, nicht mit besonders warmen Worten begleitete, wie er es sonst meisterlich treffen konnte. Dr. Mikesch meinte, daß die lauernde Vorsicht des Kaisers gegen Conrad daher komme, weil er den alten Kaiser bei den Vorträgen sehr aufrege, sogar verwirrt mache, indem er zu nervös sei und ihm die Ruhe fehle, die der Kaiser bei seinen Ratgebern gewöhnt sei. Im übrigen aber hat Kaiser Franz Joseph doch Conrad stets soviel Vertrauen entgegengebracht, wie er es allen Funktionären bekundete, die im Amte standen. Dagegen mußte es auffallen, daß der Kaiser die Anregungen Conrads nur wenig, manchmal gar nicht mit seiner Herrscherautorität unterstützte; vieles hätte sonst in wesentlich rascherem Tempo verwirklicht werden können. Es spielte da aber auch beim alten Kaiser eine gewisse, unbewußte Ablehnung des durch Franz Ferdinand repräsentierten neuen Machtfaktors und Regimes mit.

Es erscheint vorerst sonderbar, daß von Schönaich und Conrad, die ihre Berufung beide dem Erzherzog Franz Ferdinand verdankten, nur der letztere sich in der Gunst des Thronfolgers zu erhalten wußte, während General Schönaich sich bald als direkter Widersacher des Erzherzogs erwies. Der Grund für diese verblüffende Erscheinung ist leicht zu finden: Franz Ferdinand, von dem phantasiereichen Conrad aufgestachelt, beide ohne Verantwortung gegenüber der Öffentlichkeit, wollte das Heer in kürzester Frist in eine aufs modernste ausgerüstete, schlagfertige Armee verwandeln, und Schönaich, der Mann der Wirklichkeit, gab diesem Drängen gegenüber zu bedenken, daß man die Fülle von Verbesserungen unmöglich in wenigen Monaten durchführen könne, sondern auf einen längeren Zeitraum verteilen müsse, da das nötige Geld von den Kammern nicht so schnell bewilligt werde. Nachträglich läßt sich allerdings Schönaich vom Vorwurfe nicht freisprechen, daß er jenes schnellere Tempo hätte durchsetzen müssen, welches Conrad so dringend wünschte. Diese Beschleunigung herbeizuführen hat Conrad auch mit allen Mitteln versucht, doch als ihm nicht sogleich Erfüllung seines Wunsches wurde, zog er sich grollend von Schönaich zurück — das ersprießliche Zusammenarbeiten dieser maßgebenden Persönlichkeiten war zerstört, und es häuften sich schwere Streitfälle zwischen dem Erzherzog mit Conrad auf der einen und Schönaich auf der anderen Seite. Der erfahrenere, leidenschaftslose Kaiser stand auf Schönaichs Seite und stützte ihn, so gut er konnte; aber oft begünstigte auch der Chef des kaiserlichen Militär-Kabinetts, General Bolfras, Conrads Entwürfe und empfahl sie zur Annahme, weil er, vom Erzherzog nicht wenig eingeschüchtert, sich durch diesen allenfalls auch in seiner Stellung bedroht fühlte. Bolfras war nicht Schönaichs Feind oder Widersacher, im Gegenteil, aber der ältliche, ängstliche General wagte nicht, den Absichten des Erzherzogs direkt entgegenzuarbeiten.

Da wir von Bolfras sprechen, ist es vielleicht interessant, einen flüchtigen Blick auf die übrige ständige Umgebung des Kaisers zu werfen. Zwei prachtvolle Gestalten, wirklich imponierend und jeder Zoll „grandseigneurs" waren der Obersthofmeister Prinz Liechtenstein und der Generaladjutant des Kaisers, General Paar, zwei Edelleute, deren innerer Wert nicht weniger vollkommen war als ihre äußere Erscheinung. In ihrer bedingungslosen Ergebenheit für den Kaiser waren sie ihm eine wirkliche Stütze, und sie verdienten gewiß die Ehre seiner Freundschaft; Freundschaft nur im allgemeinen Sinne des Wortes, denn Franz Joseph hatte keine Freunde, er stand über allen Personen seines Hofstaates und war stets ängstlich bedacht, immer und für alle einzig und allein nur der Herrscher zu sein. Mit Liechtenstein und Paar konnte er allerdings um eine auffällige Nuance wärmer werden. Der Kaiser war gegen jedermann, selbst gegen seine Kammerdiener immer sehr höflich, er ließ nie von seiner Würde ab und hatte jedes Wort und jede Gebärde jederzeit so in seiner Gewalt, daß außer Frau Schratt keiner sich rühmen konnte, ihm seit dem

Tode des Sohnes und der Gattin menschlich nähergetreten zu sein.

Der zweite Obersthofmeister Fürst Montenuovo war der unermüdliche Lenker der, wie allseits anerkannt, stets vollkommen tadellos funktionierenden Maschine des Hofdienstes. Alles, was durch seine Hand und Entscheidung gegangen war, bewies, daß er ein moderner Mann von Tatkraft und Entschiedenheit sein mußte.

Des Fürsten Stellung entwickelte sich nach und nach zu einer wahrhaft prominenten, sein Einfluß wurde namentlich in Kaiser Franz Josephs letzten Lebensjahren tatsächlich ein nahezu allmächtiger. Da der Kaiser unbewußt das Bedürfnis nach einer ständigen Stütze empfand — namentlich in der stürmischen Ära unmittelbar vor dem Weltkriege und während desselben —, ergab es sich fast von selbst, daß er für Montenuovo das Dogma des Respektes vor der Resortzuständigkeit durchbrach und schließlich mit ihm mehr oder weniger alles besprach. Das bedeutete bei Franz Joseph etwas Unerhörtes, bisher nie Dagewesenes, und daß dies gerade Montenuovo gelungen, entlud auf ihn geradezu einen Zyklon des Neides und der Mißgunst, sehr zu Unrecht, denn als nicht zu leugnende Tatsache erscheint, daß alles rapid dem Staatsuntergange zutrieb, seit er sich anfangs 1917 zurückgezogen hat. „Welch verhängnisvoller Mißgriff Kaiser Karls", so rief einmal im Herbst 1918 Dr. Koerber aus, „sich nicht an Montenuovo gehalten zu haben; er hat dem von geistlosen Schmeichlern umgebenen jungen Kaiser reinen Wein eingeschenkt, und ich bin überzeugt, daß all das nicht geschehen wäre, wenn

Kaiser Karl, gleich wie vor ihm Kaiser Franz Joseph, sich auf Montenuovo gestützt und seinen Rat befolgt hätte!"

Der Chef des Zivilkabinetts Schiessl-Perstorff war ein emsiger Beamter der bürokratischen Richtung. Er hielt sich möglichst von allen Verwicklungen fern, scheute die unmittelbare Verantwortung, mischte sich grundsätzlich nicht von selbst ein, weder in die innere noch in die äußere Politik, sondern er überließ alle Entscheidungen und jede Verantwortung den Fachministern. Als Persönlichkeit wird er dem Kaiser keine sehr wirksame Stütze gewesen sein, aber gerade die oben erwähnten Eigenschaften machten seine Arbeit sehr wertvoll für Franz Joseph, der sicher sein konnte, daß keine Einmengung des Kabinettschefs das Bild der Akten trübte, die ihm zur Entscheidung vorgelegt wurden.

Schiessls ungarischer Gehilfe, Sektionschef Koenig, scheute sich nicht, dem Kaiser im Rahmen seines Ressorts Ratschläge zu erteilen und mit Beharrlichkeit auf deren Verwirklichung zu bestehen. Sein Tod im Herbste 1905 war für Franz Joseph ein um so empfindlicherer Verlust, als der Kabinettsdirektor Schiessl an Stelle des wohlinformierten Koenig seinen Freund Daruváry aus der Konsularlaufbahn berief, der trotz seiner Bildung und Belesenheit dem Kaiser nicht mehr die besondere Hilfe bieten konnte wie früher Koenig. Dies zeigte sich am klarsten bei den vielfachen Differenzen zwischen der Krone und der Budapester Regierung, bei welchen Daruváry eine ganz passive Rolle spielte.

Während der nahezu noch ein halbes Jahrzehnt andauernden akuten Differenzen mit Ungarn war der

Kaiser, als er nicht mehr Koenig-Aradvár an seiner Seite hatte, auf sein eigenes Urteil und auf die unmittelbaren Ratschläge einiger ungarischer Minister — insbesondere des Franz Joseph nie sympathischen Dr. Wekerle und des ihm noch weniger genehmen Grafen Julius Andrássy — angewiesen. Allerdings wandte er sich oft auch in dieser Zeit an Fejérváry und Khuen-Hederváry, die ehemaligen Ministerpräsidenten, von welchen ihm manch guter Gedanke zugekommen sein dürfte.

Daß aber der Kaiser diese so langwährende Krise durch Zuwarten und gelegentliches Einlenken ohne jedwede Preisgabe seiner Rechte oder der von ihm als fundamental erkannten politischen Grundsätze schließlich nicht nur erfolgreich zu überdauern, sondern sogar zu überwinden verstand, ist einzig und allein sein persönliches Verdienst. Da zeigte sich die unendlich große Bedeutung der langjährigen Erfahrung des Herrschers.

Die Version, daß der Kaiser anläßlich der Privatbesuche, welche er hie und da den zum einstigen Hofstaate seiner Gemahlin gehörigen Hofdamen, Gräfin Festetics und Gräfin Sztáray, sowie der ehemaligen Vorleserin der Kaiserin Elisabeth, Frau von Ferenczy, abstattete, mit jüngeren ungarischen Politikern in unauffälliger Weise zusammengekommen und dabei von diesen über die Verhältnisse unterrichtet worden sei, ist ein Hirngespinst, welches nicht einmal ernstlich entkräftet zu werden wert erscheint. Denn erstens besuchte der Kaiser diese Damen höchstens einmal im Jahre, um einer Pflicht ritterlicher Anhänglichkeit formell zu genügen, und zweitens weiß man, daß bei Franz Joseph interkurrente Einflüsse oder Ratschläge niemals zur Geltung kommen konnten und daß auch niemand je gewagt hätte, ihm solche aufzudrängen.

Daß dem durch die mehr als unerquicklichen Verhältnisse in Ungarn bedrückten Kaiser manchmal auch bei den eben erwähnten Visiten ein Ausdruck des Unmutes, ja der Verzweiflung entfahren sein dürfte, ist möglich. So soll der Kaiser tatsächlich einmal der von ihm aufrichtig geschätzten Gräfin Festetics gesagt haben: „Jetzt sitzt sogar Franz Kossuth, der Sohn meines erbittertsten Feindes, in Budapest auf der Ministerbank! Hätte man so etwas je für möglich gehalten? Soll ich tatsächlich glauben, daß alle Ungarn zu Verrätern an mir geworden sind, mögen sie Tassilo Festetics — Sie verzeihen, Gräfin, daß ich auch diesen Namen nenne, aber ich muß es wahrhaftig —, Albert Apponiy, Justh oder gar Polonyi heißen?!" Die Gräfin führte bewegt ihr Taschentuch an die Augen, und sie vermochte auch ihrerseits nur mit einem Nikken des Kopfes dem Kaiser zuzustimmen . . .

In Dr. Mayer, dem Beichtvater des Kaisers, verkörperte sich der ausgezeichnete, mustergültige Priester; hochgebildet, vielseitig belesen, dabei einfach und bescheiden, war er dem Kaiser Franz Joseph ein geistlicher Berater, wie er ihn kaum idealer wünschen konnte. Dr. Mayer hielt sich von allem zurück, was auch nur den leisesten Anschein zu erwecken vermochte, daß er auf den Kaiser irgendwelchen Einfluß auszuüben in der Lage wäre. Dies ist auch nur im Sinne einer milden Abgeklärtheit der Fall gewesen, getreu dem Ausspruche, den der Bischof häufig in der

Unterhaltung anwandte: „Tout savoir, c'est tout pardonner." Dieser Hofpfarrer war nichts weniger als ein Zelot, im Gegenteil, sein Horizont ging weit über das eng Kirchliche hinaus.

Nach einer Hoftafel wurde einmal über Religionsübung gesprochen, und einige Erzherzoginnen und Hofdamen ereiferten sich in oberflächlichem Ansichtenaustausche. Schließlich wurde auch Dr. Mayer um seine Meinung gefragt, und dieser verblüffte alle Anwesenden, er sagte nämlich: „Streng genommen haben die Calviner die richtigste Art, Gott zu dienen, denn sie halten sich ganz genau nur an das, was Christus selbst getan. Sie fügten nichts hinzu und nahmen nichts davon weg." Als selbst der Kaiser über diese Deutung betroffen den Kopf schüttelte, entgegnete Bischof Mayer lächelnd: „Damit will ich aber durchaus nicht gesagt haben, daß wir nicht unsere heilige katholische Kirche über alles lieben und ihr unentwegt treu und ergeben dienen sollen. Nichts liegt mir ferner! Aber als Theologe befragt, mußte ich diese Antwort vorurteilslos erteilen. Wenn ich nur alles so verantworten könnte dort oben!" setzte er mit begeistertem Blicke zum Himmel hinzu.

Der Leibarzt Dr. Kerzl war die populärste Gestalt in des Kaisers Umgebung. Er widmete sich Tag und Nacht, jahraus, jahrein, ausschließlich dem Wohle des Monarchen, und er verstand es, das mit seltenem Takte so einzurichten, daß er dem Kaiser trotz strengster Obsorge niemals lästig fiel, wofür ihm dieser wirklich aus tiefster Seele zugetan war. Immer lustig und munter, war er der Mittelpunkt jeder Gesellschaft, die er aufsuchte und mit seinem regen Geiste belebte. Als anläßlich seines siebzigsten Geburtsfestes einige seiner Freunde ein kleines Gastmahl ihm zu Ehren veranstalteten, erhob sich einer von ihnen zu folgendem launigen Trinkspruche: „Alle anderen Potentaten haben als Leibärzte ‚Leuchten' der Wissenschaft; nur unser Kaiser weiß, was er tut, wenn er sich mit einem ‚Kerzl' begnügt!" Dr. Kerzl freute sich ob dieses Einfalles so unbändig, daß er später erklärte, nie etwas Schöneres über sich gehört zu haben.

Jüngere Funktionäre, Kammerherren, hatte Kaiser Franz Joseph überhaupt nicht, und die Flügeladjutanten, lauter Stabsoffiziere, konnten, vom Altersunterschied abgesehen, keine Rolle spielen, weil ihre Verwendung bloß eine vorübergehende war. Nur drei Herren blieben längere Zeit — ein Grund für die Ausnahme ist nicht bekannt —; es waren ein Fürst Dietrichstein, ein Graf Manzano und ein Graf Hoyos, natürlich drei Hocharistokraten. Von einem Einflusse dieser Herren beim Kaiser kann keine Rede sein. Später vernahm ich allerdings, daß Hoyos, ein Neffe des Generaladjutanten Paar, durch seinen Onkel sich eine gewisse Geltung in verschiedenen kleinen Angelegenheiten zu verschaffen wußte und in den Wirkungskreis einzelner Hofämter und Ministerien einzugreifen versuchte. Es kann sich da aber nur um ganz untergeordnete Sachen gehandelt haben, denn der Kaiser gewährte seinen Adjutanten in wichtige Dinge gewiß keinen Einblick.

Immerhin verstand es Hoyos, speziell gegen den in den letzten Jahren am Hofe allmächtigen Fürsten Montenuovo in vielen Dinten Front zu machen; ob da Montenuovo gegen Hoyos den kürzeren zog, weiß ich nicht, doch ist des letzteren Verhalten naturgemäß angetan gewesen, um Hoyos eine gewisse Popularität zu sichern, zumal mancher, der etwas haben wollte und es anderweitig nicht erreichen konnte, sich mit Erfolg an Hoyos wandte.

Daß aber die Flügeladjutanten keine Machtbefugnisse und somit auch keinen Einfluß auf den Kaiser besaßen, erhärtet der Umstand, daß einst Dr. Paul Schulz den Generaladjutanten Grafen Paar, der nach 1866 des Kaisers Flügeladjutant gewesen, fragte, wie der Kaiser in jüngeren Jahren gewesen sei, darauf die Antwort erhielt: „Das weiß ich leider nicht; denn ebenso wie jetzt hat der Kaiser auch damals mit uns Flügeladjutanten nie gesprochen. Er hat bloß dienstliche Aufträge erteilt, sich aber niemals in eine Konversation mit uns eingelassen, außer hie und da bei den Cercles."

Der Herzog von Teck, lange Zeit Militärattaché der britischen Botschaft in Wien, erklärte die Männer im unmittelbaren Dienste des Kaisers alle für unschlüssige, eingebildete und selbstsüchtige Naturen, die ihr Familieninteresse und die Interessen ihrer Adelsclique über das Wohlergehen des Kaisers und der ihm anvertrauten Völker stellten. Aber der Herzog von Teck beliebte alles in Wien und Österreich unerquicklich zu finden und abfällig zu kritisieren.

Allerdings muß man dem Herzog von Teck insofern recht geben, als der im vorstehenden gezeichnete Kreis — meist ältere Herren, Kavaliere der früheren Schule — keine politischen Kapazitäten enthielt, an denen das damalige Österreich-Ungarn nicht arm war. So kam es, daß das Staatsschiff in den entscheidenden, zwischenfallsreichen Krisenzeiten eine energische, tatkräftige, zielsichere Führung leider missen mußte. Berücksichtigt man noch die schon früher erwähnte Gewohnheit des Kaisers, seine Minister in ihren Ressorts möglichst unbeschränkt walten zu lassen und anzunehmen, daß sie nur Gutes und Bestes leisten, so lange nicht das Gegenteil bewiesen war, berücksichtigt man ferner, daß nur ein kleiner Kreis älterer Herren alter Schule zur Verfügung stand, wenn es gelten mochte, eine unzulängliche Amtsführung aufzudecken, dann erscheint es ganz erklärlich, daß der Karren erst gründlich verfahren sein mußte, bevor ein Wechsel eintrat, daß Österreich-Ungarn, nie initiativ, immer hinter den anderen Staaten nachhinkte, daß, wie Botschafter Tschirschky gelegentlich drastisch sagte, „fortgequastelt und fortgetrödelt" wurde.

Da der Kaiser die französische Sprache in Wort und Schrift mit vollendeter Sicherheit und Geläufigkeit beherrschte, ging ihm der Verkehr mit dem Wiener diplomatischen Korps leicht und mühelos vonstatten. Alle bei ihm akkreditierten Botschafter und Gesandten behandelte er mit der liebenswürdigsten Höflichkeit und freundlichsten Zuvorkommenheit, aber alle ganz gleichmäßig. Es war dies auch eine der Regententugenden Franz Josephs.

Sehr schwer ist es, einige ausländische Vertreter hervorzuheben, die der Kaiser einigermaßen bevorzugt hat. Dies könnte man allenfalls vom deutschen Botschafter Generaladjutant Graf (später Fürst) Wedel behaupten, den der alte Kaiser ungemein schätzte und eines besonderen Vertrauens würdigte, vom italienischen Botschafter Conte Nigra, der mit dem Kaiser viele Erinnerungen aus einer früheren Zeit gemeinsam hatte, vom großbritannischen Botschafter Sir Francis Plunkett, der jedoch kaum die hervorragende Vertrauensstellung gewinnen konnte, welche einst Sir Augustus Berkeley-Paget beim Kaiser und bei der Kaiserin Elisabeth innehatte oder der französische Botschafter Crozier, von dessen Arbeitskraft und Tüchtigkeit Kaiser Franz Joseph eine sehr hohe Meinung hatte, weshalb er an diesen auch wiederholt während der Krisen des letztvergangenen Jahrzehntes appellierte.

Croziers Vorgänger, Marquis de Reverseaux, rühmte sich, einen bedeutenden Einfluß auf den Kaiser zu besitzen; das stimmte aber nicht, im Gegenteil; der Kaiser hielt nicht viel von ihm und meinte einmal, daß es zwar liebenswürdig von der Pariser Regierung gewesen sei, gerade einen Aristokraten bei ihm beglaubigen zu lassen, daß sie jedoch in der Auswahl nicht besonders glücklich gewesen wäre.

Interessant war es auch zu beobachten, wie Kaiser Franz Joseph den vom Kaiser Wilhelm ungemein warm empfohlenen Botschafter Fürsten Eulenburg gleich richtig einschätzte. „Der Fürst ist mit unheimlich"; sagte Franz Joseph einmal, „ich traue ihm nicht. Er gibt sich so süßlich, so schmiegsam; man hat bei ihm stets das Gefühl der Unaufrichtigkeit. Als Diplomat mag er auf seinem Platze sein, ich befürchte nur, daß Kaiser Wilhelm mit ihm noch schlimme Erfahrungen macht."

Die russischen Botschafter, nämlich jene der letzten Zeit, hielt Kaiser Franz Joseph von sich ferne. Er erwartete von ihnen nichts Gutes. Der letzte von ihnen, den der Kaiser an sich heranzog, war Graf Kapnist, welcher in Wien starb, wobei der Kaiser eine prunkvolle Leichenfeier und des Monarchen Vertretung bei dieser durch den Thronfolger Erzherzog Franz Ferdinand anordnete.

Einige der nordamerikanischen Botschafter — insbesondere Penfield — hatte Franz Joseph offenkundig sehr gerne; er konnte aber mit ihnen nicht direkt sprechen, weil er nicht englisch verstand und diese Botschafter keine andere Sprache beherrschten.

Hervorheben möchte ich noch, daß der Kaiser ungeachtet der seit 1908 unaufhörlich bestehenden Zwistigkeiten mit Serbien den Wiener Gesandten dieses Landes, Simitsch, außerordentlich schätzte und keine Gelegenheit vorübergehen ließ, ohne dies auch öffentlich zu zeigen. Hofrat Schulthes erwähnte, daß der Monarch Simitsch folgendermaßen bewertete: „Er ist ein Ehrenmann durch und durch und mir aufrichtig ergeben; ich weiß nur zu gut, daß es ihm ebenso peinlich ankommt wie mir, die Beziehungen zwischen unseren Ländern andauernd so getrübt zu wissen."

Für die Autonomiebestrebungen der einzelnen Nationalitäten besaß Franz Joseph nicht nur das vollste Verständnis, sondern auch ehrlich den besten Willen, so viel als möglich den Wünschen der einzelnen Völker entgegenzukommen. Es fehlte ihm aber an der richtigen Hilfe; der Kaiser wurde von den jeweiligen offiziellen Funktionären mit oft direkt entgegengesetzten Anträgen hin- und hergezerrt und schließlich verwirrt gemacht.

Da spielte der böhmische Statthalter Fürst Thun eine mehr als zweifelhafte Rolle; er ging hinsichtlich der tschechischen Nationalforderungen stets einen

Schritt vor und zwei zurück, und ich glaubte gerne, was der Kaiser darüber sagte: „Wenn ich hie und da mit Dr. Kramarsch sprach, hatte ich es gleich weg, was man für die Tschechen tun könnte und sollte. Beriet ich mich aber darüber mit dem Fürsten Thun, so kannte ich mich dann nicht mehr aus. Er ist bald dafür, bald dagegen und meint zum Schlusse immer, man müsse alles beim alten lassen. Das ist seiner Weisheit letzter Sinn! Was wird da herauskommen?"

Fürst Thun wußte gar wohl, was er bezweckte: Er wollte auf alle Fälle seine Hände in Unschuld waschen, vielleicht auch im Trüben fischen.

Sehr interessant ist die Stellung, welche der Erzherzog-Thronfolger, der schließlich doch zu sehr großem Einfluß gelangt war und seine Militärkanzlei bei Fragen heiklerer Natur einnahmen. Da hörte und sah man in Schönbrunn oft durch Wochen nichts vom Belvedere, solange eine Einflußnahme möglich, oft sogar erwünscht gewesen wäre. War später aber die Sache im Ausreifen, dann geschah es oft, daß Franz Ferdinand plötzlich angefahren kam und daß nach heftigem Donnerwetter, welches den alten Kaiser zittern und beben machte und das er deshalb während des ganzen Besuches seines Neffen fürchtete, alles umgeändert, von vorne angefangen werden mußte.

Des Kaisers Volkstümlichkeit war nicht auf künstlicher Reklame aufgebaut, denn er selbst war wirklich sehr bescheiden, aber mindestens ebenso stolz und seiner Würde bewußt. Er verabscheute jeden Personenkultus, welcher Art immer, er liebte es nicht, in den Zeitungen allzu häufig genannt zu werden, und verbot, auszuposaunen, was er tat oder sagte. Der politische Wahlspruch des Königs Friedrich II. von Preußen: „Der Regent ist der erste Diener des Staates" fand in Franz Joseph seine Verkörperung in vollkommenster Art, und sein ärgster Feind wird ihm nur vorwerfen können, er wäre eben zu lange dieser erste Diener geblieben, er hätte es nicht verstanden, bei Zeiten abzutreten, da schließlich die geistige Spannkraft des Greises seiner gewaltigen Aufgabe nicht mehr gewachsen gewesen wäre. Dieser Vorwurf ist allerdings eine harte Anschuldigung gegen einen Mann, dessen Entscheidung das Wohl und Wehe von Millionen Menschen anheimgestellt ist, und Herzogin Sophie Hohenberg hat ihm diesen Vorwurf in intimem Kreise leider sehr oft, wohl auch mit Recht gemacht.

Beim Herbst- und Winteraufenthalt in Wien residierte der Kaiser im Schloß Schönbrunn und fuhr täglich, bei jedem Wetter frühmorgens in die Hofburg, wo er den verschiedensten Funktionären Audienzen erteilte, zwischendurch sein äußerst einfaches, kaum bürgerlich zu nennendes Mittagessen auf einem Tablett auf seinem Schreibtisch einnahm, wozu er nur wenige Minuten verwendete. Nach Schönbrunn zurückgekehrt, setzte er seine Arbeiten so lange allein fort, bis alle am Morgen vorgelegten Akten ohne Rückstand erledigt waren.

Nach einem ebenfalls sehr einfachen Nachtmahl ging der Kaiser regelmäßig und pünktlich schon um 8 Uhr zu Bett. Morgens um 4 Uhr stand er auf, arbeitete zuerst in Schönbrunn und fuhr um 7 Uhr in die Hofburg, wo er seinen offiziellen Aufgaben oblag.

Hiebei versäumte er nicht, die Wiener und Budapester Zeitungen zu lesen. Die Fabel, daß Franz Joseph lediglich zubereitete Bruchstücke der Presse erhalten habe, ist eine unsinnige Erfindung; Sowohl die Morgen- als Abendzeitungen mußten auch ohne die geringsten Verstümmelungen vorgelegt werden. Der Kaiser mit seinem eigensinnigen Charakter hätte eine Zensur nie geduldet, und nur gelegentlich wurden manche Nachrichten von hervorragender Wichtigkeit vom Kabinettsdirektor mit roten Zeichen hervorgehoben. Es ist auch falsch, wenn behauptet wird, der Kaiser habe nur das Fremdenblatt gelesen und bei dessen täglicher Redaktion sei auf diesen Umstand Rücksicht genommen worden. Der Kaiser durchblätterte täglich außer dem Fremdenblatt und Pester Lloyd die Neue Freie Presse und das Neue Wiener Tagblatt, und es kam oft vor, daß der Kaiser die sozialdemokratische Arbeiterzeitung verlangte, die er dann mit Aufmerksamkeit studierte. Er bezeichnete sie als vortreffliches Blatt, dessen Leitartikel besonders interessant seien. Aus dieser Lektüre hat der Kaiser manche Anregung geschöpft, und wiederholt hielt er sich darüber auf, daß er vieles erst aus der Arbeiterzeitung erfahren müsse.

Der Kaiser hing der römisch-katholischen Kirche in felsenfester treuer Ergebenheit und vorbildlicher Frömmigkeit an, beobachtete skrupulös ihre Gebote und verlangte deren strikte Befolgung sowohl von seiner Familie, als auch von seiner Umgebung.

Von der der römischen Kirche nahestehenden griechischen — ob uniert oder orthodox — dachte Franz Joseph ebenso günstig, und der letzteren zwei Oberhirten, die Patriarchen von Czernowitz und von Karlowitz, Dr. Repta und Bogdanowitsch, wurden vom

Kaiser stets mit auszeichnender Aufmerksamkeit behandelt.

Anders stand es um die Protestanten, für die hatte Franz Joseph nicht viel übrig. Das mag darauf zurückzuführen sein, daß er sie mit politischen Nebenmomenten belastete, die deutsch-lutherischen mit der „Los von Rom"-Bewegung und den alldeutschen Bestrebungen, die dem Kaiser ungemein verhaßt waren und in denen er eine bedeutende Staatsgefahr erblickte — und die ungarisch-kalvinischen mit den Ereignissen von 1848/49, bei welchen reformierte Führer, Ludwig Kossuth voran, eine hervorragende Rolle spielten. Diese, den Habsburgern übrigens stets eigentümlich gewesene Abneigung gegen den Protestantismus, kam bei Franz Joseph nicht selten auch unmittelbar zum Ausdrucke; Dr. Mikesch erzählte mir, daß der Kaiser gelegentlich eines Aufenthaltes in Prag im Juni 1901 beim Durchlesen der Empfangslisten auf den Namen des evangelischen Superintendenten Szalatnay stieß, wobei er ausrief: „Gott schütze mich vor dem Hus in ungarischer Verkörperung!"

Hinwieder wandte Franz Joseph den Juden eine aufrichtige Sympathie zu. Er betonte ihre unwandelbare Loyalität gegen das Kaiserhaus, ihre Eigenschaften des Zusammenhaltes untereinander und innerhalb ihrer Familien, und man wäre schlecht gefahren, wenn man sich erlaubt hätte, in seiner Gegenwart über die Juden zu schimpfen oder sie lächerlich zu machen. Es ist bekannt, daß er einige von ihnen sogar hervorhob und gerne in ihrer Gesellschaft weilte; bei Frau Schratt traf er auch jüdische Frauen, Mädchen, die der Kaiser mit Freuden begrüßte. Der Baron Albert Rothschild konnte mit Recht als einer der Vertrauensmänner Franz Josephs betrachtet werden. Auch Außenstehende waren häufig in der Lage zu beobachten, wie der Kaiser bei öffentlichen Anlässen ihn mit Vorliebe lange ansprach und ihm dabei immer — was bei Franz Joseph sehr hoch anzuschlagen war — die Hand reichte, was er, selbst höchsten Funktionären gegenüber, nur äußerst selten tat. Nicht ohne Interesse ist eine bezügliche Bemerkung des Monarchen, die mir Dr. Koerber mitteilte und die auch anderwärts bestätigt wurde. Bei einer kaiserlichen Familientafel in Ischl kam zufällig das Gespräch auf Sir Moses Montefiore, auf den französischen Großrabbiner Zadoc Kahn und auf andere führende jüdische Persönlichkeiten, wobei der Kaiser mit Begeisterung deren Philantropie rühmte und David und Regina Pollak erwähnte, die in Wien einen Hospitalbau mit großer Munifizenz gestiftet hatten, wofür er Pollak mit Freude umso lieber in den Adelstand erhoben habe, als dieser ihn weitaus mehr verdient hätte als viele andere damit Bedachte. Der auch bei Tisch anwesende, über diese Äußerungen des Kaisers nicht wenig erstaunte Prinz Waldemar von Dänemark wandte, den Kaiser anredend, ein: „Majestät sind doch nicht Philosemit!?" — „Freilich bin ich es", erwiderte gutgelaunt Franz Joseph, „und mit gutem Grunde! Waren doch die Päpste seit jeher die besten Beschützer der Juden! Und sollte ich da katholischer sein als der Papst?"

In jüngeren Jahren rauchte der Kaiser viel. Seine Lieblingszigarre war die starkduftende, dünne „Virginia", in späteren Jahren mußte er zu seinem Leidwesen darauf verzichten, sein Rauchvergnügen blieb auf die leichte und nicht sehr würzige Regalia media beschränkt, von denen der Kaiser täglich eine große Menge verbrauchte. Nur einmal im Jahre kehrte er zur geliebten Virginiazigarre zurück, nach dem Familiendiner an seinem Geburtstage. Sein Schwiegersohn, Prinz Leopold von Bayern, verehrte ihm als Angebinde regelmäßig ein exquisites Exemplar dieser Sorte, und er pflegte sie ihm auch mit zeremonieller Behutsamkeit anzuzünden. Dieses Bild einfach patriarchalischen Familienlebens in prunkvollstem Rahmen höfischer Formen hinterließ allen, die es je sehen durften, einen bleibenden Eindruck.

Es war sehr selten, daß sich Kaiser Franz Joseph einige gemütliche Stunden gönnte, vielleicht konnte er sich gar nicht mehr in ein behagliches Zusammensein mit anderen hineinfinden, zumal er es eigentlich niemals gewöhnt war. Daher sind alle in Wien zirkulierenden Gerüchte von zwanglosen kleinen Soupers des Kaisers oder von Kartenpartien, bei denen er mit dem Bankdirektor Palmer, mit Leibarzt Kerzl und mit Frau Schratt Tarock oder Preference gespielt haben soll, glatte Erfindungen, die in das Reich der Fabel gehören.

Ob der Kaiser in Budapest weilte, meist im Frühjahr, oder auf seinem ungarischen Schlosse Gödöllö oder in der kaiserlichen Villa in Ischl, wie er es seit seiner Jugend gewohnt war, seine Lebensgewohnheiten blieben immer die gleichen; die einzige Erleichterung und Zerstreuung waren in Gödöllö und Ischl einige wenige Jagdausflüge, welche der Kaiser sehr schätzte, da er ein leidenschaftlicher Jäger war. Dagegen haßte er geradezu die Wildschlächterei, die sein Neffe Franz Ferdinand zum Ärger der Jagdgenossen oft betrieb.

Auch der Kunst brachte der Kaiser großes Interesse entgegen, und er scheute es nicht, sich durch langdauernde Porträtsitzungen zu ermüden, wenn der Maler darum bat. Infolge der häufigen Ausstellungsbesuche kannte der Kaiser nahezu alle bedeutenden Künstler der Monarchie persönlich. Wenn er auch kein tiefgehendes Verständnis für Kunst besaß, so verstand er sehr wohl zu unterscheiden zwischen individuell schöpferischen Malern und Bildhauern und solchen, die sich in schablonenhafter Arbeit abmühten. So förderte er tatkräftig die keimenden Talente des Budapester Meisters Benczur und des nachmaligen Wiener Professors Angeli, sowie des Bildhauers Cassin, der mehrere vortreffliche Büsten des Kaisers anfertigte. Hervorzuheben wäre die Zuneigung für den Altmeister der österreichischen Monumentalplastik, für Kaspar Zumbusch, den der Kaiser, als Ausnahme von der Regel, auch ohne daß er im Amte stand, in allen einschlägigen Kunstfragen direkt zu Rate zu ziehen pflegte. Interessant ist es, daß der Kaiser trotz vielfachster persönlicher Intriguen und Anfeindungen an Professor Marschall, dem bekannten Kleinplastiker festhielt.

Allerdings hatte Franz Joseph in Kunstsachen einen eigenen, der modernen Zeit nicht mehr entsprechenden Geschmack, bei seinem hohen Alter eigentlich selbstverständlich. So waren die antiquierten Photographierahmen, welche nach ausdrücklichen Weisungen des Kaisers angefertigt wurden, geradezu museumswürdig — im Laden des Juweliers Rothe am

Wiener Kohlmarkt hatte ich Gelegenheit, massive und außerordentlich kostbare Dosen in einem scheußlichen, vorsintflutlichen Rokokostil zu sehen, welche, nach genauen Anweisungen des Kaisers angefertigt, als kaiserliche Geschenke bestimmt waren. Den damals modernen Sezessionsstil haßte der Kaiser geradezu.

Die im Wege der allgemeinen Audienzen, welche der Kaiser zweimal wöchentlich auch in den späten Lebensjahren abhielt, erlangten Einblicke in die verschiedensten Gebiete konnte Franz Joseph umso leichter und verläßlicher verwerten, als er über ein ausgezeichnetes, geradezu verblüffendes Gedächtnis verfügte, das ihn bis in sein spätes Alter niemals im Stiche ließ. Einmal sagte der deutsche Botschafter Tschirschky sehr zutreffend: „Des Kaisers stupendes, unerreichtes Gedächtnis ist für ihn eine scharfe Waffe, welche er mit großem Vorteil zu gebrauchen versteht. An keinem Hofe müssen sich die Minister und vortragenden Referenten so gewissenhaft wappnen, bevor sie mit dem Herrscher reden, denn der Kaiser pflegt sie mit seinem einzig dastehenden Gedächtnisse wiederholt auf Widersprüche mit früheren Vorträgen treffend zu verweisen."

Auf diese Art setzte Franz Joseph den so notwendigen Ernst bei den Vorarbeiten ein für allemal durch, die zu weittragenden kaiserlichen Entschließungen führen sollten.

In innigem Zusammenhange mit seinem phänomenalen Gedächtnis standen des Kaisers historische Kenntnisse, welche auf einem ebenso gründlichen, als vielseitigen Studium der Geschichtswerke fußten.

Franz Joseph merkte sich eben alles, selbst die geringfügigsten Einzelheiten. Als ein kleiner, zufälliger Beweis dessen — wofür man aber zahllose Belege vorbringen könnte — mag folgendes mit Dr. Koerber geführte Gespräch bei einer Hoftafel gelten. Man unterhielt sich über die Hohenstaufen, das heißt, der Kaiser redete zumeist allein, da keiner der Tischgäste bei einem solchen Thema recht mithalten konnte. Franz Joseph rühmte die Vorurteilslosigkeit der damaligen, sehr mit Unrecht als finsteres Mittelalter stigmatisierten Zeit und insbesonders den abgeklärten Sinn des staufischen Kaisers Friedrich II. „Nur der Tüchtige kam bei ihm weiter," erörterte Kaiser Franz Joseph; „er hielt sich nicht an Geburt oder Religion, sondern nur an Fähigkeiten, Wissen und Charakter, wenn er eine Stelle zu besetzen hatte. Als er seine berühmte Universität zu Neapel gründete, verlieh er die Kanzlerwürde derselben dem Ketzer Peter a Vineis, dem Pier delle Vigne in Dantes ‚Göttlicher Komödie', er berief auf die Lehrkanzel für Medizin den spanischen Juden Salomon Rebolledo und auf jene für Astronomie den sarazenischen Muselman Sidi-ben-al-Debarra; das war eine Vorurteilslosigkeit! Heute mit all dem Gefasel von Fortschritt und Gleichberechtigung wäre so etwas kaum möglich!"

Schließlich muß noch die bewundernswerte Pünktlichkeit und Korrektheit des Kaisers in allem und jedem festgestellt werden. Man konnte überzeugt sein, bei jedem Anlaß den Kaiser auf die Minute genau erscheinen zu sehen, er änderte und verschob grundsätzlich nichts. Seine Strenge gegen sich selbst fing bei seiner Kleidung an und endete bei seiner deutlichen und exakten Handschrift mit ihrer vorbildlichen Sauberkeit.

In den letzten Jahren ließ leider die Sehschärfe nach, der Kaiser benützte beim Arbeiten eine Brille, beim Lesen einen Kneifer, da er ziemlich weitsichtig wurde. Auch bei der Jagd konnte er schließlich der Brille nicht mehr entraten. In allem und jedem war bei Franz Joseph jedoch der unbeugsame Wille vorhanden, ja nicht nachzulassen und seiner Aufgabe nach besten Kräften zu genügen. Der hervorragende Greis hätte vielen als Muster dienen können in der Art, wie er sich jung erhielt durch regelmäßige Lebensweise und gewissenhafte Pflichterfüllung.

Ich sagte früher, der Kaiser hätte keine persönlichen Freunde gehabt, damit waren männliche Freunde gemeint, denn er hatte eine Freundin: ihr und ihrem kleinen Bekanntenkreise dankte er die wenige Erholung in den kargen Mußestunden, die er sich gönnte. Diese Dame war Frau Katharina Schratt, die Witwe des ungarischen Edelmannes Kiss de Ittebe. Frau Schratt war eine berühmte Schauspielerin am Hofburgtheater gewesen und glänzte in großen Rollen. Der Kaiser lernte sie kennen, als sie in einer Privatangelegenheit bei ihm in Audienz erschien; er war von der gebildeten, lebhaften Dame so entzückt, daß er und die Kaiserin Elisabeth ihre guten Freunde wurden. Als das Verhältnis zwischen dem Kaiser und der Kaiserin immer kälter wurde und sich die Ehegatten hauptsächlich wegen der Reisen der überaus empfindsamen Kaiserin durch Monate nicht einmal sahen, war Frau Schratt dem Kaiser die einzige menschlich nahestehende Kameradin. Sie dachte nicht nur daran, ihn zu zerstreuen und von seinen mannigfaltigen Sorgen abzulenken, wenn er sie dann nach dem Tode der Kaiserin häufig besuchte, sondern sie bemühte sich mit liebevoller Hand auch um sein Wohlergehen und seine Bequemlichkeit, als der greise Witwer mehr denn je eine fürsorgliche, gütige Frauenhand brauchte und entbehrte.

Ein kleiner Zug, doch um so erinnernswerter, bezeugt die Wahrheit dessen: Am Tage nach einem Hofballe fand Frau Schratt den Kaiser verstimmt und bleich aussehend und erhielt auf ihre besorgte Frage nach der Ursache vom Kaiser die Aufklärung, daß er die ganze Nacht wegen eines quälenden Durstes nicht hätte schlafen können und den durch den Hofball überanstrengten Diener mit der Bitte um Wasser nicht habe stören wollen. Frau Schratt verfügte, daß in Hinkunft, sobald der Kaiser wegen Repräsentationspflichten länger aufbleiben müsse, eine kleine, eisgekühlte Flasche Champagner und eine Büchse Zwieback in seinem Schlafzimmer bereitgestellt würden. Schon nach ganz kurzer Zeit, nach einem Abendempfange in der Hofburg, hatte der Kaiser Gelegenheit, sich an den bereitgestellten Labemitteln zu erquicken, und er dankte am folgenden Morgen in rührenden Worten seiner Freundin für ihre zartfühlende Aufmerksamkeit, welche er nach Männerart erst wahrnahm, als er ihrer bedurfte.

Im Sinne des Kaisers war Frau Schratt stets peinlichst darauf bedacht, in ihrem Gespräche Gebiete zu vermeiden, die außerhalb des ausschließlich privaten Lebens standen. Der Kaiser hätte ihr auch nie irgendwelchen Einfluß in anderen Dingen eingeräumt. Stets ein unvergleichliches Muster der absoluten Korrektheit, war er in dieser Beziehung für keine Andeutungen zu haben, jederzeit bedingungslos unzugänglich.

Einmal erwähnte Frau Schratt unter Hintansetzung der ihr zur zweiten Natur gewordenen Zurückhaltung den sehr volkstümlichen und wirklich ausgezeichneten Schauspieler Alexander Girardi, welcher seine Kunst häufig in den Dienst der Wohltätigkeit gestellt hatte und dafür ein sichtbares kaiserliches Ehrenzeichen ersehnte. Da diese Dekoration nicht kommen wollte, bat Frau Schratt den Kaiser um die Verleihung des goldenen Verdienstkreuzes für den von ihr hochgeschätzten Girardi. Franz Joseph tat über diese Aufforderung sehr erstaunt und entschied ganz sachlich: „Ich werde Girardi sehr gerne das Kreuz zuwenden, sobald mir ein diesbezüglicher Antrag vom zuständigen Minister des Innern vorgelegt wird. Nun reden wir, bitte, von etwas anderem!" Es währte faktisch noch lange Zeit, mehr als ein Jahr, bevor Girardi auf dem üblichen Wege zu seinem Verdienstkreuz kam; von dem Ersuchen der Frau Schratt hatte der Kaiser gar keine Notiz genommen.

In Wien wohnte Frau Schratt entweder in ihrem herrlichen, wahrhaft künstlerisch ausgestatteten Palast auf dem Kolowratring, dem vornehmsten Teil der Hauptstadt, oder in ihrer nicht weniger schönen Villa in Hietzing, in der Nähe des Schlosses Schönbrunn. In Ischl hatte sie für die Sommermonate ein Landhaus an der Straße zum St. Wolfgangsee gemietet. Eine der liebsten Gewohnheiten des Kaisers war der Spaziergang oder Ponyritt am frühen Morgen zum Frühstück bei Frau Schratt und die frohe Stunde daselbst in ihrer

Gesellschaft. Es war eine einfache, bescheidene Erholung, aber eine wahre Wohltat für Franz Joseph, der als Gast bei Frau Schratt seine übliche Herrscherhaltung abzulegen pflegte und sich als herzensguter Mensch gab, der alle Leute entzückte, welche ihn in diesen seltenen Augenblicken jemals sehen durften.

Bei dem trauten Verhältnis ist es um so erstaunlicher, daß der Kaiser in seinem Testamente seiner Freundin gar nicht gedachte; allerdings hat er bei Lebzeiten in ritterlicher Aufmerksamkeit und großzügiger Weise für ihren Lebensabend vorgesorgt.

Frau Schratts aufrichtige Ergebenheit für den Kaiser beschränkte sich nicht auf ihn selbst, sondern sie dehnte sich auch auf die wenigen, fast nie wechselnden Personen aus, die unmittelbar um den Herrscher waren, so auch in wahrhaft vornehmster Weise auf die Kammerdiener. Einer von ihnen, Friedrich Spannbauer, vermochte beispielsweise des Kaisers Tod nicht zu überwinden, und er beging im Frühjahr 1917 Selbstmord. Als man Spannbauer zu Grabe trug, war vom Hofe niemand erschienen, da es der strenggläubige Kaiser Karl und noch mehr die bigotte Kaiserin Zita jedem sehr verübelt hätten, daß er dem Selbstmörder die letzte Ehre erwies. Frau Schratt war da, sie legte ein prächtiges Blumengewinde auf Spannbauers Sarg nieder und begleitete den armen, treuen Diener zur letzten Ruhestätte auf dem Hietzinger Gottesacker. An ihr hatte Franz Joseph einen wahrhaft guten, vertrauten Freund von tiefem, feinfühligem Gemüt besessen, sehr zum Ärger seiner Töchter und mancher anderen Erzherzoginnen und Würdenträger, die sie später nicht an das Sterbelager des Kaisers lassen wollten; damals hat der Thronerbe Erzherzog Karl mit einer ihm sonst nicht eignenden Entschiedenheit diese mißgünstige Bosheit ausgeglichen, indem er Frau Schratt als vollendeter Kavalier persönlich durchs Schloß Schönbrunn zu des Kaisers Sterbegemach geleitete.

IV.
Die zweite Gelegenheit versäumt?

Im August 1905 und wieder im August 1907 empfing der Kaiser in seiner Ischler Sommervilla den Besuch König Eduards VII., der auf dem Wege nach Marienbad den greisen Kaiser zu begrüßen wünschte. Das war die offizielle Lesart der Absicht des Königs, Franz Joseph und Österreich-Ungarn von der Erneuerung des Bündnisses mit Deutschland abzubringen.

Bei dieser Gelegenheit sei es gestattet, darauf hinzuweisen, daß nach meinen damaligen, ganz authentischen Informationen der englische König mit der geplanten Isolierung Deutschlands keine Aggressivabsichten verfolgte, wofür er sogar Garantien anbot, sondern daß er lediglich die Vermeidung eines Krieges zu erreichen hoffte, der Europa infolge der deutschen Ausdehnungs- und Wirtschaftspolitik bedrohte, welche wieder die natürliche Folge eines beispiellosen Aufschwunges war. In seinen Bestrebungen hatte Eduard VII. wiederum — fast muß man heute sagen: leider — keinen Erfolg: Franz Josephs Wille zum Bündnis stand über allen Lockungen, zumal der Kaiser sich vor allem als deutscher Fürst fühlte und es als heilige Pflicht betrachtete, die Allianz mit Deutschland hochzuhalten, obwohl er die Erniedrigung durch Preußen auf dem Frankfurter Fürstentag 1863 und nachher am Ende des unglücklichen Feldzuges 1866 in

Nikolsburg im tiefsten Herzen nicht vergessen und niemals verwinden konnte. Der Kaiser selbst war wohl schon zu alt, um in dieser äußerst schwierigen Frage ganz klar diagnostizieren zu können; dazu traute er dem englischen König Eduard VII. nicht recht, er hatte eine instinktive Scheu, vielleicht sogar Furcht vor dem ihm geistig überlegenen und ganz anders gearteten Britenkönig, den man, allerdings mit einigen Vorbehalten, wie seinen Onkel Leopold I., den Belgier, und Louis Philipp von Frankreich zu den „Königen mit dem Kurszettel in der Hand" zählen kann.

Außerdem merkte Franz Joseph, daß Eduard VII. weder von der Donaumonarchie noch von ihrem Herrscher eine hohe Meinung hatte, daß er gegenwärtig beide bloß zur Vollendung seines großen Planes gegen Deutschland brauchte. Dem Kaiser und seiner unmittelbaren Umgebung, wie auch dem deutschen Botschafter Tschirschky war es unangenehm aufgefallen, daß Eduard VII. offensichtlich vollständig überzeugt war, mit Österreich-Ungarn leichtes Spiel zu haben, und daß er von vornherein des Gelingens seines Planes sicher war.

Des alten Kaisers ungewärtigter Widerstand verdroß nunmehr den in seiner Eitelkeit verletzten Britenherrscher nicht wenig, zumal er dafür in Balkanfragen weitestgehende Zugeständnisse machen wollte.

Vor einer solchen Schwenkung Wiens hatte man in Berlin ein gewaltiges Bangen, und man war dort geradezu überrascht, Franz Joseph und seine politischen Ratgeber so fest und unbeirrt für das deutsche Bündnis einstehen zu sehen.

Ob das praktisch und vernünftig gehandelt war?

Eine Annäherung an den englischen Standpunkt hätte in Österreich-Ungarn eine günstige Lösung der slawischen Fragen unbedingt in den Vordergrund gerückt, und von dieser Lösung hing letzten Endes der Bestand der Monarchie ab. Aber gerade damals waren wieder, wie ich schon so oft betonte, die Ungarn außer Rand und Band, und das genügte, um Franz Joseph auch im Sinne des Thronfolgers vollends für die deutsche Orientierung zu gewinnen, wie der Kaiser überhaupt damals ehrlich bestrebt war, Verbindlichkeiten, welche die Monarchie für lange Zeiten festlegten, nur unter möglichster Berücksichtigung des hiebei vom Erzherzog Franz Ferdinand eingenommenen Standpunktes einzugehen.

Im Frühjahr 1905 war durch viele Wochen Fürst Nikolaus von Montenegro in Wien gewesen, um seine Gicht, einen schweren Anfall, zu kurieren. Kaiser Franz Joseph ließ nahezu täglich Erkundigungen nach dem Befinden des Fürsten einziehen, und als eine Besserung des Zustandes eingetreten war, besuchte er ihn im Hotel Bristol, da er für den Fürsten eine gewisse Sympathie hegte, dessen scharfen Verstand schätzte und seine wenigstens äußerliche Biederkeit recht gut leiden mochte. Sonst traute der greise Kaiser dem Fürsten Nikolaus nicht; er hatte ihn als skrupellosen, schlauen Spekulanten erkannt und bewertete ihn auch danach. Die vom Fürsten Nikolaus dem Kaiser gegenüber mit salbungsvoller Ehrfurcht ostentativ bezeigte Ergebenheit nahm Franz Joseph nicht ernst, er lachte darüber und hat sich einmal gegen Dr. Mikesch, gut gelaunt, folgendermaßen ausgesprochen: „Was Fürst Nikita für ein durchtriebener Schauspieler ist; er kann es nicht lassen, aber die Schauspielerei steht seinem Alter nicht mehr; mir macht er nichts vor, wir kennen uns zu gut, und es tut mir leid, daß er sich umsonst so viel Mühe gibt."

Der Juni 1906 brachte wieder einen Besuch Wilhelms II. in Wien, der am Hofe mit offenkundiger Freude festlich empfangen und viel gefeiert wurde. Der deutsche Kaiser machte damals einen sehr guten, wirklich gewinnenden Eindruck. Nicht so warm waren die Empfänge für den deutschen Kronprinzen, der teils allein, teils mit seiner Gemahlin Cäcilie wiederholt den Kaiser aufsuchte. Der deutsche Kronprinz war ein eleganter junger Mann, aber von gemacht derben Manieren, die man in Wien burschikos nennt. Er wahrte dabei so wenig Form und Würde im Auftreten, daß er eigentlich abstoßend wirkte. Kronprinzessin Cäcilie war eine hochgewachsene, vornehme Erscheinung, von sich sehr eingenommen, nicht besonders liebenswürdig und von einem merkwürdig stechenden Blick aus ihren dunklen Augen. Das junge Paar galt als geistig ziemlich unbedeutend, und der greise Kaiser Franz Joseph, welcher die Intelligenz des deutschen Kaisers bewunderte, hat nicht viel von ihnen gehalten. Dr. Mikesch erzählte mir, daß er sich einmal über das deutsche Kronprinzenpaar ungefähr folgendermaßen geäußert habe: „Cäcilie ist begabter als der Kronprinz, sie hat aber leider nicht viel Einfluß auf ihn. Das ist sehr zu bedauern, denn ich befürchte, er wird nicht imstande sein, das gewaltige Werk auch nur zu erhalten, das sein Urgroßvater geschaffen hat und das sein Vater mit so viel Geschick zielbewußt fortsetzt und ausgebaut hat."

Im Juni 1907 erlebte Franz Joseph den vierzigsten Jahrestag seiner Krönung als König von Ungarn, der ohne viel Pomp in der Krönungskirche in Ofen durch einen Festgottesdienst gefeiert wurde, den der Erzbischof von Erlau, Kardinal Samassa, zelebrierte. Außer dem Kaiser nahmen auch alle Erzherzoge und Erzherzoginnen an dieser religiösen Zeremonie teil. Der Kaiser und die Erzherzoge trugen hiebei ihre prunkvollen, ungarischen Galauniformen, die Erzherzoginnen und alle sonstigen anwesenden Damen hatten die kostbare, ungarische Tracht mit wallenden weißen Kopfschleiern angelegt. — Es fiel angenehm auf, daß auch Erzherzog Franz Ferdinand erschienen war, der es sich allerdings bis zum letzten Augenblick überlegt hatte, aber schließlich doch der dringenden Einladung des Kaisers Folge zu leisten sich bewogen fand. Er blickte finster und mürrisch vor sich hin und sah besonders unfreundlich zur Ministerbank hinüber, deren Insassen er lange prüfend und mißbilligend musterte.

Jeder mußte unbedingt das Gefühl haben, daß es ihm ein Opfer bedeutete, da zu sein, und daß er keineswegs aus freien Stücken gekommen war. Auch bei der Rückfahrt in die königliche Burg war sein Gesicht in finstere Falten gezogen, und er fand es kaum der Mühe wert, die Grüße des in den Straßen angesammelten Volkes zu erwidern. Er scheute sich eben nicht, bei jeder Gelegenheit offen zu bekunden, daß er das magyarische System der überhitzten Leidenschaften, welches seiner Meinung nach die Großmachtstellung der Monarchie untergrub, aufs schärfste mißbillige. Schon zu früher Nachmittagsstunde beeilte er sich, Budapest zu verlassen.

Mitten in seine schwere Erkrankung an Bronchitis traf den greisen Kaiser im Herbst 1907, wie ein Blitz aus heiterem Himmel, eine Reihe ganz ungewärtiger Aufregungen, welche der Chef des Generalstabes, General Conrad, durch seinen gleich nach Abschluß der militärischen Übungen mit Feuereifer propagierten „Präventivkrieg" gegen Italien heraufbeschworen hatte. Conrad wollte aus dem tiefsten Frieden und dem Bundesverhältnisse heraus Italien mit bewaffneter Macht plötzlich überfallen, es zu Boden werfen und dadurch freie Hand zur Regelung aller Balkanfragen im Sinne der Aspirationen Österreich-Ungarns erlangen. Für den Plan war, allerdings nicht ohne weiteres, Erzherzog Franz Ferdinand gewonnen worden; als aber Conrad daran schritt, die Idee in die Wirklichkeit umzusetzen, stieß er nicht nur auf den Widerstand des Kriegsministers Schönaich und des Außenministers Aehrenthal, sondern er begegnete auch der imperativ abweisenden Handbewegung des alten Kaisers. „Niemals wird man von mir sagen dürfen, daß ich zu einem derartigen Treuebruche mich bereitgefunden hätte", erwiderte Franz Joseph auf Aehrenthals Bitte, die letzte Entscheidung in dieser Frage treffen zu wollen, und in einer kurzen Audienz Conrads wurde die Entscheidung schnell, aber umso klarer gefällt.

So kam das Jahr 1908 heran, bedeutungsreich durch des Kaisers diamantenes Herrscherjubiläum und zugleich der Zeitpunkt einer schicksalsschweren Wendung in Österreich-Ungarns Außenpolitik.

Im verbündeten Deutschland wollte man das sechzigste Regierungsjubiläum des Kaisers, eine Gnade der Vorsehung, welche nur noch der englischen Königin Viktoria, der Großmutter Wilhelms II. von Deutschland gegönnt war, nicht ungefeiert vorbeigehen lassen, und am 7. Mai 1908 erschien Kaiser Wilhelm II., gefolgt von allen regierenden Königen und Fürsten Deutschlands (nur der Großherzog von Hessen fehlte, der Schwager des Kaisers Nikolaus II. von Rußland) in Schönbrunn und brachte Deutschlands Grüße und Wünsche dar. Franz Joseph war von dieser einzigartigen Aufmerksamkeit tief ergriffen.

Im Laufe des Jahres kamen nach und nach in gleicher Absicht: Eduard VII. wieder nach Ischl — man beachte die Konsequenz und Energie, mit welcher der englische König, trotz wiederholter Mißerfolge, bestrebt war, den Kaiser doch für seine Pläne zu gewinnen —, König Alfons XIII. und Fürst Ferdinand von Bulgarien nach Budapest, der König der Hellenen, der König und die Königin von Schweden und der Erbprinz Ferdinand von Rumänien in König Karols Namen nach Wien. Andere Herrscher, so der Zar, der König von Italien — der Bundesgenosse! —, sandten nur Sondergesandtschaften.

Im Herbste entstand der große und nie mehr ausgeglichene Zwiespalt zwischen Österreich-Ungarn und Serbien, später auch Rußland, wegen der endgültigen Annexion von Bosnien und der Herzegowina, welche Provinzen seit 1878 nur okkupiert waren und daher in etwas losem Zusammenhang mit Österreich-Ungarn standen.

Für Serbien war die Kundmachung dieser Annexion das Zeichen zu zügelloser Agitation gegen die Monarchie. Die Beziehungen zwischen Serbien und Österreich-Ungarn waren seit 1903 stets sehr unangenehmer Art gewesen, eine starke Spannung zwischen den beiden Höfen ergab sich aus der hartnäckigen, schroffen Ablehnung, welche der Wiener Hof allen Anstrengungen des neuen Serbenkönigs Peter entgegensetzte, der zu einem Antrittsbesuch bei Kaiser Franz Joseph zugelassen werden wollte.

Serbiens nationale Ansprüche wurden von Rußland unterstützt, das sich von seiner Niederlage im Osten schnell erholt hatte, und schwächlich, leidenschaftslos auch von England, was mich anfangs befremdete. Die Erklärung für diese Haltung ist wohl in der Ablehnung der Pläne Eduards VII. durch Kaiser Franz Joseph zu finden, indem England diese Gelegenheit vorerst zu einer diplomatischen Revanche wahrnahm.

Die Monarchie hatte durch Jahrzehnte eine Menge sachliches und geistiges Kapital in den annektierten Provinzen angelegt und war zweifellos mehr berechtigt, sie ohne Einschränkung zu besitzen, als Serbien, das die gemachten Investitionen nicht einmal hätte ablösen können, wenn es auch gewollt hätte. Der Augenblick für die Annexion war dadurch gegeben, daß sich die Türkei in einen konstitutionellen Staat verwandelt hatte und Abgeordnete in das Parlament von Konstantinopel zu entsenden gewesen wären, wenn die staatsrechtliche Stellung der Provinzen nicht geändert worden wäre. Deshalb verkündete der Kaiser vor diesen Wahlen die Ausdehnung seiner Herrscherrechte über Bosnien und die Herzegowina, und außer der Türkei hatte wohl niemand ein Recht, über Vergewaltigung zu klagen.

Verschärft wurde die allgemeine politische Lage allerdings durch die gleichzeitige Verkündigung der

Unabhängigkeit Bulgariens, dessen Fürst als Zar Ferdinand die Königswürde annahm. Franz Joseph und Ferdinand hatten bei ihrer Zusammenkunft in Budapest im September 1908 ihr einverständliches Vorgehen vereinbart; die Verstimmung, welche aus diesen Vorgängen entstand, wurde hauptsächlich durch die recht ungeschickte Art und Weise hervorgerufen, wie der Außenminister Aehrenthal die Angelegenheit durchführte.

Graf Aehrenthal unterrichtete wohl die Ministerkollegen in England und Rußland oberflächlich von seinen Annexionsabsichten, im allgemeinen stellte er aber durch die rasch vollzogene Annexion Europa vor eine vollendete Tatsache, welche nach seiner Ansicht trotz anfänglichen Kopfschütteln ohne besondere Aufregung hingenommen werden würde. Es gelang ihm, den Kaiser nach dessen Rückkehr von den großen Manövern bei Veszprim von der Zweckmäßigkeit dieses Planes zu überzeugen, der gewohnheitsgemäß seinem Minister freie Hand gab. Aehrenthal zeigte aber der Welt, daß er alles, nur kein Staatsmann war, denn zumindest mit den Signaturmächten des Berliner Kongresses, von welchem die Monarchie das Mandat zur Besetzung der beiden Länder erhalten hatte, hätte ein vorheriges Einvernehmen erzielt werden müssen, wenn anders ein Vertrag nicht ein „Fetzen Papier" sein sollte. Die mit kaum versteckten Drohungen einer gewaltsamen Lösung gepaarte Unaufrichtigkeit in Aehrenthals Vorgehen erregte Anstoß bei allen fremden Kabinetten; am meisten verletzt war Rußland, dessen Außenminister Iswolski von Aehrenthal teilweise, aber unter anderen Voraussetzungen, gelegentlich seines Besuches auf dem mährischen Schlosse Buchlau des Grafen Berchtold, des österreichisch-ungarischen Botschafters in Petersburg, für den Handel gewonnen worden war. Nun sah Iswolski, daß Aehrenthal die Annexion durchgeführt hatte, ohne ihn auf dem laufenden zu halten, und er vergab diesen Affront, den er zutiefst als persönlich empfand, niemals.

Serbien begann sich ernstlich für den Krieg vorzubereiten, ebenso Rußland, und schließlich nahm auch die Türkei eine ausnehmend feindselige Haltung gegen Österreich-Ungarn ein. Auf einmal erschien die Lage sehr kritisch, zumal sie durch eine Teilmobilisierung in der Monarchie zugespitzt wurde: ein bewaffneter Zusammenstoß schien plötzlich nicht nur nicht unmöglich, sondern sogar fast unvermeidlich.

Der Kaiser wurde vom Thronfolger, Conrad und anderen einflußreichen Leuten beharrlich und energisch gedrängt, das Schwert aus der Scheide zu ziehen; Schönaich war der Meinung zu warten, bevor man sich in das Dunkel dieses Abenteuers stürze, und der alte Chef des kaiserlichen Militärkabinetts, Bolfras, traute sich nicht, sich zu einer der beiden Strömungen zu bekennen, so daß er in seiner schwierigen Stellung zwischen zwei Feuern schier erdrückt wurde.

Noch hatte man es nach Meinung der Conradgruppe nur mit dem „kleinen" Serbien und dem „kleinen" Montenegro im Südosten zu tun, die Gefahr einer russischen Einmengung war nicht zu groß, da dieses Land noch gehörig an seinen in Ostasien geholten Wunden laborierte; schlimmstenfalls kam noch Italien in Betracht! Ein Eingreifen Frankreichs oder gar Englands war ausgeschlossen, also einem Entfesseln des Weltkrieges stand man 1908 und 1909 recht ferne, wenn Österreich allein, ohne Deutschland, seine Heeresmacht auf Serbien losgelassen hätte. Damals konnte man mit voller Sicherheit auf die getreue Gefolgschaft Bulgariens und Rumäniens rechnen, die Aussichten standen für die Donaumonarchie wahrlich gut. Mit scharfem Blick schätzte Conrad die Lage richtig ein, aber er und seine Partei konnten nicht durchdringen, denn der Kaiser selbst war der Ansicht, die Dinge nicht bis zum Zusammenstoß gedeihen lassen zu sollen. In persönlicher Kleinarbeit versuchte er mit unvergleichlicher Geduld und Selbstverleugnung, den Konflikt friedlich beizulegen, ohne die „ultima ratio" anrufen zu müssen.

Dem Thronfolger, der drängte, Serbien den Fehdehandschuh hinzuwerfen und dessen endlosen, nachgerade unerträglichen Herausforderungen ein Ziel zu setzen, antwortete er wörtlich: „Hast du den Krieg je gesehen? Nein! Aber ich habe ihn gesehen, und darum sage ich, bevor man hineingeht, muß man es sich dreimal überlegen, und wenn dies geschehen ist, muß man es sich wieder so lange überlegen, bis man doch ein Mittel findet, ihn zu verhindern." Das sind historische Worte, Worte, die nur ein Herrscher sprechen konnte, der seine Pflichten als Fürst wie als Ehrenmann in ihrer ganzen Größe kannte!

Das Streben des Kaisers war von Erfolg gekrönt. Er wußte für seine Absicht, den Frieden zu erhalten, zuerst Frankreich zu gewinnen, dessen Botschafter in Wien, M. Crozier, vom Kaiser oft in Privataudienz empfangen und mit besonderen Mitteilungen an seine Regierung betraut wurde; ferner gelang es dem Kaiser, auch einem unfreundlichen Verhalten Italiens in der bosnischen Frage auszuweichen, obwohl der italienische Botschafter, Herzog von Avarna, eher ein falsches Spiel spielte, indem er nach rechts und links schielte, dem Minister Aehrenthal gleichzeitig schmeichelte und drohte, während dieser angesichts des Unheils, das seine überschlaue Politik angerichtet hatte, wirklich niedergeschlagen war und sich an jede schwache Hoffnung klammerte, die ihm einen friedlichen Ausweg versprach. So wurde endlich der Friede, der Ende 1908 aufs ärgste bedroht schien, im Laufe des Frühjahrs 1909 durch persönliche Intervention des Kaisers, allerdings nur oberflächlich, wieder gesichert.

Die Mißhelligkeiten, zu denen Aehrenthals übel beratene Politik Anlaß gegeben hatte, wirkten aber unter der Oberfläche durch all die Jahre bis zum Ausbruch des Weltkrieges weiter.

Nach den bisher glücklich überstandenen Kriegsgefahren waren die Huldigungen umso freudiger, welche dem Kaiser am 2. Dezember, dem Thronbesteigungstage in seinem Jubiläumsjahre, dargebracht wurden. Der Tag wurde durch eine Galavorstellung im Hofoperntheater beschlossen; auch in dieses herrliche Fest fiel ein bitterer Wermutstropfen. Während der Aufführung wurde dem Kaiser von ernsten Unruhen berichtet, welche soeben in Prag stattfanden. Dort waren die Unzufriedenen seit vielen Jahren bestrebt, für Böhmen die gleichen Unabhängigkeitsrechte zu erreichen, welche die Ungarn 1867 durchgesetzt hatten. Sie benützten die Gelegenheit des Jubiläums, um Aufläufe hervorzurufen, die schließlich nur unter Anwendung von Gewalt mit Blutvergießen unterdrückt werden konnten. Während eines Zwischenaktes blickte ich hinüber in die Kaiserloge und sah den Kaiser gebrochen. Er saß schweigsam, ernst und kummervoll da, in seinen Zügen war die traurige Frage zu lesen: „Warum muß in meinem Leben alles mit Bitterkeit gewürzt sein?"

V.
Ruhe vor dem Sturm.

Während der krisenhaften ersten Monate des Jahres 1909 war Kaiser Franz Joseph mit dringenden Staatsgeschäften überlastet und für die Erhaltung des Friedens unermüdlich tätig. Er war kaum sichtbar und nahm an keinerlei öffentlichen Festen teil. Endlich klärte sich die politische Lage, die unmittelbare Gefahr schien überwunden und der Kaiser entschloß sich zu einer Reise nach Tirol, wo die Jahrhundertfeier der Befreiungskämpfe begangen wurde.

Anläßlich des Antrittes der Rückreise nach Wien gab es auf dem Bahnhofe in Bregenz einen Zwischenfall, der an sich von geringer Bedeutung auf einen Fernstehenden merkwürdig wirken mußte, als Einblick in Franz Josephs adelstolzes Fühlen und Denken. Zur offiziellen Verabschiedung waren auf der Station bloß drei Personen erschienen: der Statthalter von Tirol, Baron Spiegelfeld, der Landeshauptmann von Vorarlberg, Dr. Rhomberg, und der Bezirkshauptmann von Bregenz, Graf Meran. Auffallend war der Unterschied zwischen dem durchgeistigten Gesichtsausdruck des Dr. Rhomberg und den nicht vielsagenden Gesichtern der beiden Aristokraten. Der Kaiser wandte sich zuerst an den höchsten Beamten, den Statthalter Baron Spiegelfeld, wechselte ein paar Worte mit ihm und reichte ihm zum Abschied die Hand.

Dann sprach er mit dem Landeshauptmann Dr. Rhomberg lange Zeit und, ohne diesem die Hand zu reichen, wandte er sich schließlich an den Bezirkshauptmann Grafen Meran, von dem er sich nach flüchtigen Worten wieder mit Händedruck verabschiedete. Diese Unterlassung des Händedruckes mit Dr. Rhomberg mußte bei jedem vorurteilslosen Zuschauer den Eindruck einer persönlichen Beleidigung hervorrufen, aber nichts lag dem Kaiser ferner, im Gegenteil: er schätzte den ungemein gewandten und außerordentlich volkstümlichen Rhomberg ganz besonders, weshalb er ihn durch eine lange Ansprache auszeichnete, während er die Mittelmäßigkeiten Spiegelfeld und Meran bloß flüchtig verabschiedete. Aber den Händedruck mochte der Kaiser dem Nichtadeligen nicht gewähren, während ihm dies den beiden Aristokraten gegenüber als Selbstverständlichkeit erschien. Franz Joseph hielt sich immer streng an veraltete Förmlichkeiten.

Im Jahre 1909 wohnte der Kaiser zum letztenmal in seinem Leben den großen Manövern bei, die in diesem Jahre bei Groß-Meseritsch in Mähren veranstaltet wurden und zu denen auch der deutsche Kaiser, der deutsche Generalstabschef General von Moltke und andere militärische Sachverständige geladen waren. Kurz nach der großen Krise mit solchem Pomp inszeniert, wurden sie zu einer Demonstration, deren bloße Veranstaltung den wachsenden Einfluß des Thronfolgers Franz Ferdinand darlegte, der vom deutschen Kaiser gestützt und angespornt wurde. Wie schon früher bemerkt, fand Franz Joseph nicht mehr die Kraft und Energie, diese vereinigten Aspirationen zu unterdrükken, welche sein persönliches friedfertiges Wirken oft wirksam lähmten und durchkreuzten.

Das System, welches General Conrad schon bei den ersten großen, von ihm geleiteten Manövern im Jahre 1907 bei Klagenfurt in Kärnten angewandt hatte, wurde 1908 bei Veszprem in Ungarn verschärft und 1909 derart auf die Spitze getrieben, daß sich seine Übertreibung ziemlich klar erwies. Während der vier bis fünf Tage dauernden Manöver wurden nicht mehr wie früher täglich Abgrenzungslinien zwischen den Parteien ausgegeben, sondern die Truppen Tag und Nacht in der Durchführung ihrer Unternehmungen frei belassen, um die wirklichen Kriegsverhältnisse möglichst vollkommen nachzuahmen. Das Ergebnis war, daß ehrgeizige Führer — bei so hervorragender Inspizierung wohl alle Generale — in der Sucht, gerade mit ihren Formationen Staat zu machen, die Truppen fürchterlich auspumpten, ohne die Möglichkeiten der Verpflegung in Betracht zu ziehen, ohne an Rasten zu denken. Schließlich konnte man das hübsche Schauspiel genießen, völlig aufgelöste Truppen an den Straßenrändern todmüde, von mehrtägigem Nahrungsmangel entkräftet, herumliegen zu sehen; da muß ich mich der Kavalleriedivision des Erzherzogs Franz Salvator erinnern, des Schwiegersohnes des Kaisers, welche am dritten Manövertage, gänzlich aufgelöst, alle Vorübergehenden durch den entsetzlichen Anblick ihrer erschöpften Mannschaft und halbtoten Pferde in Empörung brachte. Mehrere fremdländische Militärattachés sagten mir nach unserer Rückkehr nach Wien, Conrad habe kein Herz im Leibe und kenne nur Gefechtslinien, während er sich den Teufel darum schere, was Mann und Pferd leisten können und wovon sie leben. Ihr japanischer Kollege meinte, wenn Österreich einen wirklichen Krieg nur einen Monat so führte, würde nach 30 Tagen keine Armee mehr da sein. In den folgenden Jahren machte Erzherzog Franz Ferdinand, der mehr gesunden Menschenverstand hatte als der phantastische Idealist Conrad, dieser friedlichen Menschen- und Pferdeschlächterei zu Instruktionszwecken ein entschiedenes Ende.

Im Jahre 1909 wohnte Franz Joseph zum letzten Male Manövern bei, 1910 hielt er seine letzte Parade ab und erschien dabei zum letzten Male öffentlich zu Pferd. Das war Ende Mai in Sarajevo, der bosnischen Hauptstadt, wo er ebenso wie in Mostar mit großen Festlichkeiten empfangen wurde. Bei dieser Parade gab es einen kleinen, bemerkenswerten Zwischenfall: Als der kommandierende General Auffenberg vor dem Kaiser defilierte und mit dem Säbel salutierte, entfiel dieser seiner Hand, und es verursachte eine kleine Verwirrung, bevor man dem General, der zu Pferd war, den Säbel wieder reichen konnte. Der Kaiser war auffallend unangenehm berührt und sagte mit bittersüßem Lächeln zu dem bosnischen Landeschef, General Varešanin: „Das ist ein schlechtes Vorzeichen!", worauf General Varešanin verbindlich erwiderte: „Nur für ihn, Majestät!" Doch der manchmal ein wenig abergläubische Kaiser meinte: „Nein, nein, auch für mich", und wirklich war dies seine letzte Parade.

Auf dem Rückwege von Mostar erlebte der Kaiser bei seiner Fahrt durch Ungarn nach langen Jahren wieder viele große Huldigungen und Kundgebungen der Liebe; besonders auf der Eisenbahnstation Fünfkirchen. Es war endlich geglückt, in Ungarn ein Einvernehmen zwischen der immer unbotmäßigen Adelspartei und der Krone zu erzielen.

Im Vereine mit anderen Gleichgesinnten hatten Graf Khuen-Hederváry, vor allem aber Graf Tisza, der starke Mann, der mit kurzer Unterbrechung die Geschicke Ungarns bis zum Zusammenbruch im Weltkriege mit fester Hand leitete und nach dem Tode Franz Ferdinands immer mehr der eigentliche Herr und förmliche politische Diktator der Monarchie wurde, eine neue Partei auf der Basis des 1867er Ausgleiches gegründet, und der Friede mit der Krone als Bürgschaft ruhiger Entwicklung war gesichert.

Nach den langen Qualen der ungarischen Schwierigkeiten war der Kaiser hievon unsäglich beglückt und kehrte in bester Laune nach Wien zurück, auch sehr zufrieden mit den Ergebnissen seines ersten Besuches in den neuen Provinzen Bosnien und Herzegowina.

Ich möchte gleich des sonderbaren persönlichen Verhältnisses zwischen dem Kaiser und Stephan Tisza Erwähnung tun, welches jenem zwischen dem Monarchen und Conrad nicht unähnlich war. Auch mit Tisza verkehrte der Kaiser nicht gerne; seine schroffe Art, seine impulsive Natur, die überdies keine Kompromisse kannte, stießen den greisen Herrscher ab, obzwar er vor den Fähigkeiten Tiszas, vor seinem Ernst, seiner Energie und seiner Charakterstärke eine große Hochachtung besaß und auch dessen Wissen und politisches Geschick hoch einschätzte. Trotz alledem hatte aber Franz Joseph das Gefühl, daß Tisza doch kein überragender Geist sei — genau wie gegenüber Conrad — und daß dessen Horizont durchaus nicht jener eines wirklich führenden Staatsmannes wäre; einmal äußerte sich der Kaiser dieserhalb, wenn auch vorsichtig, so immerhin deutlich folgendermaßen: „Allen Respekt vor Tisza; er ist der tüchtigste Ungar unserer Tage! Aber, bitte, Ungar! Mehr kann ich schließlich nicht von ihm verlangen!"

In Wien eröffnete Franz Joseph feierlich die erste Jagdausstellung, welcher er als passionierter Jäger größtes Interesse entgegenbrachte und die er nicht weniger als elfmal besuchte.

Diese Besuche machten ihm Freude, aber auch in solchen Dingen nahm er seine Repräsentationspflichten sehr genau, es gab keine größere Ausstellung in Wien oder Budapest, auch in größeren Städten der Provinz, welche der Kaiser nicht selbst eröffnete oder durch Stellvertreter eröffnen ließ. Er unternahm zu diesem Zwecke auch in vorgerücktem Alter selbst weite Reisen, z. B. 1906 nach Reichenberg in Nordböhmen.

In der Sommerresidenz Ischl feierte der Kaiser am 18. August 1910 seinen achtzigsten Geburtstag in ganz ungewöhnlicher Frische und Lebenskraft. Die große kaiserliche Familie versammelte sich zur Feier so zahlreich wie nie zuvor; mehr als 100 Mitglieder waren gekommen. An der Spitze der Gratulanten erschien Franz Ferdinand, begleitet von seiner Gemahlin, Herzogin Sophie von Hohenberg, welchen Titel ihr der Kaiser vor kurzer Zeit verliehen hatte. Sie nahm bei dieser Gelegenheit zum erstenmal ihren neuen Rang bei Hofe ein und verstand es, auf alle Art zu zeigen, daß sie fest entschlossen war, sich mit ihrem Gatten auf gleicher Höhe zu halten, der durch Vorrecht der Geburt unbestritten an erster Stelle stand.

Wie der Kaiser sich in diese Sachlage fügte, die ihm keineswegs zusagte, ließ er nicht erkennen; als ich wenige Tage später darüber mit dem französischen Botschafter M. Crozier sprach, der bei Franz Joseph in höchstem Ansehen stand, meinte dieser, der Kaiser müsse gute Miene zum bösen Spiele machen, da es keinen anderen Ausweg gäbe. Übrigens hatte die Zeit viele Breschen in den übertriebenen habsburgischen Feudalismus geschlagen: An der kaiserlichen Familientafel saßen ein Lonyay, ein Seefried, ein Windisch-Graetz, es fehlten ein Orth, ein Burg, des Kaisers Bruder, ein Wölfling und viele andere mehr.

Im September 1910 fand ein feierlicher Besuch des deutschen Kaisers und der Kaiserin in Schönbrunn statt, welche ihre Glückwünsche darbrachten. Bei dieser Gelegenheit wurde das Deutsch-Österreichische Bündnis wieder geräuschvoll aller Welt kundgetan, wieder mit dem Hintergedanken, daß für den Fall einer Wiederholung der Schwierigkeiten von 1908 und 1909 jeder wissen solle, er habe es mit beiden Verbündeten zu tun. In diesem Sinne hielt auch Kaiser Wilhelm II. bei seinem Empfang im Wiener Rathaus die berühmte Rede von der „schimmernden Wehr".

Auch die Trinksprüche der beiden Monarchen bei dem zu Ehren des deutschen Kaiserpaares in der Hofburg gegebenen Galadiner waren von außerordentlicher Herzlichkeit. Diese Galatafel bot ein geradezu märchenhaftes Bild. Der feenhaft beleuchtete, mit kostbaren Gobelins behangene Speisesaal, geschmückt mit tropischen Pflanzen aus den weltberühmten Palmen- und Glashäusern des Schönbrunner Schloßparkes, die festlich gedeckte, mit prächtigsten Blumen und den einen unermeßlichen Wert darstellenden goldenen Aufsätzen ausgestattete Tafel, das unvergleichlich vornehme Geschirr aus Silber, Gold, dem edelsten Porzellan und dem kunstvoll geschliffenen schweren Glas fanden wohl kaum auf der Welt etwas Ähnliches. Dazu die Gäste — die Damen in den kostbarsten, elegantesten Ballkleidern, mit glitzernden Diademen und Rivièren aus erlesenen Brillanten und Perlen, die Herren nahezu durchwegs in farbenreichen Uniformen, mit goldenen und silbernen Tressen und ungezählten Dekorationen — mit einem Worte, alles strahlend, blendend, einen nie zu vergessenden Anblick gewährend. Die Dienerschaft im roten, goldbesetzten Hofkleide, mit weißen Westen, Kniehosen und Strümpfen, schwarzen Lederschnallenschuhen und gepuderten Köpfen reichte Speisen und Getränke in einer schier nie endenden Folge — bei diesen Anlässen zählte man fünfzehn bis achtzehn Gänge — mit vollendeter Sicherheit.

Kaiser Franz Joseph kostete immer nahezu von allen auf die Tafel kommenden Speisen; nur kalte Fleischgerichte ließ er an sich vorbeigehen. Er war jedoch außerordentlich mäßig und sprach nur wenigen besonderen Leibspeisen etwas mehr zu. Solche waren Spargel, den der Kaiser sehr liebte, dann Krebse, welche einfach abgesotten, in ihren nur teilweise gelockerten und leicht zu entfernenden Schalen auf den Tisch kamen, weiters gekochtes Rindfleisch, welches die Hoftafel in tadellosen großen Scheiben aufwies und das so zart und weich war, daß der Kaiser es lediglich mit Benützung der Gabel zu teilen und gleich so zum Munde zu führen vermochte. Bei den Getränken hielt sich Franz Joseph vorerst an ein Glas bayerischen Bieres, dann an ein Kelchgläschen leichten österreichischen weißen Weines und schließlich an den Champagner, von dem nur die vortrefflichsten französischen süßen Marken geboten wurden. Sobald letzterer im langstieligen Glase eingefüllt war, bemerkte man immer, daß der Kaiser eines oder mehrere der leichten länglichen Tafelbiskuits im Champagner aufweichte und daß ihm diese so besonders zu behagen schienen. Schwarzen Kaffee und Liköre trank der Kaiser niemals; er wartete aber immer geduldig, bis seine Tischgenossen auch diese mit Muße zu sich genommen hatten.

Festliche Veranstaltungen zeigten beim habsburgischen Hofe eine so gediegene Pracht, eine so erlesene Vornehmheit, daß man nirgends ihresgleichen aufweisen konnte, weil dazu eben der Nimbus der sechseinhalb Jahrhunderte dauernden Herrschermacht und souveränen Würde gehörte, so daß der Preußenkönig Friedrich Wilhelm IV. mit Recht sagte: „Jedesmal, wenn ich in der Wiener Hofburg zu Gast bin, komme ich mir wie ein Parvenü vor!"

Gelegentlich des Besuches des deutschen Kaiserpaares wurde in Wien viel davon gesprochen, wie Franz Joseph eigentlich persönlich zu Wilhelm II. stehe. Dies zu erkunden war durchaus nicht leicht, denn die meisten Leute hatten nichts als Phrasen von „festerer Freundschaft", „brüderlicher Zuneigung", „unerschütterlichem Vertrauen" zu erwidern. Deshalb sei die Auffassung des Hofrates der Kabinettskanzlei, Dr. Mikesch, mitgeteilt, der meinte, daß es mit der Freundschaft zwischen den beiden Herrschern eine eigene Sache sei: Der alte Kaiser habe das Bedürfnis, sich an einen Mächtigen anzulehnen, der ihm eine Stütze sein könne, und das Bundesverhältnis bringe es mit sich, daß der deutsche Kaiser diese Stütze sei, zumal Kaiser Wilhelm dem Kaiser Franz Joseph ganz sympathisch sei, weil dieser ihn als ehrlichen und verläßlichen Charakter schätze.

Aber der greise Kaiser hätte sich auch ebenso mit Nikolaus II. von Rußland zurechtfinden können, wenn keine politischen Gegensätze das verhindert hätten. Beim Kaiser stand obenan die Pflicht und immer die Pflicht allein, sein persönliches Gefühl durfte nur eine ganz untergeordnete Rolle spielen. Der Kaiser hielt die Freundschaft mit Wilhelm II. für seine Regentenpflicht, und deshalb pflegte er sie.

Der Minister Dr. Koerber faßte die Sache anders auf, er meinte, der Kaiser sei deutscher Fürst und hätte sich stets als solcher gefühlt; daher erscheine es ihm als erstes Gebot, mit dem Oberhaupte des Deutschen Reiches ungeachtet aller früheren Zwiste zwischen Habsburg und Hohenzollern in bester Freundschaft zu leben, obendrein mache Wilhelm II. dem alten Kaiser die Freundschaft sehr leicht, was dieser stets dankbar anerkenne.

VI.
Unheilvolle Ahnungen!

Da die Fragen, welche durch die schlechte Inszenierung der bosnisch-herzegowinischen Annexion aufgeführt worden waren, schließlich ohne weitere Verwicklungen gelöst werden konnten und die vollzogene Annexion von sämtlichen Mächten, einschließlich Rußlands, Serbiens und der Türkei in aller Form und ohne Vorbehalt anerkannt worden war, schien alles auf kommende Jahre des Behagens hinzudeuten.

Im Jänner 1911 nahm Kaiser Franz Joseph zum letztenmale an einem Hofball teil. Dieser, sowie der einen intimeren Charakter tragende „Ball bei Hof" zu welch letzterem bedeutend weniger und mit weit rigoroserer Auswahl getroffene Einladungen ausgegeben wurden — in jeder Wintersaison wurde je einer von diesen Bällen, der „Hofball" zumeist als erster und, einige Wochen darauf, der „Ball bei Hof", veranstaltet —, bildeten für Wien und Budapest, da dort auch solche Bälle stattfanden, das hervorragendste gesellschaftliche Ereignis. In der Hofburg und im Ofener königlichen Schlosse räumte man die schönsten Säle und Gemächer für diesen Zweck ein und schmückte sie auf das herrlichste mit Gobelins, tropischen Pflanzen und Blumen. Den Mittelpunkt bildete naturgemäß der große Tanzsaal selbst, in dessen Mitte die allerdings nicht besonders zahlreichen Paare Rund- und Gesellschaftstänze ausführten. Von einer Estrade aus sah der Kaiser, umgeben von seinen Familienmitgliedern, vorerst eine Weile dem Tanze zu, bald begann er aber die Erschienenen einzeln, von einem zum anderen gehend, ins Gespräch zu ziehen. Da die Eingeladenen zu Tausenden zählten, dauerte dieser Cercle des Kaisers Stunden und Stunden, und hiebei war nicht nur die Geduld, sondern auch die unvergleichliche Rüstigkeit des greisen Herrschers nicht genug zu bewundern. Erst gegen Mitternacht zog sich der Kaiser und mit ihm auch der Hof zurück, worauf sich die Säle rasch leerten.

Vorher wurde noch den hohen Würdenträgern und ihren Damen ein Souper geboten, während für die anderen Ballgäste in einigen Nebenräumen ein herrliches, reichhaltiges Buffet errichtet war. Überdies gingen während des ganzen Hofballes Hofbedienstete im Galakleide in allen Räumen, in denen sich die Erschienenen aufhielten, mit Tabletten verschiedenartigster Erfrischungen herum. Die prächtige Ballmusik wurde vom Hofstreichorchester besorgt, welches Altmeister Strauß temperamentvoll in wunderbarer Weise leitete. Nicht nur der Gesamteindruck, den ein Hofball hinterließ, muß als ein überwältigender bezeichnet werden, sondern es bot ein solcher auch die beste, vielleicht einzige Gelegenheit, alle jene Personen zu sehen, die in der Monarchie, teilweise auch im Auslande Ansehen, Geltung und Ruf genossen. Neben den schönsten Damen der höchsten Kreise gewahrte man da die Minister, die leitenden Beamten, Generale und Offiziere, das gesamte diplomatische

Korps, Männer der Wissenschaft und Kunst, kirchliche Würdenträger aller Bekenntnisse und führende Persönlichkeiten in Handel und Industrie.

Die nach Jahren der Krisen folgende friedliche Zeit wollte der Kaiser zu einem langen Aufenthalt in Gödöllö, seinem herrlichen, ungarischen Schlosse benützen, doch erkrankte er im Mai 1911 neuerlich sehr ernstlich an seinem Katarrh, an dem er in den letzten Jahren häufig litt; diesmal so heftig, daß man für das Leben des Kaisers fürchtete. Den Bemühungen des unermüdlichen Leibarztes Dr. Kerzl und des Professors Dr. Neusser verdankte man die langsame Gesundung des Herrschers, der im Juni in seine nach dem erlesenen Kunstsinn der Kaiserin Elisabeth geschaffene und mit fürstlicher Pracht eingerichtete Hermes-Villa in den wundervollen Wäldern von Lainz übersiedelte, in die nächste Umgebung von Wien. An diesen Sejour schloß sich der übliche Sommeraufenthalt in Ischl an.

Es mag hervorgehoben werden, daß der Kaiser, schwer krank, vom schleichenden Fieber gebrochen, die Erledigung der laufenden Geschäfte keinen Tag aufschob, Stunden am Schreibtische zubrachte, Konferenzen mit seinen Kanzleichefs abhielt, sogar Audienzen erteilte. Das gleiche tätige Leben führte der Kaiser als Rekonvaleszent in der Hermes-Villa. Hier empfing er auch den Erzherzog Franz Ferdinand nach dessen Rückkehr vom Stapellauf des ersten österreichisch-ungarischen Dreadnought „Viribus unitis", welches Ereignis ihm übrigens, wie überhaupt Marinedinge, recht gleichgültig war, und dann die Erzherzogin Maria Josepha, welche kam, um die Verlobung ihres Sohnes Karl mit Prinzessin Zita von Bourbon-Parma anzuzeigen. Diese Verlobung gab der Gesellschaft den ersten Anlaß, sich mit Erzherzog Karl zu beschäftigen, dem dereinstigen Nachfolger Franz Ferdinands in der Thronfolgerwürde, einem zukünftigen Kaiser der Monarchie.

Erzherzog Karl hatte eine gut bürgerliche Erziehung genossen, aber nicht mehr. Er trat nach Absolvierung des Gymnasiums der Schottenbrüder in Wien als Leutnant in das böhmische 7. Dragonerregiment ein, welches zuerst in Prag, dann in Brandeis an der Elbe in Garnison lag.

Dort hatte er sich nur mit dem untergeordneten Dienstbetrieb zu beschäftigen, mehr Zeit nahmen aber die fortwährenden, nicht gerade vornehm verlaufenden Feste in Anspruch, welche die Offiziere zu seinen Ehren veranstalteten, die sich durch solche Mittel die Gunst des künftigen Kaisers zu sichern suchten. Ihm waren keine hervorragenden Erzieher beigegeben, wie sie um Franz Ferdinand gewesen waren, dessen Hauptwunsch überhaupt war, alle möglichen und unmöglichen Launen seines Neffen zu erfüllen, um ihn möglichst auf jener schiefen Ebene abfahren zu sehen, auf welcher der blühende Vater des jungen Thronkandidaten, Erzherzog Otto, verdorben, zugrunde gegangen war. Daß sich dieses traurige Schauspiel nicht wiederholte, war Karls ureigenstes Verdienst, nicht das seiner Verwandten, nicht das seiner Erzieher wie Graf Wallis, eines vornehm aussehenden, älteren, aber kranken Herrn, der seine Aufgabe dahin auffaßte, dem Erzherzog alles nach Willen zu tun, ihn möglichst wenig mit Studien und ernsten Sachen zu belästigen und der ihn ziemlich führerlos den Regimentskameraden überließ. Wie unverantwortlich die schlechte Auswahl der Umgebung war, zeigte sich, als Karl auf den Thron seiner Väter gekommen nichts Besseres zu tun wußte, als alle wichtigen und einträglichen Stellungen in der Umgebung der Krone seinen Erziehern und früheren Regimentskameraden zu verleihen, die aber auch nicht annähernd die Eignung und die Kenntnisse hatten, um ihre Stellungen halbwegs auszufüllen.

Die krassen Mißstände in der Erziehung des Neffen finden ihre Erklärung zumeist darin, daß Franz Ferdinand den Erzherzog Karl nicht mochte, nicht viel von ihm hielt, ihn aber auch systematisch unterdrückte, da er seine zwei Söhne, für deren tüchtige Heranbildung er weder Mühe noch Geld sparte und deren intensive vielseitige Ausbildung er sich mit vielem Eifer angelegen sein ließ, über des Erzherzogs Karl Person hinweg an die erste Stelle im Reiche zu rücken trachtete, was ihm durch den Hinweis auf die geistige Überlegenheit seiner Kinder, insbesondere seines älteren Sohnes erleichtert werden sollte.

Franz Ferdinand hätte es auch sicherlich äußerst unangenehm empfunden, wenn Karl durch eine besonders glänzende Heirat und durch den damit gewonnenen Anschluß an ein mächtiges Herrscherhaus seine Stellung gehoben und so seinen durch Franz Ferdinands Renunziation verbrieften Rechten auf den Thron schon frühzeitig einen entsprechenden und nicht mehr zu überwindenden Nachdruck durch den Beistand der Familie seiner Frau verliehen haben würde.

Daher protegierte der Onkel die sicherlich keine Prestigeerhöhung anbahnende Heirat mit der bourbonischen Prinzessin, mit der und ihrem Hause Franz Ferdinand in der Thronfolge leicht fertig zu werden meinte. Ein persönlicher Verkehr zwischen Onkel und Neffen fand nicht statt, sie begegneten sich nur fallweise bei offiziellen Gelegenheiten, das heißt, auch da gingen sie sich möglichst aus dem Wege.

Solange Franz Ferdinand noch lebte und daher Erzherzog Karl hinsichtlich der Thronfolge nicht direkt in Frage kam, bewies der Kaiser für ihn kaum ein lebhafteres Interesse. Franz Joseph behandelte ihn nicht anders als alle sonstigen Mitglieder seines Hauses, die nicht direkt zu seiner unmittelbaren Familie gehörten, das heißt, er nahm nur insoferne Anteil an seinen Schicksalen, als er sich gelegentlich Berichte über Erzherzog Karls Dienstleistung beim Regimente vorlegen ließ, welche natürlich voll des höchstklingenden Lobes waren und woran sich der alte Kaiser einen Augenblick lang erfreute, um hienach sofort, darüber hinweg, zur Tagesordnung überzugehen.

Daß dem so war, charakterisiert am besten ein Gespräch, das einmal 1912 oder 1913, bei einer Familientafel in Ischl geführt wurde und an dem auch Prinz Johann Georg von Sachsen, des Erzherzogs Onkel teilnahm, der vornehmlich nur über letzteren redete, augenscheinlich, um herauszubekommen, was der Kaiser von Karl halte. Des Kaisers Bescheid darauf war aber immer derselbe: „Ja, ja; Karl hält seine Schwadron famos in Ordnung! Er kümmert sich um alles, um jedes Detail! Daß seine Schwadron in Ordnung ist, freut mich sehr!" Und über diesen Standpunkt wuchs Franz Joseph — vielleicht absichtlich — nicht hinaus.

Als dann Erzherzog Karl Thronfolger wurde, war der alte Kaiser von den Kriegsereignissen so vollständig in Anspruch genommen, daß er weder Zeit noch Muße fand, sich mit Karl viel zu beschäftigen; er zog diesen zwar mit Gattin und Kindern zu sich nach Schönbrunn zu bleibendem Aufenthalte heran, aber auch da sah der Kaiser den Erzherzog und dessen Familie nur fallweise auf wenige Minuten. Innige Beziehungen konnten sich nicht entwickeln; dazu war auch der Altersunterschied zu groß und kein vermittelndes Band vorhanden, da Franz Joseph die eigentümliche Erzherzogin Maria Josepha, die dafür vielleicht hätte in Frage kommen können, gar nicht leiden mochte. Dagegen hatte der alte Kaiser Spaß und Freude an den Kindern und sah sie hie und da gerne bei sich, ohne jedoch dabei wärmenden Gefühlen Raum zu geben.

Nach all dem Gesagten läßt sich ein gewisses Mitleid für Erzherzog Karl kaum unterdrücken. Der alte Kaiser kümmerte sich also nicht viel um ihn, Franz Ferdinand war ihm abhold, der Vater war tot und die bigotte, vom Eigendünkel der Wettiner befangene Mutter, Erzherzogin Maria Josepha, war viel zu beschränkten Geistes, um die Heranbildung ihres ältesten Sohnes in ersprießlicher Weise zweckdienlich zu beeinflussen. Immerhin waren sie und des Erzherzogs Stiefgroßmutter Marie Therese die einzigen, welche Karl ein gewisses Interesse entgegenbrachten.

So gewöhnte er sich zeitig daran, weibliche Ratschläge zu befolgen und weiblicher Intrigue ein williges Ohr zu leihen, was späterhin von den schicksalsschwersten Folgen begleitet sein sollte. Im großen und ganzen war Erzherzog Karl ein guter Junge, nicht übermäßig begabt, auch nicht besonders fleißig und lernbegierig. Aus seiner Umgebung hörte man gelegentliche Klagen, daß er unaufrichtig und spottsüchtig sei, wie das bei den Mitgliedern der uralten österreichischen und sächsischen Herrscherhäuser gelegentlich vorkam, von denen er abstammte.

Der Kaiser mit seinem Klarblick war von der Wahl seines Großneffen nicht begeistert; erstens war die Braut nicht von besonderer Abkunft, die Tochter eines abgesetzten und landesverwiesenen italienischen Fürsten, des Herzogs Robert von Parma, der im Schlosse Schwarzau auf dem öden Steinfeld bei Wiener-Neustadt wohnte, zweitens war der Herzog mit mehr als zwei Dutzend Kindern gesegnet, davon eine Menge schwachsinnig waren.

Der Herrscher von Österreich-Ungarn mag sich als Partie für seinen einstigen Nachfolger etwas weitaus Glänzenderes ausgedacht haben, er träumte gelegentlich von Louise, der einzigen Tochter des deutschen Kaisers als der richtigen Braut für den zukünftigen Kaiser Karl. Aber Louise war evangelisch, eine Tatsache, die an sich schon der ultrakatholischen und zelotisch bigotten Mutter Karls, Maria Josepha das Blut in den Adern erstarren machte. So mußte Franz Joseph wieder einmal gute Miene zum bösen Spiel machen, obwohl er damals manchen Leuten sagte, er habe einige Bedenken wegen der Familie der Braut nicht nur in Hinblick auf deren schwachsinnige Stiefgeschwister, sondern auch wegen der anderen Erbübel der Bourbonen. „Die Familie seiner zukünftigen Frau wird ihm noch viel zu schaffen machen", hat sich der Kaiser nach Karls Verlobung geäußert; vielleicht entsann er sich dabei der vielsagenden Bemerkung Consalvis, des Staatssekretärs des Papstes Pius VII.: „Die Bourbonen sind der Holzwurm, der früher oder später alle Throne zernagt." Franz Joseph war überzeugt, daß auf dem Hause der Bourbonen ein Fluch laste.

Es sei mir noch gestattet, auch eines anderen Heiratsprojektes kurz zu gedenken, welches insoferne des Interesses nicht entbehrt, als sich speziell Erzherzog Rainer, der Nestor und allseits anerkannte bewährte Hüter des Ansehens und der Wohlfahrt der habsburgischen Dynastie dafür einsetzte. Der früher schon einmal erwähnte Prinz Waldemar von Dänemark war mit Prinzessin Marie von Orléans verheiratet gewesen, die ihm nach ihrem allzu frühen Tode außer mehreren Söhnen auch eine Tochter, Margarethe, hinterließ, welche — als einzige inmitten eines streng protestantischen Hauses — gleichwie ihre Mutter katholisch war. Die Prinzessin war schön, hochbegabt und vornehm in jeder Hinsicht; sie schien geradezu prädestiniert auf einem Throne zu glänzen, wofür sie nicht nur ihre persönlichen Vorzüge, sondern auch ihre Verbindungen zum englischen, zum russischen, zum griechischen Herrscherhause und zu noch vielen anderen mitbrachte. Erzherzog Rainer sah sie einmal in Wien und war sofort für eine Verbindung zwischen ihr und Erzherzog Karl begeistert; aber Maria Josepha und Marie Therese erklärten sich dagegen, und der alte Kaiser, der Rainer freudig zugestimmt hatte, konnte zum Schlusse nur resigniert sagen: „Wo sind die Zeiten, da es noch hieß: Tu felix Austria nube! — Jetzt kann man mit diesem herrlichem Spruche leider nichts mehr anfangen! Ich wäre nur zu glücklich, wenn Karl die entzückende dänische Prinzessin zur Frau nehmen würde, aber der Ärmste kann wahrscheinlich keine Wahl mehr selbständig treffen; seine Mutter und seine Großmutter dürften schon entschieden haben, und da ist es nur eine Luxemburg oder eine Parma, die in Frage kommen wird. Ja, ja; die Schwestern Braganza halten fest zusammen! Dagegen ist eben nichts zu machen!"

Das Jahr 1911 brachte ein politisches Ereignis, das vorerst Österreich-Ungarn nur mittelbar anzugehen schien, dann aber für das Land die höchste Bedeutung erlangte, weil es tatsächlich den Weltkrieg einleitete: die italienische Tripolis-Expedition und den darauf folgenden Krieg Italiens mit der Türkei in der Ägäis.

Franz Joseph erkannte bald die verborgene Gefahr, hielt es aber für seine Person trotzdem für das Beste, Italien freie Hand für diesen Krieg zu geben und darum dessen Vorgehen gegen die Türkei keine diplomatischen Hindernisse zu bereiten, selbst wenn die Adria zum Nebenkriegsschauplatze werden sollte. Aber die Ungarn erhoben in eifersüchtiger Wahrung ihrer vermeintlichen Sonderrechte in den Balkanfragen lärmenden Widerspruch und wußten es so einzurichten, daß der Außenminister Graf Aehrenthal — seine Frau war eine ungarische Gräfin Széchenyi — sich zu einem der Ansicht seines Herrschers widersprechenden Plan bekannte und diesen auch zur Durchführung brachte. Er verstand es, den Kaiser endlich dahin zu bringen, daß er in einem längeren diplomatischen Notenwechsel Italien zum Abstehen von allen Operationen in der

Adria und in den benachbarten Gewässern verpflichten durfte; während Österreich den Italienern die Hände band, stachelte Marschall, der deutsche Botschafter in Konstantinopel mit allen Mitteln die Türkei zum hartnäckigen Widerstand gegen Italien auf.

Auch die Türkei betreffend ging Kaiser Franz Josephs privates Urteil mit seiner langen Erfahrung und tiefgegründeten Kenntnis aller einschlägigen Dinge in anderer Richtung, und zwar dahin, es wäre am vorteilhaftesten für den Sultan, Tripolitanien ohne weiteres Blutvergießen und zur Vermeidung größerer Verwicklungen Italien zu überlassen, um sich Sympathien für unausweichliche weitere Waffengänge zu sichern; wenn doch dieser einzig richtige Ratschlag befolgt worden wäre!

Ein besonderer Hinweis mag darauf gestattet sein, daß wieder ein diamentraler Gegensatz zu konstatieren ist, zwischen der Politik Franz Ferdinands und Wilhelms II. einerseits und der Auffassung Franz Josephs anderseits, der seinen Willen nicht durchsetzen mochte, weil auch der im Amte befindliche Minister, dessen Willen der Kaiser immer respektierte, der Auffassung der Gruppe um den Thronfolger zuneigte; sein Urteil ließ er aber nicht trüben. Die offizielle Politik ging also dahin, daß sich Graf Aehrenthal und der deutsche Botschafter in Wien, Tschirschky, rühmen konnten, die italienischen Maßnahmen gegen die Türkei unwirksam gemacht zu haben.

Es war zu ungeschickt von den politischen Leitern der Monarchie, Italien durch kleinliche Mittel zu verärgern. Ein Botschafter sagte mir damals darüber: „Zu dumm, was Aehrenthal wieder treibt! Anstatt Italien alle Wege zu ebnen, damit es sich in den Wüsten Lybiens ordentlich und auf Jahre hinaus festbeißt, wirft er den Italienern Prügel vor die Füße, welche sie reizen. Bismarck hat die Italiener nach Massauah geschickt, damit sie endlich einmal Ruhe geben; das sollte Aehrenthal doch wissen!"

Um den Beschützern der Türkei, Österreich-Ungarn und Deutschland entgegenzuwirken, griff Italien seinerseits zu einem neuen Auskunftsmittel, das sich nachher als die schärfste Waffe erwies, welche die Monarchie je bedroht hat. Italien rief nämlich die Balkanmächte zum Angriff gegen die Türkei auf. Es dauerte zwar lange, bis Montenegro und Serbien, vor allem aber Bulgarien und Griechenland zum Krieg gegen die Türkei zu bewegen waren, aber schließlich kam dieses Bündnis der Balkanstaaten doch zustande.

Franz Joseph sah die Verwicklung deutlich voraus. Der Kaiser trat persönlich, im Gegensatz zur offiziellen Politik seines Ministers, immer und immer wieder für ein Nachgeben der Türkei gegen Italien ein, um dem Krieg ein Ende zu machen und weiteres Unheil zu verhüten, das auf dem vulkanischen Balkanboden unausgesetzt lauerte. Da zeigt sich wieder sinnfällig jene merkwürdige Besonderheit in der Verwaltung Österreich-Ungarns, daß die Männer in leitenden Stellungen wahre Selbstherrscher in ihren Ressorts waren, solange sie ihr Amt bekleideten. Sie konnten mit Erfolg selbst des Kaisers Willen und Wünsche durchkreuzen, Graf Aehrenthal war unbegrenzt allmächtig in allen Fragen der äußeren Politik, zumal er sich in seinen Maßnahmen auf den Thronfolger und Conrad stützen konnte.

Ende 1911 wurde der Zwiespalt zwischen dem Kriegsminister Schönaich, welcher des Kaisers Friedenspolitik stützte, einerseits und dem Erzherzog Franz Ferdinand, sowie dem General Conrad anderseits so heftig, daß Schönaich zurücktreten mußte; der Kaiser genehmigte Schönaichs Abgehen mit großen Bedauern, er befahl aber auch den Rücktritt Conrads als Chef des Generalstabes.

Die tieferliegende Ursache des Rücktrittes Conrads mag auch darin gesucht werden, daß er an Hand eines sehr genau entwickelten Heeresbauprogrammes von den Delegationen auf dem gesetzlichen Wege durch den Kriegsminister einen außerordentlichen, sofortigen Kredit von nahezu einer halben Milliarde erwirken wollte. Schönaich war über diese Ziffern im ersten Augenblicke entsetzt: als aber Conrad ihm rechnungsmäßig nachwies, daß man bloß auf diese Art endlich einmal die österreichisch-ungarische Wehrmacht auf eine zeitgemäße Höhe einigermaßen zu bringen beginnen und die Unterlassungssünden der Ära Beck-Krieghammer — die Erzherzog Franz Ferdinand treffend als „Babylonische Gefangenschaft der Armee" bezeichnete — nachträglich wettmachen könne, erklärte sich Schönaich schließlich bereit, Conrads Kreditforderung vor den Delegationen zu vertreten.

Als es jedoch dazu kam, hat Schönaich im Delegationsausschusse allerdings einleitend Conrads Forderungen vorgetragen, jedoch gleich hinzugefügt, daß er sich mit diesen keineswegs identifiziere, sondern nur das Ordinarium und ein ganz geringes Extraordinarium für technische Heeresanschaffungen begehre, zumal bereits dem Marinekommandanten für den

Bau der Dreadnoughts ein sehr bedeutender außerordentlicher Kredit bewilligt worden sei. Gerade aber mit letzterem Moment motivierte Conrad seine Forderung, indem er hervorhob, daß die Marine einen durch die Unzulänglichkeit des Heeres verlorenen Krieg niemals wieder in einen siegreichen werde umwandeln können.

Schönaichs Desavouierung verletzte Conrad aufs empfindlichste und dieser verlangte vom Kaiser dafür Satisfaktion durch Beauftragung Schönaichs, die Forderungen Conrads nochmals vor die Delegationen zu bringen. Franz Joseph lehnte das Ansinnen ab und ließ Conrad nur platonisch vor einem gemeinsamen Ministerrate sein Programm vortragen. Das befriedigte naturgemäß den Generalstabschef nicht, welcher daraufhin seine Demission gab, die der Kaiser sofort genehmigte.

Die neuen Männer, die nun ans Ruder kamen, waren die Generäle Auffenberg als Kriegsminister und Blasius Schemua als Generalsstabschef; jetzt war das Bild gegen früher umgekehrt: Schemua war sehr beliebt und auch geschickt, Auffenberg weder das eine, noch das andere.

Zur Ausstattung seiner Dienstwohnung im Kriegsministerium, sowie für Empfänge und Privatfeste in seiner Privatwohnung verwendete der Kriegsminister bedeutende Summen. Einige Jahre später veranlaßte ein Prozeß gegen ihn die weiter nicht beglaubigten Gerüchte, er habe auf Grund der geheimen vertraulichen Nachrichten, die ihm als Kriegsminister zur Verfügung standen, auf der Börse gespielt. Dieses Gerücht dürfte seinen Ursprung darin gefunden haben, daß Auffenberg 1916 unter Aufsehen erregenden Umständen verhaftet worden ist und längere Zeit in militärischem Gewahrsam gehalten wurde. Mit dieser Verhaftung ist ein arger Mißgriff geschehen; Auffenberg büßte keine sehr hohen Würden ein und wurde im Gegenteil später sogar durch die Verleihung der Baronie ausgezeichnet. Hätte er sich etwas Ernstliches zu schulden kommen lassen, so wäre es undenkbar gewesen, daß ihn der streng rechtlich denkende Kaiser Franz Joseph in seiner hohen militärischen Charge belassen haben sollte.

Generalstabschef Schemua war ein kräftiger, großer Mann von soldatischem Äußern, mit offenen Zügen, sehr feinem Benehmen und vor allem ein hervorragender Praktiker. Diese Wahl war sehr glücklich, es war die des Kaisers; Auffenberg war ein Günstling Franz Ferdinands und dem Kaiser nur aufgedrängt, der auch mit Auffenberg tatsächlich nie jenen warmen Ton angeschlagen, wie er ihn im Verkehr mit Schönaich und Schemua liebte.

VII.
Die dritte Gelegenheit versäumt?

Da kamen König Ferdinand von Bulgarien und unmittelbar nach ihm König Nikolaus von Montenegro als Gäste des Kaisers in die Hofburg, bedeutsame politische Ereignisse auf dem Balkan schwebten in der Luft, man wollte sich über Franz Josephs Ansichten informieren.

Die Würdenträger im Gefolge der Könige Ferdinand und Nikolaus sprachen ganz offen vom bevorstehenden Kriege gegen die Türkei, und auch in Wiener Kreisen begann sich ernsteste Besorgnis kundzutun, umsomehr, als Rußland die Unruhe auf dem Balkan mittelbar nährte durch die Zusage tatsächlicher Unterstützung Serbiens, Montenegros und Bulgariens für den Fall eines Zusammenstroßes mit der Türkei. Daraus folgte für Österreich-Ungarn die neuerliche Wahrscheinlichkeit einer Teilmobilisierung, eine teure Sache, die zu einer Beunruhigung des Wirtschaftslebens führen mußte.

In diesen schweren Jahren war der einflußreichste auswärtige Diplomat in Wien der deutsche Botschafter Tschirschky-Bögendorff, welcher sich bei Kaiser Franz Joseph allerdings nicht der Geltung erfreute, welche seine Vorgänger Graf Wedel und Fürst Eulenburg beim greisen Monarchen genossen haben, schon deswegen nicht, weil er keinem so hochadeligen Hause wie diese angehörte. Aber an Begabung und an geistigen Fähigkeiten war Tschirschky den zwei obengenannten Diplomaten überlegen.

Oft beklagte er sich bitter über den Mangel an Ernst, den er bei den maßgebenden Stellen in Wien auf Schritt und Tritt antraf; „zuviel Leute gibt es hier, die mit den Händen reden und mit dem Mund arbeiten", rief er einmal trostlos aus, „daher kommt nichts vom Fleck und es wird niemals etwas Ganzes geschaffen!"

Im Mai 1912 starb der 82jährige Hofprälat Doktor Mayer. Der Kaiser ehrte seinen Pfarrer und Beichtvater auch im Tode ebenso, wie er ihn im Leben stets ausgezeichnet hatte. An der feierlichen Einsegnung des Verstorbenen, der in der Hofburg aufgebahrt worden war, nahm in der Hofkapelle der Kaiser persönlich mit dem ganzen Hofstaate teil, und man sah es dem greisen Herrscher an, wie nahe ihm der Verlust ging. Dr. Mayer stand im Ruf, ein Modernist zu sein, was jedoch keineswegs erwiesen ist. Die römische Kurie ließ ihn aber dennoch fallen und seine Hoffnungen auf die Stelle eines Feldbischofs oder gar auf den Wiener erzbischöflichen Stuhl, zu denen er gewiß sehr berechtigt war, erfüllten sich nicht: im Gegenteil, es wäre ihm wahrscheinlich gar übel ergangen, wenn ihn nicht der Kaiser durch die Ernennung zum Hofpfarrer in seinen besonderen Schutz genommen hätte.

Der ganze Sommer 1912 ging damit vorüber, daß sich der Kaiser in Kleinarbeit erschöpfte; die allgemeine politische Lage ward von Tag zu Tag düsterer, und schließlich brach im Oktober als Frucht der italienisch-russischen Bemühungen der Balkankrieg aus, bei dem sich Österreich-Ungarn wieder für die Rolle des Zuschauers entschied. Was konnte es anderes tun? Eine Einmischung würde Rußland auf den Plan gerufen haben und mit ihm Frankreich. Diese Verwicklung wünschte Deutschland für den Augenblick zu vermeiden, da es mitten im Ausbau seines gewaltigen Heeres- und Flottenprogrammes stand, und so war der Kaiser nur zu glücklich, sein Reich nicht in das Kriegselend stürzen zu müssen.

Der Kampf begann mit der Eröffnung der Feindseligkeiten durch das kleine Montenegro in den ersten Oktobertagen 1912, und man erzählte, daß der alte König Nikolaus, als der erste Kanonenschuß von seiner Seite gegen die Türken abgefeuert wurde, sich bekreuzigt habe und den Segen des Himmels für alle Wechselfälle erfleht habe, die aus diesem Waffengange entstehen würden, gleichwie auch seinerzeit Bismarck den ersten Kanonenschuß bei Kriegsausbruch 1870 mit gewissem Schauern erlebte, weil man wohl wisse, warum und wo der erste Schuß losgehe, aber nie voraussehen könne, wann und wo der letzte Schuß abgefeuert werden würde. Wenn der große Staatsmann je mit einem Ausspruch recht behielt, so gilt dies für jenen ersten Schuß in Gegenwart des Königs Nikolaus, dem hunderttausend Millionen von Schüssen fast in allen Teilen der Welt folgten, denn eigentlich begann damals der größte Krieg aller Zeiten.

Nach Montenegro traten Serbien, Griechenland und schließlich Bulgarien in den Kampf ein. Die jüngst erneuerte Türkei hatte allein diesen Feinden die Stirn zu bieten und blieb natürlich erfolglos. Die Bulgaren — stets siegreich, ebenso wie ihre Verbündeten — erreichten fast die Tore von Konstantinopel, und die Halbinsel Gallipoli ward der Schauplatz schwerer Kämpfe. Auf der anderen Seite eroberten die Montenegriner das Vilajet Skutari, die Griechen die ganze Küste und Saloniki und die Serben besetzten Mazedonien und stießen in tapferem Kampfe durch Albanien bis an die Ostküste der Adria vor.

In diesem Stadium des Kampfes wurde man in Österreich-Ungarn von einem Augenblick zum andern aufgeregter: durfte man dem kleinen und seit zehn Jahren so feindselig gesinnten Serbien erlauben, was ein Jahr zuvor dem verbündeten Italien nicht gestattet worden war?

Daher begannen die österreichisch-ungarischen Staatsmänner zahllose Verwahrungen und Beschuldigungen gegen das Vorgehen Serbiens und Montenegros loszulassen, aber Rußland bot den kühnen Kriegern offenen Rückhalt, Italien geheimen, die siegenden Armeen kümmerten sich nicht um Aehrenthals Bannflüche, sondern setzten ihren erfolgreichen Feldzug unbeirrt fort.

Erzherzog Franz Ferdinand hätte gerne auf ein Eingreifen Österreich-Ungarns in den Balkankrieg hingewirkt; er konnte jedoch selbst nicht schlüssig werden, wie man dies am geeignetsten einleiten sollte. Die Hauptschwierigkeiten erblickte er darin, daß gerade Bulgarien an Seite Serbiens, Montenegros und Griechenlands gegen die Türkei losgeschlagen hatte, deren ungeschmälerten Bestand er naturgemäß im Interesse der Donaumonarchie irgendwie gewährleistet sehen wollte. Daher war des Erzherzogs Hauptbestreben, Bulgarien von seinen damaligen Verbündeten loszulösen, es zu einem baldigen Übereinkommen mit der Türkei zu veranlassen, um dann mit Bulgarien und Rumänien die Monarchie zu einem energischen Eintreten gegen Serbien und Montenegro in Bewegung zu setzen. In diesem Sinne wirkte Franz Ferdinand persönlich in Budapest, wohin er sich eigens zu dem Zwecke begab, auf den auch in die ungarische Hauptstadt gekommenen bulgarischen Politiker Danew ein, welcher wiederholt vom Erzherzog und auch vom Kaiser in längeren Audienzen empfangen wurde. Aber es konnte da nicht viel ausgerichtet werden, weil Bulgarien bereits viel zu sehr gegen die Türkei engagiert und dieser Krieg bei den Bulgaren ungemein populär war.

Es war eine harte und qualvolle Zeit für den alten Kaiser Franz Joseph, der sich wenige Tage nach Eröffnung der Feindseligkeiten auf der Balkanhalbinsel von Schönbrunn nach Budapest begeben hatte, wo die Delegationen der beiden Parlamente versammelt waren und daher alle Minister beider Teile der Monarchie zeitweilig Aufenthalt genommen hatten.

Franz Joseph war bei seiner Ankunft in Budapest mit stürmischen, feindseligen Wahlrechtskundgebungen empfangen worden; er saß still und traurig, ganz in sich zusammengekauert in seinem Wagen und schauderte vor dem Ungemach, das wieder seiner harrte; zu allen äußeren Verwicklungen noch innere Schwierigkeiten! Er persönlich hätte gerne auch den Ungarn das eingeräumt, was die Österreicher schon hatten, aber sollte er den Kampf gegen die Cliquen des ungarischen Adels und der Gentry wieder anfangen, welche von solchen Reformen nichts hören wollten?

Aehrenthal und seine Mitarbeiter wurden in Budapest im königlichen Schloß untergebracht, um immer in erreichbarer Nähe des Kaisers zu sein, der sich tagtäglich stundenlang mit dem Außenminister beriet, um einen Ausweg aus dem verworrenen Irrgarten der großen Politik zu finden, in den die fortschreitenden kriegerischen Erfolge der Balkanstaaten Österreich-Ungarn geführt hatten. Franz Joseph tat sein Möglichstes, um der Lage Herr zu werden, aber auf friedlichem Wege vermochte er nicht viel auszurichten, denn Rußland zeigte immer offener die nackte Absicht, Serbien und Montenegro selbst mit Gewalt zu schützen, falls Österreich-Ungarn ihre Fortschritte hemmen sollte. Wie er damals wiederholt zu verschiedenen Leuten bemerkte, wußte Kaiser Franz Joseph wahrhaftig kaum mehr, wie er einen Zusammenstoß vermeiden könne, denn er bestand anderseits mit vollem Recht auf der ungeschmälerten Wahrung der Interessen Österreich-Ungarns im Adriatischen Meere.

Schließlich fand man doch einen Ausweg in der Schaffung eines unabhängigen Staates Albanien, welches unter dem ausdrücklichen Schutz aller europäischen Großmächte stehen sollte und die Bestimmung hatte, das gefährliche Serbien vom Adriatischen Meer fernzuhalten.

Eine Unterstützung seines Planes erhoffte sich Franz Joseph von Rumänien, wo noch der dem Kaiser in treuer Freundschaft ergebene Karl von Hohenzollern-Sigmaringen herrschte, immer bereit, Franz Joseph in seinen Bemühungen soweit als irgend möglich beizustehen. Dies war aber nicht leicht zu verwirklichen, weil in Rumänien eine starke Partei im Parlament sich gegen jede Freundschaft mit der Nachbarmonarchie erklärte. Sie führte dabei die Unterdrückung der ungarländischen Rumänen durch die Budapester Regierung ins Treffen, sowie die Aussperrung der rumänischen Landwirtschaftsprodukte aus der Monarchie durch die ungarischen Agrarier. Der magyarische Chauvinismus wiederholte seine kurzsichtige Handelspolitik gegen Serbien seit einiger Zeit auch Rumänien gegenüber, welches sich aber das nicht so ohneweiters bieten lassen wollte.

König Karl tat in treuer Freundschaft alles, um die Gegenströmung zu beruhigen, und er hatte soweit Erfolg, daß eine Militärkonvention zwischen Rumänien und der Donaumonarchie abgeschlossen werden konnte.

Über dringende Intervention des Thronfolgers Franz Ferdinand, der zähe an Conrad festhielt und in einer bewegten Besprechung mit dem Kaiser dessen Wiederverwendung durchsetzte, kam General Conrad als spezieller Bevollmächtigter und Sondergesandter des Kaisers nach Bukarest, um den militärischen Bündnisvertrag endgültig abzuschließen. Conrad tat dies in sehr kluger, entschiedener und besonders dankenswerter Weise.

Der Kaiser wünschte, sich dafür Conrad dankbar zu erweisen, und da gerade im ungarischen Parlament neue sehr schwere Mißhelligkeiten über Heeresangelegenheiten ausgebrochen waren, wobei General Auffenbergs nur auf Äußerlichkeiten berechnete Wirtschaft heftig angegriffen wurde, wechselte der Kaiser neuerdings Kriegsminister und Generalstabschef, so daß Conrad in seine frühere Stellung zurückkehrte, während der Artillerie-General Krobatin Kriegsminister wurde.

Da General Conrad von Hötzendorf das Haupt der unter der Führung des Thronfolgers Franz Ferdinand stehenden Kriegspartei war, so mögen jene recht haben, welche behaupten, seine Wiederberufung in kritischester Zeit sei eine ernsthafte Demonstration des Kaisers gewesen, der zu verstehen geben wollte, daß er auf eine ihm genehme Lösung der europäischen Krise unter allen Umständen größtes Gewicht lege.

General Krobatin stand nicht in besonderer Gnade bei dem damals in militärischen und auch schon in außenpolitischen Fragen allmächtigen Erzherzog Franz Ferdinand, aber er erfreute sich eines unbegrenzten Vertrauens beim Kaiser, was doch immer noch die Hauptsache war.

Conrad begann nun viel zielbewußter mit fester Hand und klarem Blick die Vorbereitungen für den Krieg, der wieder vor der Tür zu stehen schien. Da sagte mir der amerikanische Militärattaché in Wien, Captain Cotchett — wohl das erste Anzeichen der Wirkung der Ernennung Conrads —, daß der Plan der Errichtung des neuen Albanien von Amerika und England außerordentlich begünstigt werde, daß dieser Staat entstehen würde, trotz der zahllosen Schwierigkeiten, die ihm Serbien und Montenegro, sowie auch Italien schon in der Wiege bereiteten.

Besonders angenehm berühren mußte die freundliche Haltung Englands dem albanischen Projekt gegenüber, wie überhaupt dieses Reich anfänglich bei allen Konflikten eine Österreich feindliche Politik einleitete, dann aber die von Franz Joseph vertretene Lösung der Lage stets genehmigte, trotz der starren Ablehnung, welche dieser der englischen Einflüsterung in Fragen des Dreibundes entgegenzusetzen pflegte. Auch die Haltung Englands nach der Tragödie in Sarajevo zeigt diese symptomatische Stellungnahme, leider war 1914 die in London beabsichtigte Entwicklung der Dinge infolge der Störungen hauptsächlich seitens Rußlands unmöglich.

VIII.
Dem Höhepunkt des Dramas entgegen.

Nach und nach wurden alle Fährlichkeiten durch unglaubliche Kleinarbeit überwunden, ein Erfolg für den Frieden unter den Großmächten war errungen, an dem das Hauptverdienst unbedingt Franz Joseph gebührt. Wie unermüdlich dieser Monarch arbeitete, um einen bewaffneten Konflikt zu vermeiden, ist leicht zu erraten, wenn man die täglich sich verschärfenden Schwierigkeiten für Österreich-Ungarn auf dem Balkan berücksichtigt.

Nach der großen Blamage im italienisch-türkischen Kriege hielt sich Aehrenthal während des ganzen Konfliktes strikte an das, was der alte Kaiser wünschte, nämlich Frieden um jeden Preis, und verzichtete darauf, dem Thronfolger zu Liebe diplomatische Extratouren zu versuchen; die Möglichkeit für den Balkankrieg war ohnedies nur durch Aehrenthals kurzsichtige Politik während des Tripoliskrieges Italien gegenüber geschaffen worden.

Nach der Niederschlagung der Türkei gerieten sich die Sieger bei den Abmachungen über die Beuteverteilung gegenseitig in die Haare. Bulgarien, das die Hauptlast des Krieges getragen hatte, sah seine früheren Verbündeten auf einmal als Feinde gegen sich aufstehen.

Serben und Griechen wußten in vielen kleineren

Treffen die Oberhand zu gewinnen, und als Rumänien die Entwicklung der Dinge sah, griff es seinerseits die Bulgaren im Rücken an und zwang sie durch dieses niedrige Vorgehen, die Bedingungen des sogenannten Bukarester Friedens anzunehmen, in dem Bulgarien des größten Teiles seiner Kriegserrungenschaften beraubt wurde.

Ritterlich und gerecht, wie immer, anerkannte Franz Joseph vorerst den Bukarester Vertrag nicht, trotz der mit dieser Weigerung verbundenen Verlängerung, vielleicht sogar Verschärfung der Krise, die beinahe glücklich überwunden schien, trotz seinem tiefinnersten Abscheu vor der Möglichkeit eines bewaffneten Eingreifens. Viel konnte Franz Joseph aber den Bulgaren nicht helfen, sie mußten dem verräterischen Überfall Rumäniens, Serbiens und Griechenlands weichen. Aber König Nikolaus wurde schließlich dazu gebracht, Skutari zu verlassen, endlich wurde der Staat Albanien gegründet, wenn er auch im Osten und Süden wesentlich zugestutzt erschien.

Den Löwenanteil am Gewinne heimste Serbien ein, und das stieg den Machthabern in Belgrad zu Kopf. Man begann sich bereits für unüberwindlich zu halten, und die serbischen politischen Kreise erörterten ganz offen, daß jetzt die Abrechnung mit dem „zweiten kranken Mann Europas", mit Österreich-Ungarn an die Reihe käme, nachdem man den „ersten kranken Mann", die Türkei, so rasch und mühelos erledigt hatte. In den unflätigsten, wegwerfendsten Ausdrücken wurde in Serbien von der Donaumonarchie gesprochen, man machte dem durch die fatale und unsinnige ungarische Agrarpolitik bis zur Siedehitze gesteigerten Groll gegen die habsburgischen Lande nach Herzenslust Luft.

Als die Wogen überhoch gingen, wurde Aehrenthal durch höhere Gewalt — wie er sich ausdrückte — gezwungen sich zu fügen, den Bukarester Vertrag anzuerkennen und die neue Lage hinzunehmen, die ganz gegen seine fortwährend schwankenden Ansichten entstanden war.

Für Österreich-Ungarn war die wichtigste und unerfreulichste Folge des Balkankrieges die ungemeine Stärkung des seit einem Jahrzehnt erbittertsten Feindes Serbien; schon darin allein lag ein großer und unleugbarer Mißerfolg der Diplomatie Aehrenthals. General Conrad erzählte damals mit allem Nachdruck jedem, der es hören wollte, daß die Armee bei einer so elenden äußeren Politik im Kriegsfalle das Schlimmste zu fürchten hätte, und Erzherzog Franz Ferdinand stand mit Recht in seinen Herzensergüssen hinter dem Generalstabschef keinesweg zurück, er mied Aehrenthal auffallend, um zu zeigen, daß dieser bei ihm gänzlich in Ungnade sei. Nur der Kaiser hielt, allerdings mit gemischten Empfindungen, an dem Grafen fest, dessen Sturz bei dem damaligen großen Einfluß Franz Ferdinands und Conrads nur eine Frage der Zeit sein konnte. Aber ein gütiges Geschick bewahrte Aehrenthal vor seiner Entlassung; wenige Monate später erlag er einem schweren Leiden, und es war ein sonderbarer und vielbemerkter „Zufall", daß gerade Franz Ferdinand, zuletzt Aehrenthals offener, erbitterter Gegner, vom greisen Kaiser mit der Vertretung beim Leichenbegängnisse des verstorbenen Ministers betraut wurde.

Zu Anfang des Jahres 1913 starb in Wien der 85jährige Erzherzog Rainer, neben dem Kaiser die populärste und beliebteste Erscheinung in der ganzen kaiserlichen Familie. Das war ein Paladin der treuen und verläßlichen Art, wie sie Franz Joseph fast nicht mehr besaß. Dem Kaiser ging der Verlust nahe, obwohl er bei Lebzeiten Rainer nicht allzu sehr schätzte, weil dieser, ein volkstümlicher Mann, im ersten liberalen Ministerium Franz Josephs die Präsidentschaft übernommen und damit den damals noch an der autokratischen Regierungsweise hängenden Kaiser vor den Kopf gestoßen hatte. Einfach, bescheiden und mit jedermann leutselig war Rainer gerade in den unteren Schichten der Bevölkerung Wiens sehr beliebt. Er ging von seinem Palais auf der Wieden stets zu Fuß und allein in seine Kanzlei am Schillerplatz, solange er österreichischer Landwehr-Oberbefehlshaber war, und kreuzte dabei täglich mehrmals den großen Obst- und Gemüsemarkt in Wien, „Naschmarkt" genannt, wo alle Verkäuferinnen und Markthelfer ihn kannten. Es entstanden Anhänglichkeitsbeziehungen zwischen den kleinen Leuten und dem Erzherzog, die bei dessen goldener Hochzeitsfeier und dann auch bei seinem Leichenbegängnisse in rührender, fast imposanter Weise Ausdruck fanden, da die „Naschmarkt"-Leute nicht in Deputationen kamen, sondern sich nahezu vollzählig einfanden, um dem Erzherzog das einemal ihre bestgemeinten Glückwünsche darzubringen, das anderemal, um ihm in treuer Liebe das letzte Lebewohl zu sagen. Ein merkwürdigeres, erzherzogliches Begräbnis hat es niemals gegeben.

Noch größeres Aufsehen als dieses erzherzogliche

Begräbnis erweckte bei den sensationslüsternen Wienern im Mai 1913 die Verhaftung des Generalstabsobersten Redl, der durch lange Jahre die rechte Hand des Chefs der Nachrichtenabteilung des Generalstabes war. Ein weitverzweigtes Spionagenetz gegen die österreichisch-ungarische bewaffnete Macht war aufgedeckt worden, als dessen Hauptagent, besser Leiter, endlich Redl auf frischer Tat ertappt wurde. Dieser wurde in dem Wiener Hotel, in dem er abgestiegen war, interniert und gezwungen, sich zu erschießen, was er nach einigem Zögern auch tat. Damit war der Hauptkanal des Spionagesystems, welches an Rußland, vielleicht auch an Serbien und Italien bedeutsame Nachrichten über die geheimsten Kriegsvorbereitungen der Monarchie auslieferte, wohl verstopft, aber nach der überhastet erzwungenen Selbsthinrichtung des Hauptschuldigen konnte nichts weiter erhoben und erforscht werden. Der Fall Redl war eine der Mitursachen der Niederlagen des folgenden Jahres, als die österreichisch-ungarischen Armeen in Galizien nach Plänen und Voraussetzungen vorgehen mußten, die den Russen nach dem beispiellosen Verrat zumindest in großen Zügen bekannt gewesen sein müssen.

Der alte Kaiser war entsetzt, als er die Verhaftung Redls mit ihren näheren Umständen erfuhr. Er konnte absolut nicht glauben, daß etwas Ähnliches in seinem Heere möglich wäre, dessen obersten Kriegsherrn er sich seit einem dreiviertel Jahrhundert mit Stolz nannte. Dies war einer der grausamsten Schicksalsschläge für Franz Joseph, zuerst tobte er, dann war er wochenlang untröstlich darüber. Er fand im ersten Augenblick nicht die Sammlung, entsprechende Befehle zu einer eingehenden Untersuchung des Falles zu erteilen, was er später selbst wiederholt bedauernd erwähnte, denn nur so konnte es geschehen, daß Redls Selbstmord der ganzen Angelegenheit auf die unerwünschteste Art ein höchst vorzeitiges Ende bereitete.

In der diplomatischen Welt wurde sehr viel über die Angelegenheit gesprochen, und man erinnerte sich einer Äußerung des chilenischen Militärattachés Davila, der einmal auf Grund von Andeutungen des russischen Botschaftsrates Brevern de la Gardie seine Zweifel an der Rechtschaffenheit Redls ausdrückte, damals jedoch sehr bat, über diesen Verdacht kein Wort laut werden zu lassen, da diese Zweifel dem Vorgesetzten Redls, Oberst Hordliczka im Vertrauen mitgeteilt worden wären, welcher sie aber voller Entrüstung aufs Entschiedenste zurückgewiesen habe und mit exemplarischen Maßregeln gegen jeden gedroht habe, der nicht sofort solchem verleumderischen Gerede über einen so hervorragenden Generalstäbler wie Redl, aufs energischeste Halt gebieten würde. Das kann 1908 oder 1909 gewesen sein.

Im Generalstab herrschte also in so heiklen Dingen eine derartig unverantwortliche Lässigkeit, daß durch viele Jahre offenbar gar niemand dem Ursprunge der Gerüchte nachforschte. Nach Becks Rücktritt war es mit der strengen Zucht im Generalstab und dessen Ansehen bei der Armee eben vorbei.

Der Kaiser fuhr im Jahre 1913 schon in den letzten Junitagen nach Ischl, hatte aber dabei seine Reise in Amstetten für einige Stunden unterbrochen, um im Schlosse Wallsee der Trauung seiner Enkelin, Elisabeth Franziska, Tochter der Erzherzogin Marie Valerie und des Erzherzogs Franz Salvators, mit dem Oberleutnant Grafen Waldburg-Zeil-Lustenau-Hohenembs — wenigstens ein langer Name, wenn schon nicht viel anderes — persönlich beizuwohnen. Damit wurde ein weiteres Glied in die schon ziemlich ansehnliche Kette der nicht ebenbürtigen Ehen im Kaiserhause eingefügt. Franz Joseph hatte es sich schon abgewöhnt, gegen unebenbürtige Ehen zu wettern, da sie ja fast zur Regel geworden waren. Der Bräutigam war einst eine Art Kammerherr der Brüder der Erzherzogin Elisabeth Franziska gewesen.

Am Morgen des 18. August las der Bischof von Linz in der römisch-katholischen Kirche von Ischl eine Festmesse. Mit alleiniger Ausnahme des Kaisers war die ganze kaiserliche Familie anwesend und nahm die Kirchenstühle an der rechten Seite des Hochaltars ein, während gegenüber die Mitglieder des kaiserlichen Hofstaates und Gefolges Platz genommen hatten. Auffallend war die äußerste Bescheidenheit in der einfachen, wenig geschmackvollen Kleidung der Prinzessin Gisela von Bayern und der Erzherzogin Marie Valerie, der Kaisertöchter, wie auch der ihrer Töchter und Hofdamen, was auf die Abneigung des Kaisers gegen die wechselnde Mode des Tages zurückzuführen ist, der eben in solchen Dingen überhaupt einem altväterlichen Geschmacke huldigte. An jenem Tage trat mir aber auch der üppige Luxus der Ischler Kurgäste und ihrer Toiletten besonders sinnfällig vor Augen.

Am Nachmittag des folgenden Tages wurde im Ischler Theater dem Kaiser die neue Erfindung Edisons, das Kinetophon, vorgeführt. Der Kaiser kam ziemlich früh und nahm in der Kaiserloge mit seinen Töchtern und deren Kindern Platz. Sein Aussehen war merkwürdig hinfällig und matt, er hielt sich gar nicht aufrecht und schien sehr ermüdet und gedrückt. Der Vorführung brachte er nicht viel Teilnahme entgegen: die letzten kummerreichen Jahre hatten ihn wirklich sehr alt gemacht.

Es war dies meines Wissens mit Ausnahme der Galavorstellung in der Wiener Hofoper am 2. Dezember 1908 das einzigemal gewesen, daß Kaiser Franz Joseph in den letzten Jahren ins Theater ging. Daher frug ich, nach Wien zurückgekehrt, Dr. Mikesch, ob der Monarch gar nie Theater, Konzerte und dgl. besuche. „Jetzt wohl nur mehr bei offiziellen Anlässen", entgegnete mir Dr. Mikesch, „außer hie und da in Ischl, wenn seine Familie ihn ausnahmsweise zum Mitkommen veranlaßt, aber auch da nur ganz ausnahmsweise.

Der abendliche Theaterbesuch strengt den Kaiser zu sehr an, er ermüdet ihn. Außerdem ist er gewöhnt, pünktlich um 8 Uhr abends zu Bette zu gehen, und ein längeres Aufbleiben bedeutet für ihn ein peinliches Opfer, das er gerne vermeidet, wenn es nicht unbedingt sein muß. In früheren Jahren war der Kaiser sehr häufig bei den Vorstellungen im Burgtheater zu sehen, als aber Frau Schratt dasselbe verließ, kam der Kaiser niemals mehr hin. In die Oper ging er noch manchmal, namentlich, wenn italienische Opern gegeben wurden, deren melodiöse Musik er sehr liebt und für die er auch viel Verständnis besitzt. Die neue deutsche Musik, auch jene Wagners, behagt dem Kaiser weniger; sie ist für ihn zu schwer. Daher besucht er auch keine Konzerte und läßt sich bei solchen, wenn sie offiziellen Charakter haben, zumeist vertreten. Nur bei den Konzerten in der Hofburg fehlt er nie; da wird im Programm auch stets auf seinen Geschmack Bedacht genommen, man sorgt, daß italienische und französische Musik vertreten sei, die der Kaiser sehr gerne hört."

Zwei Tage nach der Kinetophonvorführung erschienen Erzherzog Franz Ferdinand und seine Frau, Herzogin Sophie von Hohenberg in Ischl, wo sie mit vielen Aufmerksamkeiten und Ehren auch seitens des Kaisers empfangen wurden. Den Anlaß zum Besuche bildete die Danksagung des Erzherzogs für die Ernennung zum Generalinspektor der gesamten bewaffneten Macht, wodurch der Kaiser tatsächlich den Befehl über das Heer und die Flotte aus der Hand gegeben hatte und sie ganz seinem Neffen anvertraute. Gern tat das Franz Joseph nicht, aber das ständige und eindringliche Ersuchen des Erzherzogs, das General Conrad und der keinen Widerstand wagende Chef des Militärkabinetts, Bolfras, unterstützten, brachte den Herrscher schließlich zu dem schweren Entschluß.

Da der greise Kaiser noch weitergehende Forderungen fürchtete, fühlte er sich immer unbehaglicher bei jeder Annäherung seines strengen Neffen und dessen unersättlich ehrgeizigen Frau. Auch diesmal machte ihm der Besuch keine Freude, trotzdem ihm der Thronerbe doch eine zuverlässige Stütze geworden.

Der Kaiser wußte, daß das Thronfolgerpaar und besonders die Herzogin auf seinen Tod oder seine Abdankung wartete, und daher mochte er sie nicht um sich sehen. Nach außenhin begegneten aber Franz Ferdinand und seine Gemahlin dem Kaiser mit der größten, vielleicht sogar zu ostentativ zum Ausdruck gebrachten Ehrfurcht, und es ist Tatsache, daß Sophie Hohenberg jedesmal, wenn sie den Monarchen begrüßte, ihm respektvollst die Hand küßte und es niemals an augenfälligen Beweisen ihrer Unterwürfigkeit ihm gegenüber fehlen ließ.

Gelegentlich ihres Aufenthaltes promenierte Sophie von Hohenberg den ganzen Tag in Ischl, mit ihrem falschen Blick und gemachten Lächeln links und rechts jedermann grüßend, wodurch sie das Publikum zu Verbeugungen zwang, auch wenn es dazu nicht die leiseste Absicht zeigte: Jahrmarkt der Eitelkeit!

So hatte der Erzherzog eine bedeutungsvollere Stellung errungen, als sie selbst der Feldmarschall Erzherzog Albrecht, der Sieger von Custoza, eingenommen hatte, er war der einzige Erzherzog in der Habsburgerfamilie, dem je ein Kaiser so große Macht neben sich eingeräumt hatte. Der rasche Aufstieg Franz Ferdinands brachte es mit sich, daß er, abgesehen vom Personale seines Hofstaates und seiner Vermögensverwaltung, auch einen entsprechenden militärischen Stab zugewiesen erhielt, der sich in der Form eines erzherzoglichen Militärkabinettes konsolidierte. Stetig an eingeteilten Arbeitskräften zunehmend, übertraf dieses Kabinett an Personenzahl jenes des Kaisers bald beträchtlich, und es entwickelte sich zu einem sehr maßgebenden Organ der Staatsverwaltung, das man in der Wiener Gesellschaft längst als die „Nebenregierung Franz Ferdinands" bezeichnete.

Das Kabinett des Thronfolgers befaßte sich nicht ausschließlich mit militärischen Angelegenheiten, sondern griff auch in andere, vornehmlich in diplomatische und politische Fragen öfters energisch ein. Man kann sich leicht die schwierige Lage der Minister — namentlich der gemeinsamen: Außenminister, Kriegsminister und Finanzminister — bei einer solchen Organisation vorstellen; die Ärmsten wußten oft wirklich nicht, wie sie sich drehen und wenden sollten, um es allen Autoritäten, von denen sie abhingen, recht zu machen. Über diese Kalamitäten geriet einmal Dr. Koerber in Wut, indem er mit geschwollener Zornesader ausrief: „Es ist zum wahnsinnig werden bei uns; jeder Tag bringt Erschwerungen! Drei Parlamente, jetzt sogar zwei Herrscher!" Es mag Wunder nehmen, daß Dr. Koerber mir gegenüber wiederholt jene Verschlossenheit verleugnete, wegen der er in allen österreichischen Kreisen „berüchtigt" war, man sagte, daß dieser ernste Mensch privat nie über Reichsgeschäfte, Politik, Kaiser und Minister ein Wort fallen lasse. Umso wertvoller war mir sein Vertrauen, das wirklich vom Manne zum Manne ging, da jeder Mensch sich doch gelegentlich das Herz erleichtern muß.

IX.

Herausforderer oder herausgefordert?!

Der greise Kaiser war wegen der erlittenen diplomatischen Niederlage außerordentlich bedrückt, umsomehr, als er keinen gangbaren Weg fand, um die Lage wieder zugunsten Österreich-Ungarns zu verbessern. Der verstorbene Minister Aehrenthal war durch Graf Berchtold, den früheren österreichisch-ungarischen Botschafter in St. Petersburg, ersetzt worden, einen der landläufigen hohen Aristokraten, außerordentlich stolz auf Abkunft, Namen, Stellung und Geld, gleichgültig gegenüber der Wohlfahrt seines Landes, sobald seine persönlichen Interessen nicht berührt waren. Soweit ich beurteilen kann, war er ein Mann von kaum durchschnittlichen Geistesgaben, träge, bequem und leichtfertig, mithin schlecht gewählt für eine so bedeutende Stellung in so ernsten Zeiten, aber er war von Franz Ferdinand in Vorschlag gebracht, und der Kaiser mochte da leider weiter nichts machen.

Langsam, aber sicher, hatte der Thronfolger seinen entscheidenden Einfluß auch auf die Außenpolitik ausgedehnt. Ich glaube nicht, daß der Erzherzog große Stücke auf Berchtold hielt wie zum Beispiel auf Conrad und daß er ihn deswegen berufen ließ. Jene mögen recht haben, welche den Vorschlag Berchtolds dem Umstand zuschreiben, daß der Thronfolger als

Minister des Äußeren eine von ihm leicht lenkbare Persönlichkeit ohne viel eigenem Willen im Amt sehen wollte.

Beim Leichenbegängnisse des Generals Fejérváry, der als ungarischer Gardekapitän in Wien verschieden war, erschien Franz Ferdinand zum letzten Male in der Wiener Öffentlichkeit. Der Thronfolger machte damals einen vortrefflichen Eindruck; großgewachsen, schlank, edle Gesichtszüge, schöne, klare, blaue Augen. Ich bewunderte seine elegante Haltung und die vollendete Würde seines Benehmens und mußte mir sagen, daß er wirklich ein Herrscher werden dürfte, der seinem Lande alle Ehre machen würde.

Wer den Erzherzog damals sah, glaubte gerne, daß er auch im Auslande berechtigtes Ansehen genoß. Man wußte, daß Kaiser Wilhelm II. sich sehr um seine Freundschaft bemühte und es zu diesem Behufe auch in Kauf nahm, Sophie Hohenberg am Berliner Hofe mit besonderen Ehren zu empfangen, was am Wiener Hofe nicht geringe Aufregung verursachte, zumal in Sinaja der rumänischen König Karol in dieser Hinsicht vorangegangen war. Franz Ferdinand war den beiden Herrschern für ihre Liebenswürdigkeit sehr erkenntlich, sie durften für alle Zukunft unbedingt auf seine Dankbarkeit rechnen. Auch am englischen Hofe war Franz Ferdinand ein gern gesehener Gast und nicht minder in St. Petersburg, in München und Dresden; mit einem Worte, Franz Ferdinand hatte allenthalben den Boden für seine künftige Regentenmission mit Glück und Geschick vorbereitet.

Franz Josephs Abreise nach Ischl ging im Juni 1914 unter schlechten Vorzeichen vor sich. Am 27. Juni sollte der Kaiser Wien verlassen, und wenige Tage vorher ereignete sich in Fischamend jenes schreckliche Fliegerunglück, dem ein halbes Hundert Menschen zum Opfer fielen. Auf den Kaiser machte das erschütternde Ereignis, das die Vorbereitungen für die Reise störte, einen tiefen Eindruck, und in sehr gedrückter Stimmung fuhr er in die Sommerfrische.

Kurz vorher war Erzherzog Franz Ferdinand nach Bosnien gereist, wo er den dort statthabenden Manövern anwohnen sollte, und die Herzogin von Hohenberg fuhr ihm direkt nach Sarajevo nach; daselbst hatten die Gatten zusammenzutreffen, um gemeinsam bei vielen festlichen Veranstaltungen, welche die bosnische Hauptstadt ihnen zu Ehren veranstalten wollte, zu erscheinen.

In der Wiener Gesellschaft wurde es viel besprochen, daß diesmal der Hof die Reise der Sophie Hohenberg in offizieller Weise auf das feierlichste so inszenierte, als ob sie geradezu Kaiserin gewesen wäre. Franz Joseph, der seine und seiner Familie Vorrechte so eifersüchtig hütete, duldete diese pompöse Aufmachung nicht nur, sondern erklärte sich damit sogar von vornherein einverstanden. Das bedeutete ja förmlich die Abdankung, er war anscheinend schon müde geworden, konnte sich nicht mehr gegen das zähe Bohren behaupten, gab aber doch nur widerwillig Schritt für Schritt nach.

Am nächsten Tage, Sonntag, den 28. Juni, empfing in Ischl der Generaladjutant Graf Paar um 11 Uhr vormittags eine Depesche von dem erzherzoglichen Oberstthofmeister Rumerskirch, die in kurzen Worten die Ermordung Franz Ferdinands und Sophie Hohenbergs in Sarajevo anzeigte. Paar war von der unvorhergesehenen Nachricht wie vom Blitz getroffen und mußte sich doch beeilen, dem Kaiser die traurige Neuigkeit mitzuteilen, so wie er sich sechzehn Jahre früher notgedrungen der gleichen Aufgabe unterzog, als Kaiserin Elisabeth von dem italienischen Anarchisten Luccheni in Genf erstochen worden war.

Graf Paar kam einige Minuten später mit dem Befehl des Kaisers zurück, daß am folgenden Tage die ganze Hofhaltung von Ischl wieder nach Wien zurückzukehren habe.

Über das, was Franz Joseph beim Empfang der Nachricht vom gewaltsamen Tode seines Neffen und dessen Frau sagte, wurde nur bekannt, daß der Kaiser vorerst wie vom Schlage gerührt gewesen wäre und endlich unter anderem gesagt habe: „Gott hat doch schließlich alles auf den rechten Weg gelenkt. Jetzt kann ich in Frieden sterben." Der Kaiser war nämlich über die ungeklärten Verhältnisse der künftigen Stellung der Gemahlin und der Kinder des Thronerben stets ernstlich beunruhigt.

Als Franz Joseph am nächsten Tage in Wien ankam und auf dem Penzinger Bahnhof von dem jungen Erzherzog Karl, jetzt wirklichem, unbestrittenem Thronfolger empfangen wurde, konnte jedermann sehen, daß der Kaiser fast erleichtert schien, wenn auch ernst, so doch gefaßt war und daß er mit seinem Großneffen lebhaft und recht frohgemut sprach.

Der greise Kaiser war bald mit den Verfügungen zur Leichenfeier für die beiden unglücklichen Opfer der Sarajevoer Missetat beschäftigt. Deren entseelte Hüllen wurden nach Wien gebracht, und da ergab sich eine schwierige Zeremonienfrage hinsichtlich der Veranstaltung der eigentlichen Einsegnungs- und Leichenzugsmodalitäten in der Hauptstadt. Am naheliegendsten wäre es wohl gewesen, nachdem beide Gatten zusammen den Tod erlitten hatten und dadurch zu Märtyrern für die österreichisch-ungarische Staatsidee geworden waren, sie auch beide mit dem für einen Thronfolger vorgesehenen Prunk und, da dieser außerdem Generalinspektor der gesamten Wehrmacht gewesen, auch mit dem größten Aufgebote militärischer Entfaltung den letzten Weg antreten zu lassen. Sogar der Wiener päpstliche Nuntius, Scapinelli, trat begeistert für diese Auffassung ein und entkräftete gegenteilige Anschauungen sehr treffend mit dem italienischen, allgemein geltenden Wahrspruche: „Oltre il rogo non vive ira nemica", was sich hauptsächlich auf die eigentümliche, nicht ebenbürtige Stellung der verblichenen Herzogin bezog.

Aber engherzige Etiketterücksichten zogen da andere Richtlinien. Wie ich hörte, soll der Obersthofmeister Fürst Montenuovo überhaupt für eine getrennte Leichenfeier der Ermordeten gewesen sein, in welchem Falle auch Kriegsminister Krobatin der Erweisung großer militärischer Trauerehren, die dann dem Erzherzog allein gegolten hätten, das Wort geredet hätte. Schließlich einigte man sich auf ein Kompromiß — Österreich ist das typische Land derselben — und stieß nun mehr oder weniger alle vor den Kopf. Der Kaiser entschied endlich, daß die abschließende Leichenfeier in Wien für beide Toten wohl gemeinsam, aber — im Hinblicke auf die Herzogin — in sehr einfacher Weise vor sich gehe; die Teilnahme aller ausländischen Souveräne wurde grundsätzlich abgelehnt, und dadurch ergaben sich Grundlagen für vielfache mißbilligende Deutungen.

Auf dem Wege des Leichenzuges von der Hofburg in Wien zum Westbahnhof, von wo die Särge nach dem letzten Willen Franz Ferdinands nach Artstetten überführt wurden, schlossen sich viele jüngere Aristokraten dem Zuge in auffallender Weise an, ohne die Vorschriften der höfischen Sitte für diesen Anlaß zu beachten. Das sollte eine Kundgebung gegen die für ihren Geschmack zu wenig prunkvolle und feierliche Art der Leichenfeier sein. An diese Demonstration knüpften sich beleidigende Angriffe auf den kaiserlichen Obersthofmeister Montenuovo, als den Mann, der, beim verstorbenen Erzherzog in Ungnade, sich nun dadurch rächte, daß er Franz Ferdinand und seiner Frau ein prunkreiches höfisches Leichenbegängnis verweigerte.

Das nicht ganz ungerechtfertigte Vorgehen dieser Aristokraten enthielt auch eine Spitze gegen den Kaiser, der alles genehmigt hatte; wenige Tage nachher versicherte Franz Joseph in einem besonderen Handschreiben Montenuovo seines unwandelbaren Vertrauens und seiner besonderen Wertschätzung, womit der Zwischenfall erledigt erschien.

Einige Tage später kehrte Franz Joseph nach Ischl zurück, begleitet von seinen beiden Kabinettschefs, Bolfras und Schiessl, sowie vom Außenminister Berchtold und vielen Beamten aus dessen Ressort.

Die nächsten Wochen waren mit Nachforschungen über das Sarajevoer Verbrechen und alle seine Begleitumstände ausgefüllt, die den Entschluß zeitigten, Serbien schleunigst mit allen Mitteln zu einer vollkommenen Genugtuung und Sühne zu verhalten. Ich war, ehrlich gesagt, ganz verblüfft über das unlogische und unvernünftige Verfahren, denn nach meiner Ansicht wäre das erste gewesen, so rasch und so gründlich als möglich alle Umstände des Mordes in Bosnien selbst zu untersuchen, denn das Verbrechen war auf bosnischem Boden von bosnischen Untertanen begangen worden, diese waren also vorerst zu bestrafen.

Aber da geschah so gut wie nichts, von Anfang an erwartete man alles von Serbien. Dieses sonderbare Vorgehen war durch das Bestreben geboten worden, vorerst die Stellung des bosnischen Landeschefs, General Potiorek ja nicht zu erschüttern, der andernfalls für das Sarajevoer Trauerspiel in allererster Linie verantwortlich zu machen gewesen wäre; ein Schulbeispiel bekannter österreichischer Art, selbst in Dingen von so hervorragender Bedeutung und so schauerlichen Folgen, kleinlichste persönliche Interessen zu berücksichtigen. In Österreich-Ungarn gingen eben persönliche Rücksichten und Interessen allem anderen unbedenklich und unbedingt voran, den herrschenden Beamten- und leider auch den Militärkreisen war der Staat Nebensache, ihre Karriere Hauptsache geworden!

Als Ergebnis vieler Wechselreden und Zusammenkünfte in Ischl, Wien und Budapest, wo Graf Tisza jetzt als Ministerpräsident fest im Sattel saß und die weitesten Kreise für kräftige Maßnahmen gegen Serbien entflammte, wurde an dem Unglückstage des 23. Juli der ganzen Welt zur Überraschung ein Ultimatum veröffentlicht, das der österreichisch-ungarische

Ministerresident in Belgrad, Wladimir Giesl, der serbischen Regierung mit dreitägiger Antwortfrist überreicht hatte. Das Ultimatum ist die Frucht eines gemeinsamen Ministerrates gewesen, der bald nach dem Begräbnisse des Thronfolgers stattgefunden hat. Bei der Beratung erhob der schlaue Tisza formell kleine Einwendungen, während alle anderen, selbst der Slawe Bilinski, für möglichst energisches Vorgehen gegen Serbien, auch auf die Gefahr eines Krieges hin, waren.

Von diesen Entschließungen wurde jedoch vorerst weder der Kaiser, noch die deutsche Diplomatie verständigt, aber schon nach wenigen Tagen wußten eingeweihte polnische Kreise von der drohenden Kriegsgefahr, wohl durch Indiskretion und Vermittlung des Abgeordneten Dr. Rosner, der in jenen Tagen in der Sache der Unabhängigkeit Polens in Wien, Berlin und Krakau eifrig hinter den Kulissen gearbeitet hat.

Trotz der nicht geheimgehaltenen Informationen gelang es der Regierung, über den Ernst der Lage hinwegzutäuschen. Die maßgebenden militärischen Persönlichkeiten wurden auf Urlaub geschickt, Presse und Finanzkreise völlig im unklaren gelassen, was Berchtold und die Seinen für eine ganz besondere diplomatische Schlauheit hielten.

Berchtold scheute eine offene Befragung der parlamentarischen Persönlichkeiten, weil er befürchtete, daß er hienach nicht mehr in die Lage kommen würde, seine starke Hand gegen Serbien zu zeigen. Auf dies kam es ihm aber jetzt anscheinend vor allem an. Deshalb horchte er lieber auf das, was Tisza sagte, der, seinem ganzen Naturell nach, nur für äußerste Maßnahmen eintrat; oder er ließ sich von Stürgkh einschüchtern, welcher behauptete, daß die Slawen der Monarchie niemals für ein energisches Auftreten gegen das slawische Serbien zu haben wären, oder er suchte Anlehnung an den tatkräftigen Obersthofmeister Montenuovo, der jederzeit beim Kaiser ein geneigtes Ohr fand und sich deshalb auch wahrscheinlich erbötig gemacht haben dürfte, seinen großen persönlichen Einfluß beim Monarchen einzusetzen, um dessen voraussichtlichen Widerstand gegen schroffe Repressalien zu überwinden.

Die Kabinettschefs Bolfras und Schiessl verhielten sich, ihren stets beobachteten Grundsätzen getreu, auch diesmal passiv; ersterer stand in ununterbrochener Fühlung mit Conrad, und daß letzterer immer einem Losschlagen nicht abhold war, wußte man allgemein.

Daß jedoch zu jener Zeit in des Kaisers unmittelbarer Umgebung die Kriegsidee bereits konkrete Formen angenommen hatte, beweist deutlich die mir von glaubwürdigster Seite mitgeteilte Äußerung des Thronfolgers Erzherzogs Karl während der Leichenfeier in Artstetten, welcher einem der Leidtragenden dort sagte: „Hoffentlich kommt es jetzt doch endlich einmal zum Kriege!"

In Anbetracht der Schärfe des Ultimatums erhebt sich die sehr interessante Frage, wie es möglich gewesen ist, Franz Joseph zum unvermittelten Vorgehen gegen Serbien zu bewegen? Die Lösung dieses Rätsels ist einfacher, als es auf den ersten Blick scheinen mag, weder Kaiser Franz Joseph noch seine Ratgeber dachten an den „großen" Krieg, trotzdem sie so keck damit spielten. Daß Kaiser Franz Joseph sich jetzt zum Kriege, oder besser zu Handlungen, welche diesen heraufbeschwören mußten, drängen ließ, während er die Ultima ratio im letztvergangenen Jahrzehnt durch vollen Einsatz seiner Persönlichkeit zu vermeiden gewußt hat, findet zum Teil — ich sage ausdrücklich zum Teil — seine Erklärung in einem, den Monarchen persönlich berührenden Momente. Bei allen Mißhelligkeiten von 1908 bis 1913 hat es sich um rein politische Reibungen gehandelt, 1914 wurde aber durch die Mordtat von Sarajevo die habsburgische Dynastie direkt betroffen. Für jeden, der wußte, daß Franz Joseph sein Haus für das Höchste auf Erden hielt, ist es selbstverständlich, daß das Geschehnis vom 28. Juni 1914 den greisen Herrscher förmlich zwang, die Kräfte, welche die Mörderhand gegen Mitglieder seines Hauses bewaffnet hatten, sofort rücksichtslos niederzuschlagen, trotzdem er in seinem tiefsten Inneren im Verschwinden Franz Ferdinands und Sophie Hohenbergs eine günstige Fügung für die Regelung der dynastischen Erbfolgeverhältnisse in der Monarchie erblickte.

Es ist keinen Augenblick zu zweifeln, daß, wenn noch so bösartige serbische Machenschaften zur Tötung aller möglichen hohen Würdenträger auf bosnischem, österreichischem oder ungarischem Boden geführt hätten, die ganze Angelegenheit mit einem diplomatischen Notenwechsel und ein paar Repressalien beigelegt worden wäre, ja ich gehe sogar so weit, zu behaupten, daß, wenn im letztangeführten Falle jemand in der Donaumonarchie daraus einen casus belli hätte schaffen wollen, der Kaiser der Erste gewesen wäre, sich mit Nachdruck dagegen zu stemmen. Dadurch aber, daß der Erzherzog Franz Ferdinand, ein

Habsburger, dem Mordplane erlag, dadurch änderte sich für den Kaiser die Sachlage von Grund auf: er war nunmehr, wenn auch nicht geradezu für den Krieg, so doch auch nicht unbedingt dagegen. Unter dem Eindruck des Attentates gegen ein Mitglied seines Hauses hat er die Kriegserklärung bewußt als solche, nicht als wesenlosen Akt unterschrieben, er war sich bewußt, daß er das Dasein der Monarchie aufs Spiel setzte: alles ordnete er dem Prestige seines Hauses unter! Übrigens teilte auch Dr. Koerber vorbehaltlos diese Auffassung.

In diesem Sinne haben sich die Dinge in der kritischen Zeit verschoben; als der Kaiser die Zustimmung zur Absendung des Ultimatums gab, dachte er nicht im entferntesten daran, sich in den Krieg drängen zu lassen, Beweis, daß damals weder Berchtold noch Conrad die Erlaubnis zu einer, wenn auch nur Teilmobilisierung erlangen konnten.

Und ich glaube nicht fehlzugehen, wenn ich behaupte, daß es gerade das sicherste Mittel war, den Kaiser zum Kriege zu drängen — wenn man diesen überhaupt wollte — und damit vorerst zur Verfassung und Absendung des Ultimatums, daß man dem greisen Herrscher einredete, es werde auf keinen Fall zum Kriege kommen, das Ultimatum werde von Serbien sofort widerspruchlos angenommen werden. Dieses Verfahren in Szene zu setzen, erschien um so leichter, als ja Franz Joseph in Ischl außer jeder Fühlung mit der Außenwelt und — was vor allem ins Gewicht fällt — mit der Bevölkerung seiner eigenen Staaten stand. Er hörte nur das, was ihm Berchtold, Tisza, Montenuovo, Bolfras, Conrad oder Krobatin vortrugen; waren diese einmal über ihr Vorgehen einig, ging eben alles nach ihrem Wunsche!

An dem Wortlaut des Ultimatums haben eine Menge Leute gearbeitet, korrigiert und herumgebessert, bevor es auf dem Ballhausplatz fertig redigiert wurde. Trotz des offensichtlich auf die gewünschte Ablehnung zugeschnittenen Tones, der ohne jede Spur von diplomatischer Höflichkeit war, gab es sogar bei Hof Leute, welche meinten, daß die serbische Regierung mit Entsetzen über den Blitz aus dem heiteren Himmel sich beeilen würde, die Bedingungen Berchtolds anzunehmen. Nur sehr wenige empfanden, daß das Ultimatum den Krieg und nur den Krieg bedeuten konnte.

Diese Empfindung aber war auch vorherrschend in politischen slawischen Kreisen. Bei den Polen, mit Ausnahme der Glombinski-Gruppe, waren alle Sympathien für einen Krieg gegen Rußland, das sie vielfach unterschätzten.

Ebenso stand es bei den Tschechen, die ihre speziellen Informationen hatten: so erklärte gleich nach Veröffentlichung des Ultimatums der Intimus und finanzielle Berater des Dr. Kramarsch, Leon Bondy, in einer Gesellschaft von Industriellen, der Weltkrieg sei eine Frage der nächsten 14 Tage. Ähnlich äußerte sich gegenüber dem Berichterstatter für auswärtige Angelegenheiten der österreichischen Delegation, Marquis Bacquehem, der bekannte südslavische Abgeordnete Dr. Ploj, eine der wenigen staatsmännischen Begabungen im alten Österreich.

Als am 26. Juli 1914 abends gegen 6 Uhr noch immer keine Antwort auf das Ultimatum da war, wurde

Berchtold denn doch recht bange zu Mute; es litt ihn nicht in seinen Zimmer im Hotel Bauer in Ischl, und man mußte ihn lange suchen, bevor man ihn von einem Spaziergang, den er in seiner Nervosität unternommen hatte, zur Audienz beim Kaiser herbeiholen konnte, der ihn lange bei sich behielt, denn die Dämmerung sank nieder, die Nacht kam und Berchtold kehrte noch immer nicht aus der Kaiservilla zurück.

Über das, was in dieser Audienz zwischen dem Kaiser und Berchtold vorgegangen ist, erfuhr man zuerst nicht viel. Es hieß nur allgemein, daß der greise Herrscher in seiner gewohnten fatalistischen Art Serbiens Ablehnung als etwas nunmehr Gegebenes hingenommen und mit dem Minister des Äußeren die weiterhin zu erlassenden Verfügungen, vornehmlich die Bekanntgabe des Geschehens an die Verbündeten, bei gleichzeitiger Anrufung ihrer vorläufig moralischen Unterstützung, erwogen habe.

Doch nicht viel später deutete mir mein bewährter Freund Dr. Mikesch gelegentlich an, daß Berchtold schon damals, als er endlich einsehen mußte, daß sein Schlag mit dem Ultimatum vollkommen fehlgegangen sei, sich die größte Mühe gab, den Kaiser zu überzeugen, daß man eigentlich gar nichts anderes haben wollte, als Serbien an die Wand zu drücken, um es endlich allein ernstlich fassen zu können. Denn — so soll Berchtold aus der Belgrader Antwort gefolgert haben — jetzt habe sich Serbien vor aller Welt offenkundig ins Unrecht gesetzt und kein Arm würde sich erheben, um ihm beizustehen. Dies war Berchtolds ehrliche und ganz aufrichtige Meinung; er hielt es für bedingungslos ausgeschlossen, daß der zwischen

Österreich-Ungarn und Serbien ausgebrochene Konflikt noch weitere Kreise ziehen und nicht von vorneherein auf diese beiden Staaten lokalisiert bleiben könne.

Also begann damals schon das bewußte Verrennen in die zweite fixe Idee, jene der Lokalisierung der Fehde, welche sich nur zu bald ebenso als eine Utopie erweisen sollte, wie die erste, nämlich die sofortige glatte Annahme des Ultimatiums in Belgrad, auf welche Berchtold mit solcher Sicherheit gerechnet hatte.

Kaiser Franz Joseph, der vorurteilsfreier dachte und dessen richtigere Einsicht auf seiner reichen eigenen Erfahrung fußte, war durch Berchtolds Argumente nicht leicht und ohneweiters zu überzeugen; aber letztere wurde auch durch Montenuovo und vielleicht auch durch Schiessl unterstützt, mit welchen Berchtold noch im Laufe der Nacht und in den Frühstunden des folgenden Tages längere Unterredungen gepflogen hat.

In Belgrad hatte also das Schicksal einen von Berchtold nie gedachten Lauf genommen. Die serbischen Staatsmänner fragten Rußland geradeaus, ob es willens wäre, sie mit seinen unermeßlichen Kräften gegen das allverhaßte Österreich-Ungarn zu unterstützen. War Rußland bereit, das zu tun, dann konnte Serbien das unselige Ultimatum zurückweisen, lehnte Rußland ab, dann war Serbien genötigt, für den Augenblick zähneknirschend nachzugeben. Rußlands Verhalten in den nächsten Tagen bewies, daß es sich in der durch Serbien geschaffenen Zwangslage nicht frei fühlte, daß es um sein Prestige auf dem Balkan bangte, denn jetzt mußte es Serbien bis zum äußersten unterstützen, es konnte den slawischen Bruder nicht allein lassen; tat es dies, dann waren alle die hochtönenden Redensarten von Rußlands mächtigem Schutz als leeres Geschwätz entlarvt, für Rußlands Einfluß auf dem Balkan hätte die letzte Stunde geschlagen. Rußland war in einer Zwangslage, aus der es kein Entrinnen gab, und es ist ein beredter Beweis für die politische Tüchtigkeit und Geschicklichkeit Pasics und seiner Mitarbeiter, diese herbeigeführt zu haben. Noch bedeutend größer ist aber der unverantwortliche Fehler, die politische Naivität und Stümperhaftigkeit Berchtolds, der, berauscht von der ihm anvertrauten Macht, durch einen unüberlegten Schritt erst die Möglichkeit für solche politische Meisterstückchen Serbiens schuf. Serbien wartete also Rußlands Antwort ab, daher die Verzögerung in der Antwort an den Wiener Hof.

Das Schicksal der Welt war damals ganz in die Hände des österreichisch-ungarischen Gesandten in Belgrad, General Wladimir Giesl, gelegt. Er hatte genaue Instruktionen von seinem Ministerium des Äußeren erhalten, über das, was er als befriedigende serbische Antwort annehmen dürfe und was nicht und wie er sich in beiden Fällen zu benehmen habe; aber immerhin war doch seinem persönlichen Urteil ein gar großer und weiter Spielraum überlassen und — wie es sich zeigte — waren seinen augenblicklichen Entschlüssen, auf die es in erster Linie ankam, nahezu gar keine Schranken gezogen.

Am folgenden Tage, einem Sonntag, kam aus Budapest die Nachricht, daß der Oberbefehlshaber der serbischen Armee, Wojwode Putnik, auf Grund der neueingetretenen Lage auf der Rückreise nach Belgrad festgenommen und gefangen gesetzt worden sei. Als seine Anhaltung dem Kaiser Franz Joseph sofort gemeldet wurde, soll er — wie Kabinettschef Schiessl später dem Dr. Mikesch mitteilte — unmutig den Kopf geschüttelt und unwirsch dem Vortragenden befohlen haben, Putnik ungesäumt in Freiheit zu setzen und alles zu veranlassen, damit er seine Heimreise ungehindert fortsetzen könne! „Wir haben vorderhand nur die diplomatischen Beziehungen mit Serbien abgebrochen, der Krieg ist noch nicht da. Auf alle Fälle war die Gefangennahme Putniks übereilt und nicht korrekt! Es tut mir leid, daß sie überhaupt geschah!"

Noch war es also nicht gelungen, dem Kaiser die Zustimmung zur Kriegserklärung abzuringen, wogegen er sich zähe wehrte, was auch diese Worte bestätigen.

In der Nacht von Sonntag auf Montag kam, über Berufung zum Kaiser, der Thronfolger Erzherzog Karl in Ischl an; der Kaiser hatte ihn schleunigst dahin berufen mit dem ausdrücklichen Hinweise, daß in der nun anbrechenden überaus ernsten Zeit Erzherzog Karl unbedingt an seine Seite gehöre und daß er sich von allem Anfang an über die zur Lösung gelangenden weittragenden Fragen aufs gründlichste informieren müsse. Tags nachher sah man ihn fröhlich lachend mit einem jungen Hauptmann vom kaiserlichen Militärkabinett spazieren gehen, für den flotten Kavallerieoffizier war der Krieg nichts Schreckliches, sein junges Blut freute sich augenscheinlich des Abenteuers.

Franz Joseph selbst blieb unsichtbar. Der alte Kaiser hatte jetzt furchtbare Seelenkämpfe durchzumachen;

gerade er sollte nun die Kriegserklärung unterschreiben, er, der stets den Gedanken an den Krieg verabscheut hatte und in seinem Streben, ihn während der letzten unruhigen Jahre mit allen Mitteln zu vermeiden, bisher erfolgreich geblieben war? Wie anders war alles gekommen, als man es in Ischl erwartet und gewünscht hatte! Niemand war damals bei Hof, der den greisen Kaiser in seinem Friedenswillen gestärkt und unterstützt hätte. Um den Kaiser, der die Kriegspolitik der Jahre 1908 und 1912 so erfolgreich vermieden hatte, ganz in der Hand zu haben, wurde keiner der Verbündeten, weder Deutschland noch Italien, vor dem letzten entscheidenden Schritt befragt, so waren leider alle mildernden Einflüsse ausgeschaltet, mit Absicht, denn es war zu erwarten, daß beispielsweise Italien sich bestimmt einem solchen Beginnen widersetzt hätte, das mit unbedingter Sicherheit zum Krieg führen mußte und das auch die italienischen Balkaninteressen in Mitleidenschaft zog.

Als Berchtold am 26. Juli erkannte, daß man kaum den Kaiser Franz Joseph dazubringen würde, zur Kriegserklärung an Serbien zu schreiben, hat er zu dem ehrlosen Auskunftsmittel gegriffen, dem Kaiser zu melden, oder ihm gar einen schriftlichen Bericht vorzulegen, daß die Serben schon am 26. Juli einen großen Einfall über die bosnische Ostgrenze durchgeführt hätten und mit bewaffneter Hand bereits tief in bosnisches Gebiet eingedrungen seien. Erst diese fiktive vollendete Tatsache (die niemals auf Wahrheit beruhte) hat dann den Kaiser bewogen, Serbien den Krieg zu erklären.

Hinterdrein machte sich in weiten Kreisen, nicht

nur in Wien, sondern auch anderwärts, die Auffassung geltend, daß es einzig und allein Deutschland gewesen sei, das zum Kriege gedrängt und mit allen Mitteln die durch den Mord von Sarajevo geschaffene Lage ausgenützt hätte, um ihn zu entfesseln.

Nach dem Vorgesagten stand es ganz anders: es ist nur recht und billig, Deutschland für den Konflikt zwischen der Monarchie und Serbien außer Spiel zu lassen, denn an der direkten Entfesselung des Krieges mit Serbien sind Deutschlands Staatslenker bestimmt und gewiß unschuldig.

Richtig ist, daß Deutschland schon von langer Hand seinen Verbündeten auf die Gefahr eines Krieges aufmerksam gemacht hat und ihn verhielt, sich für diesen Fall ordentlich zu rüsten; aber daß Deutschland in Wien mit Nachdruck darauf losarbeitete, den Weltkrieg im Sommer 1914 vom Zaune zu brechen — wie manche behaupten —, erscheint nicht gegeben; diesmal ist zweifellos Deutschland von Österreich-Ungarn vor fertige Tatsachen gestellt worden.

Die österreichisch-ungarische Monarchie wollte selbst den Krieg nicht unbedingt. Um sich von dem seit Jahrzehnten erhobenen Vorwurfe der Schlappheit endlich reinzuwaschen, wollte man nun, allerdings selbst auf die Gefahr eines Krieges hin, seine starke Faust zeigen und hoffte dies jetzt, bei der allgemeinen Mißbilligung, welche das Sarajevoer Verbrechen in der ganzen gesitteten Welt fand, tun zu können.

In anderer Weise angepackt, wäre der Plan wahrscheinlich auch gelungen, aber Berchtold und seine Mitarbeiter waren nicht die Männer, denen man das gefährliche Werkzeug der „starken Faust" ungestraft anvertrauen durfte: dazu gehörten ganz andere Köpfe, ganz andere Fähigkeiten, ganz andere Geschicklichkeit und vor allem ein ganz anderer Ernst: In Berchtolds Hand ward die „starke Faust" zur plumpen Keule, die alles zerdrosch. Berchtolds Unzulänglichkeit verschuldete den Ausbruch des Krieges und keineswegs deutsches Drängen.

Die Verhältnisse im Innern der Monarchie waren nicht sehr verlockend, wenn man an einen Krieg gegen ein slawisches Volk dachte. Die Berichte der kommandierenden Generale in Böhmen und Mähren, Arthur Giesl und Hortstein, sangen zwar das Lob der tschechischen Untertanentreue und der patriotischen Begeisterung des tschechischen Militärs, sie waren aber offenkundig gefärbt, um dem verzagten Kaiser Franz Joseph Freude zu machen; der Statthalter in Böhmen, Fürst Thun, wußte wohl besser, wie alles in Wirklichkeit stand, aber er war ein schlauer Fuchs, der ebenso, wie der während des Feldzuges verstorbene „König von Böhmen", Karl Schwarzenberg, die tschechische Bewegung beschützte: er spielte eine ganz eigentümliche, unklare und kaum besonders loyale Rolle.

Das ist um so bedauerlicher, als der Kaiser den Tschechen nicht nur im allgemeinen wohlwollend gegenüberstand, sondern stets geneigt gewesen wäre, ihnen durch Gewährung einiger Sonderrechte, die in ruhigeren Zeiten die Grundlage für eine Autonomie hätten bieten und bilden können, entgegenzukommen. Aber er war leider in dieser Reichtung von seiner Umgebung entweder absichtlich ganz falsch informiert oder gar nicht unterrichtet. Persönlich hegte er nicht im geringsten Gefühle der Abneigung gegen die Leiter der tschechischen Bewegung — Kramarsch, Masaryk, Raschin u. a. —; im Gegenteil, er hätte sie nur zu gerne an sich herangezogen, um mit ihnen Mittel und Wege zu finden, die der zentrifugalen tschechischen Aktion eine andere, staatserhaltende Wendung gegeben hätten. Aber dazwischen stellte sich einmal der Statthalter Fürst Thun und späterhin das Armeeoberkommando, welches Kriegsministerium und Militärkabinett autokratisch in seiner Gewalt hatte.

So kam Franz Joseph, ungeachtet seines vorhandenen besten Willens, niemals in die Lage, auf ersprießliche Weise mit den von vorneherein gewiß nicht an einen Abfall vom Gesamtstaate denkenden tschechischen Führern in unmittelbare Fühlung zu treten, er tappte im dunkeln und beklagte dies selbst ungemein, ohne jedoch aus eigener Initiative die ihn in dieser sowie in vielen anderen Richtungen hemmenden Schranken seiner Umgebung zu durchbrechen. Mein alter Freund Dr. Mikesch, selbst ein Tscheche, erzählte mir, daß der Kaiser sich oft dahin geäußert habe, er befürchte, daß man in den politischen und ebenso in den militärischen Maßnahmen zwischen Autonomiebestrebungen und Hochverrat nicht zu unterscheiden verstehe. „Erstere sind ja diskutabel", soll der Monarch gesagt haben, „und ich würde mich nur freuen, darüber reden zu können; letztere sollen der Strenge des Gesetzes verfallen, aber erst nach sorgfältigster Prüfung, da sie ja doch nur die Ausnahme bilden dürften." Auch als man ihm von der Bildung tschechischer Legionen auf gegnerischer Seite, von der Massendesertion des 28. Infanterieregimentes zum

Feinde u. dgl. berichtete, war Franz Joseph immer noch für Milde und Pardonierung, im Gegensatze zu den Anträgen des Armeeoberkommandos.

In Ungarn dachte Tisza, dieser Krieg würde die hochwillkommene Gelegenheit bieten, die widerspenstigen Kroaten und Serben endlich auf die Knie zu zwingen und sie ganz und für immer unter das Sklavenjoch magyarischer Herrschaft und Unterdrückung zu beugen. Größere Ziele hatte er keine. Ich wage das zu sagen, trotzdem ich mit meiner Meinung über Tisza möglicherweise ganz allein stehe, im vollen Gegensatz zu der Hochachtung vor dem glänzenden Staatsmann, für den ihn die führenden Kreise Budapests und Wiens hielten. Auch in Berlin, wo seine gewaltsame Art imponierte, hatte man eine hohe Meinung von ihm. Selbst ein so scharfsinniger Beurteiler wie Graf Posadowsky erklärte ihn nach Abschluß der Beratungen über den Handelsvertrag, bei denen Tisza die ungarischen Interessen mit der „Faust auf dem Tische" vertrat, trotz seiner Jugend, für einen der ersten Staatsmänner Europas, und das war schon vor vielen Jahren.

Tisza war ein politischer Draufgänger von eigentlich beschränktem Gesichtskreis, der kaum andere Mittel kannte als die ungeschminkte rohe Gewalt und der leider gewohnt war, die Welt nur durch die ungarische Brille anzuschauen, wie er es nachher sehr zum Schaden der Widerstandskraft der Monarchie bewiesen hat. So wurde er der wildeste Kriegshetzer, indirekt, aber wirksam vom Generalstabschef Conrad unterstützt, der an den unvermeidlichen Krieg der Entente glaubte und als sichersten Weg zum Siege den ansah, nicht untätig den Augenblick zu erwarten, der den Feinden zur Kriegserklärung passe, sondern sie zu überfallen, indem man ihnen in ihren Vorbereitungen zuvorkäme; jedenfalls richtig gedacht, nur stimmten Termin und Inszenierung 1914 nicht!

Als Berchtold notgedrungen einsehen mußte, daß sein Bluff vollkommen versagt hatte, klammerte er sich hartnäckig an einen anderen vorgefaßten Gedanken: daß er es nur mit Serbien allein zu tun haben würde.

Berchtold war über die moralische und militärische Bereitschaft Rußlands nicht gut unterrichtet, da der österreichisch-ungarische Botschafter in St. Petersburg, Szápáry, ein noch junger Aristokrat, nur dank seiner vortrefflichen persönlichen Beziehungen ernannt worden war und sich nicht übermäßig um die Erfüllung seiner Pflichten kümmerte, ja, im kritischesten Augenblicke nicht auf seinem Posten war. Der Militärattaché daselbst, Hauptmann Prinz Hohenlohe-Waldenburg war mehr oder weniger eine zweite Auflage des Botschafters. Er war eben damals in gesellschaftlichen Schwierigkeiten wegen seiner Eheschließung mit einer Dame von etwas unklarer Herkunft, die nachher oft in der Gesellschaft des Erzherzogs Franz Salvator, des Schwiegersohnes des Kaisers, gesehen worden ist und daher in Wien sehr bekannt wurde. Kein Wunder, daß sich der Militärattaché dadurch gezwungen sah, sich mit anderen Angelegenheiten zu beschäftigen; wo blieb aber das überwachende Auge des Chefs des Generalstabes?

Die amtlichen Berichte aus Petersburg standen also auf keiner gar hohen Stufe der genauen Beobachtung und blieben, wie mir Dr. Mikesch erzählte, in dieser bedeutungsvollsten Zeit manchmal auch überhaupt aus. General Conrad war infolge der geschilderten Verhältnisse ebenfalls nicht aufs Beste unterrichtet; Beweis, seine fixe Idee, er könne durch seine Truppenbewegungen dem unvorbereiteten Rußland zuvorkommen, eine Auffassung, die sich als der verhängnisvollste Irrtum erwies, dem je ein moderner Heerführer unterliegen konnte . . .

Am 27. Juli wurde bekannt, daß der Kaiser am 30. morgens von Ischl nach Wien zurückkehren würde. Am Nachmittag kamen der bisherige österreichisch-ungarische Gesandte in Belgrad, General Wladimir Giesl und sein Militärattaché Major Gellinek in Ischl an und wurden sofort vom Herrscher empfangen, um ihm persönlich einen eingehenden Bericht über die letzten so außerordentlich wichtigen Ereignisse in Belgrad zu erstatten.

Diese Audienz hatte lediglich einen für den Kaiser informativen Charakter, und es ist nicht bekannt geworden, daß der Monarch seinerseits gegenüber Giesl irgendwelche Andeutung über zu gewärtigende Ereignisse hätte fallen gelassen. Da er gleich bei dieser Gelegenheit Giesl den Posten eines Vertreters des Ministeriums des Äußeren beim Armeeoberkommando zugesichert haben soll, scheint er von dem, was er durch Giesl und Gellinek erfuhr, befriedigt gewesen zu sein.

Sie beurteilten die Lage günstig und meinten, Serbien würde bei den unbeträchtlichen Kräften, die es nach so vielen Kriegsjahren nur mehr aufbieten könne, in vierzehn Tagen oder schlimmsten Falles in drei Wochen vollkommen erobert werden. Besonders Gellinek beschrieb die äußerst geschwächte serbische Armee als durchaus minderwertig, ja, geradezu elend und versicherte mit allem Nachdruck des Fachmannes, daß der militärische Widerstand Serbiens keineswegs ernst zu nehmen sei.

Allerdings war Gellinek nicht der beste Fachmann in serbischen Militärangelegenheiten, und da ist es ganz interessant, daran zu erinnern, daß er im Jahre 1912 gerade an dem Tage einen längeren Urlaub antrat, an dem der Krieg gegen die Türkei ausbrach. Dieses zweifellos merkwürdige Zusammentreffen fällt nicht ihm allein zur Last, aber die bloße Möglichkeit eines so peinlichen Zufalles sagt genug.

X.

Widerwärtigkeiten und Erfolge.

Seit seiner Ankunft in Wien hatte sich Franz Joseph im Schönbrunner Schloß vollständig eingeschlossen, wo er seine letzten Lebensjahre geradezu wie ein Gefangener zubrachte. Er hielt zwar die Zügel der Regierung in der Hand, verlor aber ganz und gar den persönlichen Kontakt mit den Außenstehenden. Dies auch in engerem Sinne, da gegen die frühere Gepflogenheiten dem Publikum jetzt nicht mehr der Zugang in den Schönbrunner Schloßhof und der Durchgang durch das Schloß gestattet war und alles hermetisch abgesperrt wurde.

Diese Maßnahmen Montenuovos und der beiden Kabinettchefs waren gewiß gut gemeint, sie erwiesen sich jedoch in ihrer Wirkung nach Außen und in ihren Folgen als verhängnisvoll, da hiedurch der Kaiser seinem Volke entrückt wurde und so manches geschah, was der Kaiser nicht genehmigt, nicht geduldet, nicht erlaubt hätte!

Die Leitung der Operationen und auch der meisten militärischen Angelegenheiten ließ sich der Kaiser jetzt ganz aus der Hand nehmen; er ließ sich von Bolfras und Conrad überreden, den Erzherzog Friedrich, einen Neffen des Erzherzogs Albrecht, des Siegers von Custoza, und Enkel des Erzherzogs Karl, des Sieges von Aspern, zum Armeeoberfehlshaber zu ernennen, dem General Conrad dem Namen nach als Generalstabschef beigegeben war. Ich sage deshalb dem Namen nach, weil in Wirklichkeit Conrad mit vollkommen unbeschränkter Gewalt über alle Streitkräfte im Feld ausgestattet war und der Kaiser dem Erzherzog Friedrich kategorisch jede Einmischung in Conrads Entscheidungen und jedwede Abänderung derselben strengstens verboten hatte; der Erzherzog hatte lediglich Conrads Verfügungen ungeprüft hinzunehmen und mit seinem Namen zu decken. „Eine sonderbare Einrichtung", sagte Dr. Mikesch, „wahrscheinlich in Europa noch nie dagewesen! Sie zeigt aber die Beherzigung der Lehren des Krieges 1866."

Entsprechend der endlich und viel zu spät am 28. Juli verfügten Teilmobilisierung gegen Serbien, der erst am letzten Julitag das allgemeine Aufgebot folgte, hatten acht Armeekorps raschestens Serbien und Montenegro zu überrennen und sich dann mittels eines beschleunigten Transportes von Süden nach Norden mit den anderen acht Korps zu vereinigen, die von Anbeginn gegen Rußland eingesetzt worden waren.

Jedem, der eine Ahnung davon hatte, wie gut vorbereitet Rußland war, erschien dieser Plan wahrhaft unsinnig: acht Korps sollten die zahllosen russischen Heerscharen erfolgreich aufhalten, bis ihnen aus Serbien die andern acht Korps zu Hilfe kamen! Wie konnte Conrad außerdem jenem vagen Optimismus beipflichten, Serbien wäre in wenigen Tagen niederzuwerfen, denn auf diese Voraussetzung war doch sein Feldzugplan aufgebaut!

Conrads Annahmen gegen Rußland beruhten auf

zweifach falschen Voraussetzungen: einmal rechnete er mit einem bedeutend langsameren Aufmarsch Rußlands, der in Wirklichkeit dem der Monarchie weit überlegen war, dann lebte er in der Einbildung, die russischen Hauptkräfte stünden hinter der nördlichen galizischen Grenze, während sie in Wirklichkeit aus der Ukraine vorbrachen und Ostgalizien rasch überfluteten.

Daß die österreichisch-ungarische Diplomatie gänzlich versagte und bei ihrer Organisation auch versagen mußte, war leider nur zu leicht verständlich, daß aber auch der militärische Nachrichtendienst so im Argen lag, hat denn doch nicht wenig überrascht.

Es verdient nochmals erwähnt zu werden, daß Erzherzog Friedrich sich auf Grund der ihm vom Kaiser in offiziellster Form erteilten Instruktionen absolut nicht in die operativen Verfügungen einmengen oder irgendwelchen Einfluß darauf nehmen durfte, daß ihm dies ausdrücklich strengstens und bedingungslos verboten war.

Der Erzherzog hatte lediglich die wenig ehrenvolle Rolle eines Strohmannes an höchster leitender Stelle in der Armee zu spielen; nicht nur, daß eine derartige Situation Friedrich für seine Person in einem seltsamen Lichte erscheinen lassen mußte, sie kompromittierte mit ihm auch das kaiserliche Haus, dem er angehörte und das er in hervorragender Weise beim Feldherrn vertreten sollte. In Wien machte man sich darüber lustig und meinte, daß der Erzherzog dadurch, daß er eine eigentlich entwürdigende und nur aus einem Titel bestehende Mission angenommen habe, deutlich gezeigt habe, wes Geistes Kind er sei.

General Höfer war allerdings anderer Meinung, da er sagte: „Ich glaube, man tut dem Erzherzog Friedrich unrecht. Er ist gewiß kein außergewöhnlicher Geist und Feldherr, sondern eine Durchschnittsbegabung, aber ein anständiger Mensch mit gesundem Verstand. Ich hörte ihn oft Ansichten entwickeln und Meinungen zum besten geben, die weit höher standen als jene des allmächtigen Generals Conrad und seiner noch allmächtigeren Generalstabsmitarbeiter. Er hatte Ideen, die auf viel reelleren Grundlagen fußten als die hochtrabenden Pläne, Entwürfe und Projekte der operativen Diktatoren, von welchen der Generalstabschef umgeben ist. Wäre Erzherzog Friedrich nicht ein so bescheidener Mann und würde er sich nicht so sklavisch an die ihn völlig drosselnden, kaiserlichen Instruktionen halten — was er hauptsächlich aus Ehrfurcht für den Herrscher tut —, so würde ich den Erzherzog gerade für den richtigen Mann halten, um den Chef des Generalstabes mit ruhigem und festem Rucke auf die Erde zurückzubringen, wenn er einmal wieder auf den Wolken herumspaziert, was bei seinem überschäumenden, allzu regen Geiste leider öfters der Fall ist. Damit könnte Erzherzog Friedrich dem General Conrad auch ein bißchen die Verantwortung tragen helfen, die diesem ganz allein überlassen ist und allzu drückend auf seinen Schultern lastet."

Am 18. August, an Kaisers Geburtstag, begannen die Operationen auf beiden Kriegsschauplätzen: ich weiß nicht, ob die Wahl dieses Tages dem Byzantinismus zur Last fällt, der für das Verhalten einiger Generale leider auch im Kriege kennzeichnend geblieben ist, indem sie selbst in so ernsten Zeiten gewohnheitsgemäß auf augenfällige Huldigungen für den Herrscher bedacht waren, die jedoch dem bescheidenen, pflichttreuen ernsten Franz Joseph äußerst unwillkommen waren.

Beide Armeen in Nord und Süd waren schon in den Einleitungskämpfen äußerst unglücklich: die Russen kamen von Osten, nicht von Norden, wie Conrad erwartet hatte, und zwangen die Österreicher und Ungarn, denen wegen der vollen Inanspruchnahme des deutschen Heeres in Frankreich nur ganz schwache deutsche Kräfte am linken Flügel zu Hilfe kamen, sich nach und nach gegen Lemberg zurückzuziehen. Dadurch wurde die Lage der Nordarmee zu einer gefahrvoll bedrängten, und Conrad blieb nichts übrig, als zur Rettung des Nordheeres erst vier und dann noch eines von den acht Korps Potioreks eiligst zur Unterstützung herbeizurufen. Ein schlechter Anfang!

Potiorek blieb also mit nur ungefähr drei Armeekorps im Süden; dafür erlangte er durch den Chef des kaiserlichen Militärkabinetts, Bolfras, seinen guten Freund, völlige Unabhängigkeit von Conrads Oberbefehl für seine weiteren Operationen.

Trotz Conrads Geschicklichkeit in der Verteidigung drangen die übermächtigen russischen Armeen rasch von Ost nach West vor, indem sie das Habsburgerheer unaufhaltsam zum Rückzug auf den Sanfluß, auf Sieniawa und Przemysl zwangen. Das Hauptquartier mußte flüchten und etablierte sich zuerst in Neusandec, dann in Teschen in Schlesien, wo es fast zwei Jahre verblieb, zumal sich Erzherzog Friedrich in seinem dortigen prächtigen Schloß recht behaglich gefühlt haben mag. Ein anderer Vorzug von Teschen war die unmittelbare Nähe des deutschen Hauptquartiers in Pless.

Der Kaiser brach in seinem Arbeitszimmer in Schönbrunn unter den traurigen Nachrichten fast zusammen, besonders als die Hiobsposten vom serbischen Kriegsschauplatze eintrafen, welche blamable Schlappen und schwere Verluste meldeten. Trotzdem schöpfte er in wundervollem Pflichteifer und unerschütterlicher Zuversicht bald wieder Mut.

Er ernannte den Erzherzog Eugen zum Befehlshaber der südlichen Streitkräfte, die sich für den Augenblick in Südungarn und Bosnien-Herzegowina ungestört retablierten, da die Serben auch ihrerseits ungemein geschwächt waren, also nicht im geringsten belästigten. Ihren Versuch, die Save zu überschreiten, hatte General Alfred Krauß mit aller Energie glatt abgewiesen, wobei er eine ganze serbische Division aufreiben konnte.

Im Norden ging es immer schlechter und schlechter. Die Truppen mußten sich nach schrecklichen, unerhört verlustreichen Kämpfen gegen die russische Übermacht nach dem Fall von Sieniawa und dem von Przemysl Mitte März 1915 gegen Krakau und tief in die Karpathen zurückziehen; die Lage wurde nunmehr geradezu verzweifelt.

Über die Kapitulation von Przemysl, welche durch Hunger erzwungen wurde und wobei über 60.000 Krieger in die russische Gefangenschaft wanderten, wurden in Wien die verschiedensten Auffassungen laut. Sicherlich wäre es Pflicht des Tescheners Hauptquartiers gewesen, schon mit Rücksicht auf die zahlreiche Besatzung alle möglichen Versuche zu unternehmen, um die wichtige Festung aus der russischen Umklammerung zu befreien; das ist nicht mit der erforderlichen Tatkraft geschehen. Ebensowenig hat sich das Teschener Hauptquartier um die nötige Verpflegsvorsorge für Przemysl gekümmert, sonst wäre es nicht möglich gewesen, daß ein so hochbedeutender Waffenplatz eine kaum dreimonatige Belagerung nicht überstehen konnte.

Die so bald notwendig gewordene Übergabe von Prezemysl ist hauptsächlich auf das Schuldkonto des Generalstabs und besonders der Intendanz in Teschen zu verbuchen. Dr. Mikesch erzählte mir gelegentlich, daß sich General Conrad im kaiserlichen Militärkabinett geäußert habe, er gebe überhaupt nichts auf Festungen und halte nur etwas von Feldarmeen, also hatte er immer nur die Hauptoperationen in Augen, und von den arg verringerten Heereskräften wollte er nichts für den Entsatz von Przemysl opfern. Ich wiederholte diese Ansicht mit einigem Vorbehalt, weil ich es nicht glauben konnte, daß wegen der allgemeinen Theorie des maßgebenden, viele Tausende Menschen und Millionen von Geldeswert geopfert wurden.

Glücklicherweise gelang es den österreichisch-ungarischen Truppen mit heldenhafter und fast übermenschlicher Tapferkeit die Karpathenpässe gegen die zahllosen Angriffe der Russen zu halten.

Die Gesamtlage verschlechterte sich dennoch zu äußerstem Ernst, als Italien, bisher passiver Zuschauer des Krieges, sich immer offener auf die Seite von Habsburgs Feinden schlug; dessen neuer Minister des

Äußeren, Sonnino, forderte für die weitere Aufrechterhaltung von Italiens Neutralität die Abtretung von Südtirol, Friaul, Triest und Istrien, dies alles sofort, ohne jeden Aufschub.

Dem österreichisch-ungarischen Botschafter in Rom, Mérey, einem Mann von anerkannter Tüchtigkeit und großen Kenntnissen, aber voll nervöser Zweifelsucht, wurde das Messer an die Kehle gesetzt und jede Gelegenheit genommen hinzuhalten, um auf diplomatischem Wege eine Verbesserung der Lange anzubahnen; anderseits spielte sein deutscher Kollege Fürst Bülow, der frühere Reichskanzler, ein merkwürdiges Spiel, indem er die Erfüllung der italienischen Ansprüche nachhaltig befürwortete, ja auf Mérey geradezu einen Druck ausübte, dafür einzutreten. Deutschland wollte den Eintritt Italiens in den Krieg um jeden Preis verhindern und war zur Erreichung dieses Zweckes gerne bereit, „österreichisches" Gebiet abzutreten, auch wenn es sich hiebei um den einzigen brauchbaren Hafen des Reiches handelte. Hätte Österreich später doch mit derselben Energie gegen die Verschärfung des Unterseebootkrieges gewirkt, dem man in Wien stets sehr skeptisch gegenüberstand!

Oder hätte man vom Ballhausplatz aus anfangs 1916 mit gleicher Hartnäckigkeit in Berlin auf die Überlassung Elsaß-Lothringens an Frankreich und auf die Freigabe Belgiens hingewirkt, um welchen Preis damals ganz bestimmt — darüber kann keinerlei Zweifel obwalten — ein für die Mittelmächte sehr günstiger, ihnen mancherlei anderweitige Kompensationen bietender Verständigungsfriede sofort erlangbar gewesen wäre!

Durch diese insistierende Zumutung Deutschlands wurde Kaiser Franz Joseph naturgemäß in eine ebenso peinliche als prekäre Lage gebracht, umsomehr, als Conrad nach einer mit dem deutschen Generalstabschef Falkenhayn gehabten Besprechung rundweg erklärte, daß die Zentralmächte es auf keinen Fall auch auf einen Krieg mit Italien ankommen lassen könnten, weil sie diesem absolut nicht gewachsen wären. Was blieb also dem alten Kaiser da zu tun übrig?

Durch die Berichte seines beeinflußbaren, überreizten Botschafters und durch das immer heftigere Drängen Bülows geriet Franz Joseph vor der Beschlußfassung über die Stellungnahme zu den italienischen Forderungen in einen schrecklichen Seelenzwiespalt.

Als Kaiser Wilhelm, in den Wunsch verrannt, um jeden Preis den Krieg mit Italien zu vermeiden, den Statthalter von Elsaß-Lothringen, Fürst Wedel, als Sondergesandten mit dem Auftrage schickte, Franz Joseph unter allen Umständen zur endlichen Erfüllung des italienischen Begehrens zu überreden, gab dieser dann die historische Antwort: „Ich ziehe es vor, alles zu verlieren und in Ehren ganz zugrunde zu gehen: lieber das, als daß ich mich auf diesen abscheulichen Räuberhandel einlassen soll!"

Inzwischen hatten Österreich-Ungarn und Deutschland einen Waffengefährten in der Türkei gefunden.

Es ist wert, festzustellen, daß Berchtold auch jetzt noch seine beneidenswerte und geradezu einzigartige Ungläubigkeit gegen alles, was ihm unangenehm war, in vollem Umfange bewahrte; so auch im Konflikt mit Italien. Die Berichte von dessen täglich, ja stündlich wachsender Feindseligkeit gegen Österreich-Ungarn überschwemmten den Schreibtisch des Ministers, und dennoch vermochte er einen Krieg Italiens fast solange für unmöglich zu halten, bis er die Kriegserklärung in Händen hielt. Es mangelte ihm vollständig die Gabe, die Folgen von Handlungen und Unterlassungen zu berechnen. Förmlich gedankenlos, wie in kindlichem Spiel, naiv und sorglos hatte Graf Berchtold das Ultimatum an Serbien abgeschickt, ohne zu berücksichtigen, daß eine solche Note des Ministers des Äußeren der Großmacht Österreich-Ungarn naturgemäß Reflexbewegungen bei den anderen Großmächten auslösen müsse, und nun konnte und mochte er nicht glauben, daß noch immer sein damaliger „Bluff" unentwegt neue Weiterungen zeitige.

Der Botschafter Mérey erkrankte schließlich infolge der Arbeitsüberbürdung, er wurde von Rom zurückberufen und durch Macchio ersetzt, einen Sektionschef im Ministerium des Äußeren, einen Bürokraten von Mittelmaß, der aber doch klarere Berichte als sein Vorgänger schickte und keinen Zweifel mehr über den unabweislich drohenden Krieg mit Italien ließ. Der greise Kaiser nahm die nunmehrige Gewißheit des Krieges mit einer bewundernswerten Selbstbeherrschung auf sich, die nachgerade an Fatalismus grenzte.

Mit Scharfblick und wiedererwachender Tatkraft befahl der Kaiser persönlich ersprießliche und wirkungsvolle Vorbereitungen; die wenigen verfügbaren Truppen wurden unter dem Befehl des Erzherzogs Eugen nach Südtirol, Kärnten und dem Friaul bei Görz geschickt, und auch die istrianische und dalmatinische Küste soviel als möglich mit den einfachsten Verteidigungsmitteln versehen, während die Flotte unter dem Befehl ihres tapfern und hervorragend tüchtigen Führers Haus, stets auf der Wacht, die Beherrschung der Adria gegen jeden Feind zu sichern hatte.

Als aber dann am 23. Mai 1915 der italienische Botschafter in Wien, Herzog Avarna, im österreichisch-ungarischen Ministerium des Äußern tatsächlich die Kriegserklärung persönlich abgab, wo er allerdings nur einen untergeordneten Beamten antraf, der sie erst geraume Zeit nachher dem Minister Graf Berchtold vorlegte, welcher dann sogleich damit nach Schönbrunn zum Kaiser fuhr, ließen Franz Josephs Nerven doch aus; dieser Schlag, den er nicht hatte abwenden wollen, traf ihn sehr hart. Seine Entrüstung spiegelte sich wider in dem glänzenden Manifest, das einfach mit den Worten beginnt: „Der König von Italien hat mir den Krieg erklärt", und dessen Ausarbeitung der Kaiser in der schlaflosen Nacht nach der Kriegserklärung größtenteils selbstständig und allein bewirkte.

Der italienische Botschafter, Herzog Avarna, war ein gefällig und korrekt aussehender, älterer Herr, im Verkehre äußerst vorsichtig und zurückhaltend, gewiß nicht besonders aufrichtig, aber ein fleißiger dienstbeflissener Bürokrat. Als Nachfolger des beim Kaiser Franz Joseph in ungewöhnlich hohem Ansehen stehenden Grafen Nigra war es Avarna nicht schwer gewesen, sich in Wien eine besonders geachtete Stellung zu verschaffen, die er in seiner ruhigen, verbindlichen Art vortrefflich zu festigen und nach jeder Richtung hin auszubauen verstand. Das Hauptmittel hiezu bot sich ihm in seinen weitverzweigten und sogar intimen

Beziehungen zur österreichischen Aristokratie, die er meisterhaft an sich heranzuziehen und zu fesseln wußte; daß sie dem italienischen Botschafter, ähnlich wie früher dem französischen Botschafter Marquis de Reverseaux, im Verkehre unbewußt tausendfältige wertvolle Informationen auf allen Gebieten lieferte, liegt auf der Hand. Ein Freund Österreichs scheint Herzog Avarna nicht gewesen zu sein, obwohl ihn in Wien viele für einen solchen hielten: es war geradezu empörend, österreichische Aristokraten von Rührszenen reden zu hören, die sich bei den Abschiedsbesuchen des Herzogs Avarna nach der Kriegserklärung abgespielt haben.

Italiens Politik war sicherlich nicht schön, aber praktisch; jene Berchtolds war weder das eine, noch das andere, wohl das traurigste Zeugnis, das einem Diplomaten ausgestellt werden kann. Da Berchtold nunmehr der ganzen Welt äußerst klar und deutlich seine völlige Unzulänglichkeit selbst in den einfachsten Aufgaben der Staatskunst bewiesen hatte, konnte er trotz all seiner Beziehungen denn doch seine Stellung nicht länger behaupten; ziemlich unfreiwillig trat er zurück und schloß sich, vom Kaiser mit dem Rang eines Kavallerierittmeisters ausgestattet, als „vornehmer Fremder" einem der höheren Kommanden an der italienischen Grenze als Ordonnanzoffizier an. Wie es der Öffentlichkeit wohl bekannt ist, ahmte er damit das Beispiel einer nicht unbeträchtlichen Menge seiner Adelsgenossen nach, welche als Automobilisten und Ordonnanzoffiziere die Stäbe überschwemmten.

Auch bei Berchtold traf, hinsichtlich seines Verhältnisses zum Kaiser, das zu, was ich schon früher bezüglich aller Minister Franz Josephs bemerkte. Solange er im Amte war, galt er für den Monarchen als die offizielle und deshalb einzige Autorität in den Fragen der auswärtigen Politik, und deshalb hörte der greise Kaiser nur auf seine Ratschläge und Berichte.

Berchtold war nach Aehrenthals Tod vom Erzherzog Franz Ferdinand für den Posten am Ballhausplatz vorgeschlagen worden; auch mit geteilten Empfindungen, da — wie ich vielerseits hörte — der Erzherzog lieber den Bukarester Gesandten, Graf Ottokar Czernin, dort gesehen hätte. Letzterer schien ihm aber noch zu jung, und so getraute sich Franz Ferdinand nicht, ihn so unvermittelt in die Höhe zu bringen. Er entschied sich daher vorläufig für Berchtold als Platzhalter.

Inzwischen wurde der Erzherzog ermordet, der Krieg brach aus und Berchtold war einmal da und blieb es auch. Nun bedurfte es gewaltiger Geschehnisse, um Berchtolds Stellung zu erschüttern, damit der Kaiser zur Erkenntnis gelange, daß es an der Zeit wäre, diesen Ministerstuhl durch einen anderen zu besetzen. Das war der Fall, als es sich zeigte, daß sich Berchtolds Kombinationen von Ultimatum an Serbien bis zur Kriegserklärung Italiens durchwegs als von Grund auf irrig erwiesen; dieser Erkenntnis konnte sich Franz Joseph denn doch nicht mehr verschließen, und so kam es, daß der Kaiser in diesen letzten Maitagen 1915 zu einem seiner Kabinettschefs sagte: „Wie soll ich zu Berchtold weiterhin Vertrauen haben? Das ist unmöglich, nachdem er mir Tag für Tag beweist, daß er in allem und jedem fehlgreift! Es wäre gut, wenn er sich zurückziehen wollte; bringen Sie ihm dies gelegentlich bei!"

Berchtold wurde durch den typisch bürokratischen und langsam denkenden, aber ernsten und gewissenhaften Baron Burian ersetzt, einen Mann von großer Erfahrung und Routine in den ministeriellen Arbeiten, einen Vertrauten des ungarischen Ministerpräsidenten Graf Tisza, den der Volksmund von jetzt an mit vollem Recht als den eigentlichen Herrn Österreich-Ungarns bezeichnete.

Deutschland hatte endlich notgedrungen eingesehen, daß in Frankreich kein leichter Sieg zu erringen sei. Der bisher der Übermacht allein überlassene Bundesgenosse kämpfte, von den Russen geschlagen, von den Serben erfolgreich in Schach gehalten und nun zu allem Überfluß von der italienischen Armee angegriffen, tatsächlich nur mehr um sein nacktes Leben, ein allfälliger Zusammenbruch der Donaumonarchie mußte aber unabwendbar auch den völligen Ruin der deutschen Macht nach sich ziehen. Daher entschloß sich die deutsche Heeresleitung endlich, einen vorübergehenden Stillstand der Operationen in Frankreich eintreten zu lassen, und schickte soviel Kräfte, als frei zu machen waren, nach dem Osten, um die Russen ernstlich und energisch anzugreifen.

Der Offensivplan, von Conrad entworfen, erwies sich als äußerst erfolgreich. Unter Mackensen als Oberbefehlshaber durchbrachen die verbündeten Armeen Anfang Mai 1915 die russischen Linien bei Gorlice—Tarnow und schlugen die Russen entscheidend aufs Haupt, indem sie die ganze russische Front derart gründlich aufrollten, daß binnen wenigen Wochen Przemysl und Lemberg wieder erobert wurden und die Russen nur mit großer Mühe einen schmalen Streifen in Ostgalizien und der Bukowina halten konnten, der im folgenden Sommer auch noch fast restlos erobert wurde. Dieser Sieg, so glänzend er war, konnte frühere Niederlagen nicht mehr ungeschehen machen.

Die Mißgeschicke Klucks in Frankreich, Potioreks in Serbien und Conrads in Galizien hatten schon die Erstlingskräfte der Mittelmächte zu sehr geschwächt; diese Abgänge ließen sich nicht mehr vollständig und vollwertig ersetzen: Im Kriege hängt doch alles von der Einleitung ab, und gerade im Beginne des Kampfes waren die Vorkehrungen der Mittelmächte sicherlich nicht die glücklichsten gewesen, aber der Durchbruch von Gorlice—Tarnow bildete doch für Deutschland und Österreich-Ungarn die Morgenröte einer Zeit durchschlagender Erfolge.

Die Pläne für diese großartigen und genialen Operationen wurden von Conrad ausgearbeitet, und sie machen ihm alle Ehre, ausgeführt wurde die Offensive aber unter der deutschen Oberleitung mit ihrem methodischen Ernst und Geschick, verteidigt, gestürmt und durchbrochen haben die österreichischen Regimenter, verfolgt und erobert haben die Deutschen. So kam es, daß die Deutschen sich berechtigt fühlten zu sagen, daß die österreichisch-ungarischen Truppen ohne sie nichts Gutes zustande brächten, und dieser einseitige Standpunkt wurde merkwürdigerweise von der eigenen Bevölkerung, selbst von Offizieren, besonders den jüngeren, überall vertreten.

Während des Sommers 1915 hatte sich die Situation

zugunsten der verbündeten Mittelmächte geändert. Franz Joseph arbeitete mit bewunderungswertem Fleiß rastlos im Schönbrunner Schlosse und dachte nicht daran, wie in früheren Jahren, Landruhe zu suchen. „In diesen ernsten Zeiten", sagte er, wie mir Dr. Mikesch erzählte, sobald man ihm nahelegte, sich etwas Muße zu gönnen, „darf ich nicht auf meine eigene Person bedacht sein, die kommt erst in zweiter, in letzter Linie. Ich habe jetzt nur für ein gutes Ende des Krieges zu sorgen, soweit das noch in meinen Kräften steht." Diesen Leitsätzen folgte der alte Kaiser getreu, und wenn er auch der Außenwelt gänzlich unsichtbar blieb, so arbeitete er nach besten Kräften. Wieder kann ihm niemand einen anderen Vorwurf als den seines hohen Alters machen. Es war ein tückisches Spiel der Vorsehung, den alten Herrn, dem kein ausgebildeter Nachfolger zur Seite stand, in seinen letzten Lebenstagen vor eine Aufgabe zu stellen, welche jeden seiner Verantwortung bewußten Menschen schier erdrücken mußte.

Auch im Süden ging es prächtig vorwärts, seit im Herbst Burian, glücklicher als der ganz erfolglose Berchtold, einen alten Lieblingswunsch Franz Josephs erfüllte und Bulgarien dazu gebracht hatte, sich den Mittelmächten anzuschließen. Im Vereine wurde Serbien erobert, woran anschließend österreichisch-ungarische Truppen Montenegro und Albanien im Siegeslauf durcheilten.

Solange Italien neutral war, wurden viele unbedingt erforderliche Waren von dort in die Monarchie eingeführt; nunmehr blieb Rumänien die einzig halbgeöffnete Verbindungstür mit der Außenwelt. Der alte König Karol war in treuer Freundschaft für Franz Joseph imstande, wenigstens eine wohlwollende Neutralität durchzusetzen, und die rumänischen Lebensmittelzüge brachten der immer drückender werdenden Knappheit in Österreich wesentliche Erleichterung, doch Karols Nachfolger, König Ferdinand, besonders aber dessen Gemahlin Maria, halb russischer und halb englischer Abkunft, waren erbitterte Feinde Deutschlands und Österreich-Ungarns. Die rumänischen Aushilfen wurden immer spärlicher, um schließlich ganz zu versiegen.

Durch diese Absperrung wurden die Lebensbedingungen in Österreich gar kümmerliche, zumal das im Überflusse lebende Ungarn sich abschloß und Tisza mit seinem engen ungarischen Horizont Österreich hungern ließ, jenes Österreich, das in Friedenszeiten das Hauptabsatzgebiet für die Lebensmittelausfuhr Ungarns gewesen ist. So handelte Ungarn, dem zuliebe die serbenfeindliche Wirtschaftspolitik der Monarchie überhaupt inauguriert worden war.

Jetzt erklärte sich dieses selbe Ungarn als Ausland, dem die österreichische Ernährungsfrage ziemlich gleichgültig sein könne; — Tisza forderte für seine Lebensmittellieferungen fast ungeheuerlichere Kompensationen als Rumänien.

In dieser Zeit war Graf Stürgkh österreichischer Ministerpräsident, ein ehrgeiziger, sehr von sich eingenommener Bürokrat, der nicht eimal den ungarischen Kollegen zu entgegenkommenden Zugeständnissen in der Lebensmittelfrage zu bringen vermochte. Graf Tisza hatte allerdings andererseits — das muß man gerechterweise zugeben — die ungarischen Grenzen geschlossen, nicht nur um den Ungarn bessere Lebensbedingungen zu sichern, sondern im Hinblick darauf, daß die Versorgung der Feldarmee fast ganz auf Ungarn allein lastete, das bei der langen Dauer des Krieges und dessen ganz unbestimmtem Ende auch schon gezwungen war, seine verfügbaren Fleisch- und Getreidevorräte vorsorglich in Ordnung zu halten.

Trotzdem ist es wahr: Tisza mit dem extrem ungarischen Standpunkte und Stürgkh in der Saumseligkeit seines Trachtens, Ungarn zu ausreichender Ernährung Österreichs zu veranlassen, beide begingen ein schweres Unrecht, das sich in der Folge aufs allerbitterste rächen mußte. Es wäre des Kaisers Pflicht gewesen — und seine Autorität hätte ausgereicht —, eine Verständigung zustande zu bringen, aber darin versagte der weltfremde Einsiedler leider, wie in allen Fragen des praktischen täglichen Lebens. Es fand sich kein Ratgeber in dieser Richtung, zumal der Kabinettchef Schiessl und sein ungarischer Abteilungschef Daruvary zwar gute Beamte, aber treue Anhänger der Losung waren, sich initiativ in nichts einzumischen.

Wo blieb da der allmächtige Fürst Montenuovo? Er kam doch tagtäglich zum Kaiser; es mußte ihm also ein Leichtes sein, einige Bemerkungen fallen zu lassen, die der Monarch aufgreifen und zum Gegenstand einer Anfrage beim Ministerpräsidenten Grafen Stürgkh machen konnte! Alle diese Funktionäre hüteten sich aber wohlweislich vor einem Eingriff in Stürgkhs Kompetenzen, obzwar das gerade Montenuovo sonst nicht ähnlich sah. So blieb die österreichische Not in ihrer erschreckenden Größe und Gefahr dem im Schönbrunner Schlosse abgeschlossenen Kaiser unbekannt, so merkwürdigt diese Behauptung auch klingen mag.

Die Versorgung der Feldarmeen war ziemlich gut und genügend, geradezu Verschwendung wurde aber in den Hauptquartieren getrieben, besonders beim Oberkommando in Teschen waren Prassereien an der Tagesordnung, zumal sich dort auch eine Menge Damen aufhielten, die überall die Wege der Offiziere kreuzten und sich selbst in dienstliche Angelegenheiten einmengten. Als ich einmal mit Dr. Mikesch über diese Zustände sprach, meinte er: „Wieder stoßen wir auf die ungenügende Information des alten Kaisers; ich weiß nicht, ob er überhaupt je etwas von den Lebensverhältnissen im Hauptquartier gehört hat. Der Chef seines Militärkabinetts ist davon sicher unterrichtet, doch anscheinend schweigt er, um jeden Zusammenstoß mit dem Erzherzog und Conrad zu vermeiden und weil er den Kaiser nicht aufregen will, obzwar es vielleicht doch seine Pflicht wäre, über diese Auswüchse zu berichten." Der vortreffliche General Bolfras ging eben allen Dingen aus dem Weg, die ihm nur Unannehmlichkeiten und Mühsal verursachen mußten; anderseits wurde durch solche Unterlassungssünden unnützerweise in der öffentlichen Meinung, die durch die lange Kriegsdauer gereizt genug war, viel Schaden angerichtet.

XI.
Die letzte Gelegenheit versäumt?

Mit freudigem Entzücken konnte man in Wien Ende 1915 die günstige Kriegslage feststellen. Das Naheliegendste wäre nun wohl gewesen, dieses Ergebnis zur Anbahnung von Friedensverhandlungen auszunützen. Die allgemeine politische Konstellation war damals einem Friedensvorschlag auf Grund gegenseitiger Verständigung ungemein günstig.

Diese Vorschläge aber waren gewiß nur von den Mittelmächten als den augenblicklich Stärkeren zu machen, am besten durch das Sprachrohr der Neutralen; die Vereinigten Staaten von Nordamerika, als der mächtigste unter den damaligen Neutralen, hätten den Antrag mit Eifer und Sachlichkeit unterstützt. Ich kann sogar sagen, daß Botschafter Penfield und seine Mitarbeiter von Tag zu Tag einen solchen Schritt der Wiener Regierung erwarteten, ja daß gerade Penfield es für Franz Josephs vornehmste unabweisliche Aufgabe hielt, in dieser Richtung den Anfang zu machen, da er als friedliebender, vorurteilsfreier Herrscher bekannt war, der den Siegfriedenshoffnungen grundsätzlich ferne stand, die vielleicht Wilhelm II. und einige seiner Ratgeber beseelten. Aber nichts regte sich in Österreich-Ungarn, niemand beschritt in Wien diesen rettenden Pfad.

Ende November 1915 kam Wilhelm II. auf einen

Tag nach Schönbrunn. Es war dies der einzige Besuch, den er dem Kaiser Franz Joseph während des Krieges abstattete. Man sah und hörte vom deutschen Kaiser bei dieser Gelegenheit in Wien nicht viel, aber er war guter Dinge und recht aufgeräumt. Ein besonderes Ergebnis hat sein Aufenthalt in Schönbrunn nicht gezeitigt.

Wilhelms Wesen hatte sich während des Krieges von Grund auf verändert, man vernahm nichts mehr von ihm; er, der seine Person sonst so eifersüchtig in den Vordergrund aller Geschehnisse stellte, war auf einmal in zweite oder gar dritte Linie gerückt; er blieb still und ließ andere, deren Namen nun von Mund zu Mund ging, schalten und walten.

Kaiser Wilhelm, der früher so redselige, sprach also nicht mehr, weder vom Kriege, noch vom Frieden. Oder sollte sein Schweigen dahin zu deuten gewesen sein, daß er vom Frieden sprechen wollte, dies aber laut zu tun sich nicht getraute?

Es ist merkwürdig, daß dieser einzige Besuch in jene denkwürdige Epoche fiel, in der die diplomatischen Kreise auf Friedensvorschläge der Mittelmächte spannungsvoll warteten; sie wurde durch den Besuch Wilhelms II. inauguriert und mit jenem Ferdinands von Bulgarien bei Kaiser Franz Joseph zehn Wochen später abgeschlossen und führte zu . . . nichts.

Kaiser Wilhelm II. hatte sich nach Wien begeben, um hier aus unmittelbarer Nähe die Situation in der verbündeten Monarchie durch Kaiser Franz Josephs und seiner persönlichen Ratgeber Mund kennenzulernen, doch kam er dabei nicht auf seine Kosten. Der greise Kaiser von Österreich war an und für sich durch den Krieg zu impressioniert, um an etwas anderes als an dessen Beendigung zu denken; er wagte trotzdem nicht, wenigstens in direkter Weise, Friedensandeutungen zu machen, um nicht dadurch am Ende bei seinem Alliierten den Eindruck der Verzagtheit hervorzurufen und hiemit allenfalls weitere Pläne Wilhelms zu trüben. In Kaiser Franz Josephs Umgebung wurde jetzt aber gar kraftvoll in die Kampfposaune gestoßen, nicht bloß von den Militärs allein. Das gehörte nun einmal direkt zum guten Ton, und die wenigen, die anders und deshalb klarer dachten, galten als „Defaitisten", als „Ententefreunde". Einzelne von ihnen in des Kaisers nächster Umgebung trauten sich nicht zu Worte. Die österreichisch-ungarische Diplomatie versagte auch diesmal vollständig; vom schläfrigen Burian geleitet war sie anscheinende froh, am deutschen Schlepptau willenlos mitzutaumeln. Für Wilhelm II. war also zurzeit in Wien nichts zu holen.

Schließlich erschien in den ersten Februartagen 1916 König Ferdinand der Bulgaren in Wien: Dieser Besuch wurde auf der Wiener amerikanischen Botschaft mit großer und aufrichtiger Freude als Zeichen einer endlichen Anbahnung von Friedensverhandlungen angesehen. Der leidenschaftslos denkende, klar urteilende König Ferdinand zielte auch tatsächlich auf einen Friedensabschluß ab, er konferierte wiederholt in diesem Sinne mit Franz Joseph.

Es sei mir erlaubt, hier einige Worte über den Zaren der Bulgaren, Ferdinand von Coburg-Gotha zu sagen, den ich als den bedeutendsten Herrscher unserer Zeit hinstellen möchte. Geistig überragte er seine Kollegen auf Europas Thronen ganz gewaltig, auch Wilhelm II.

und ebenso Eduard VII. Er fügte nicht nur über eine wahrhaft erlesene Bildung und vielseitigste umfangreiche Kenntnisse, sondern er war überhaupt der fähigste politische Kopf der Gegenwart. Kaiser Franz Joseph und noch mehr dessen Nachfolger Kaiser Karl hätten gut daran getan, die Beziehungen mit Zar Ferdinand aufs sorgsamste zu pflegen und seinen Ratschlägen die aufmerksamste Beachtung zu schenken, sie wären dabei zweifellos gut gefahren.

Franz Joseph war dem Bulgarenkönig zwar wohlgesinnt, nahm sich aber nicht die Mühe, ihn so zu würdigen, wie dieser es verdiente, hauptsächlich deshalb, weil er dem greisen Kaiser noch immer als der rangsniedere, österreichische Offizier vorschwebte, der er in seinen Jünglingsjahren gewesen war. Dieser Auffassung huldigte leider auch ostentativ des Kaisers Umgebung und bekundete damit doch nur ihren eigenen krassen Unverstand. So kam es, daß Zar Ferdinand seine treffenden Anschauungen am Hofe in Wien nicht in dem Maße zur Geltung zu bringen vermochte, wie dies, auch im Interesse der Donaumonarchie, nur zu sehr zu wünschen gewesen wäre. Diesem hochmütigen Übersehen begegnete er auch im Februar 1916, als Ferdinands Besuch in Wien vornehmlich den Zweck verfolgte, die Maßnahmen für eine Beendigung des großen Krieges, welche ihm sehr am Herzen lag, im Verein mit Kaiser Franz Joseph festzulegen und die erforderlichen Eröffnungsschritte einzuleiten. Hier hing man aber schon zu sehr an dem Drahte des unbedingten Durchhaltens, der vom deutschen Hauptquartier über Teschen gezogen worden war.

Franz Joseph war unbedingt — daran ist absolut

nicht zu zweifeln — für den Frieden und nicht minder Zar Ferdinand. Dessenungeachtet rührte sich nichts, weder während der Anwesenheit des Königs, noch nach seiner Abreise, die Zeit verstrich und so wurde eine günstige Gelegenheit zu einem vorteilhaften, vernünftigen Frieden in mangelnder Tatkraft verpaßt.

Der Kaiser und auch sein Außenminister Burian waren schon im Frühjahr nicht gegen die Erstattung von Friedensvorschlägen, dieser Gedanke sagte ihnen sogar sehr zu, aber Franz Joseph war bereits viel zu alt, um mit seiner eigenen Person tatkräftig für die Kriegsbeendigung einzutreten, und Baron Burian war leider bloß ein sehr guter Beamter, der sich nur durch Druck in Bewegung setzen ließ. Dieser Druck hätte bei den gegebenen Verhältnissen nur von den militärischen Stellen kommen können, und diese dachten ganz anders über die Sache. Auch Graf Tisza wäre imstande gewesen, den Druck auszuüben, er gehörte aber zur Militärpartei, und der junge Thronfolger? Daran dachte nicht einmal jemand, daß er auch etwas sagen könnte; übrigens dachte er selbst am wenigsten daran.

Vielleicht wäre General Conrad persönlich den ersten Friedensschritten zu dieser Zeit nicht durchaus abgeneigt gewesen, aber in seinem Hauptquartier wurde ebenfalls Politik gemacht und zwar in ganz eigenartiger, durch die Unverantwortlichkeit gegebener Richtung.

Tonangebend in Sachen und Fragen der äußeren Politik war im Hauptquartier der Vorstand der Nachrichten-Abteilung, Oberst Hranilowitsch, ein sehr tätiger, gebildeter Offizier, dessen Hauptziel es war, eigene Wege zu gehen, und der in mancher Richtung anderen, maßgebenden Funktionären überlegen, stets trachtete, seinen Gedankengang zum Gemeingut aller entscheidungsbefugten Behörden zu machen. Hranilowitsch war der Überzeugung, es sei derzeit untunlich, Friedensvorschläge vom Stapel zu lassen, da die Sache Österreich-Ungarns ausnehmend gut stehe; er hielt es für vorteilhafter, die Lage nach Möglichkeit zur Gewinnung und Sicherung weiterer militärischer Vorteile auszunützen, um dann die Gegner zur Annahme eines Unterwerfungsfriedens zu zwingen. Daß für diese von Grund aus falsche Berechnung alle Voraussetzungen fehlten, merkte der Offizier entweder nicht, oder er nahm Rücksicht auf eine Schwäche des Generalstabschefs Conrad, der eine tiefwurzelnde Voreingenommenheit gegen Italien hegte und für den es nach allen Erfolgen in Rußland als Tatsache feststand, daß er jetzt endlich seine Waffen gegen Italien kehren müsse.

Nach diesem Waffengang hegte er um so größere Sehnsucht, als er den Plan hiezu seit 1907 wohl vorbereitet, mit großem Fleiß und in allen Einzelheiten vollkommen ausgearbeitet, fertig liegen hatte. Dies alles war Hranilowitsch bekannt, daher redete er einem Friedensvorschlag gerade in diesem Augenblick nicht das Wort und befürwortete noch weniger bezügliche Anregungen. Der Kaiser, der sich stets pflichtgetreu an die Berichte der in jedem Fache maßgebenden Persönlichkeiten hielt, bekam keinen solchen über Friedensangelegenheiten vorgelegt, und initiativ gab er Burian auch keinen Auftrag, etwas zu unternehmen.

Da man zu diesem Zeitpunkte auch in weiteren Kreisen in Österreich einen Friedensschritt der Mittelmächte erwartete, eine solche Proposition aber nicht erfolgte, war die Enttäuschung der Bevölkerung eine ziemlich allgemeine. Nicht bloß in Österreich, allenthalben ist man immer geneigt, einen Schuldigen für das Zerflattern solcher Hoffnungen zu finden: In Wien machte man naturgemäß den General Conrad dazu. Der deutsche Botschafter Tschirschky erzählte mir, gehört zu haben, daß der gewesene Marinekommandant Admiral Montecuccoli zu einem Funktionär des Kriegsministeriums gesagt habe: „Man glaubt allgemein bei uns, daß der Krieg für die Existenz der Monarchie geführt wird; ich aber sage: nein! Der Krieg wird von jetzt an nur für die Existenz des Chefs des Generalstabs geführt! Nur für die Existenz des Generals Conrad!" Tschirschky beteuerte mit allem Nachdruck, daß diese Äußerung des Admirales Montecuccoli gefallen sei, daß sie sehr viel Aufsehen erregt und wesentlich dazu beigetragen habe, das Prestige und Volkstümlichkeit Conrads vollends zu untergraben.

Der Krieg ging also weiter, in Österreich-Ungarn wurde die Durchführung von Conrads Lieblingsplan vorbereitet. „C'est sa petite guerre", sagte damals ein Mitglied der Wiener Schweizer Gesandtschaft, die unheilvollen Worte wiederholend, welche die französische Kaiserin Eugénie lächelnd im Juli 1870 gebraucht hat, als es zum Krieg zwischen Frankreich und Deutschland kam.

„Aber um Himmelswillen", rief mir während der Vorbereitungen der amerikanische Militärattaché Briggs zu, „sehen denn die Österreicher nicht, daß die Russen eine neue große Armee ausgehoben haben und versammeln, um noch einen endgültigen, entscheidenden Schlag zu versuchen? Wenn man diesen erfolgreich abwehren kann, ist der Friede mit Rußland da! Jetzt müssen die Österreicher ihr Möglichstes tun, um die Russen zurückzuschlagen, und dürfen an nichts anders denken; statt dessen plagen sie sich mit Italien!"

Was Briggs da offen sagte, wußten alle Eingeweihten, dessenungeachtet sahen wir den Generalstab sein ganzes Augenmerk auf Italien richten und sich nicht im geringsten darum kümmern, was hinter der russischen Front vorging. Gegen Rußland wurde nicht nur das Geschick des Heeres, sondern auch das der Monarchie so ziemlich ausschließlich dem Erzherzog Joseph Ferdinand von der toskanischen Linie des kaiserlichen Hauses und den Generälen Böhm, Bothmer und Pflanzer-Baltin anvertraut, das Kommando war gerade an den Flügeln der Armeestellung nicht gerade in den allerbesten Händen. Gegen alle bisherige Erfahrungen, aber getreu der altösterreichischen Gewohnheit, erwog man nur das, was man wünschte, nicht das, was die Sachlage heischte. So meinte man in Teschen, daß die Russen, wenn sie überhaupt anzugreifen gedächten, dies nicht vor dem Hochsommer oder gar erst zu Herbstbeginn tun würden. Bis dahin würde man Italien schon niedergeworfen und damit die Möglichkeit erlangt haben, die siegreichen Truppen von der italienischen Front rechtzeitig an die russische zu werfen; immer noch das Hasardspiel vom August 1914!

Sah das niemand? Der ruhig erwägende Erzherzog Eugen, General Boroevic, der Verteidiger der Isonzolinie, der jederzeit praktische Kriegsminister Krobatin, ja selbst Erzherzog Friedrich machten persönlich Einwendungen gegen die gewagte Unternehmung im gegenwärtigen Zeitpunkt, aber Conrad war unbedingt nicht von seinem Lieblingsgedanken zurückzuhalten und schließlich überwand er alle gegenteiligen Ansichten. General Marterer erzählte, daß besonders Erzherzog Friedrich sehr gegen die Offensive zum vorgesehenen Zeitpunkte eingenommen gewesen sei, daß er geradewegs nach Schönbrunn zum Kaiser geeilt sei, die Verschiebung durchzusetzen, eventuell sogar die Enthebung Conrads vom Posten des Chefs des Generalstabes zu erbitten, daß er jedoch während der Audienz sich anders besonnen habe und es unterließ, die Entlassung Conrads vom Kaiser zu erwirken.

Als sich Erzherzog Friedrich nämlich dem Kaiser Auge im Auge gegenübersah, wurde er von Bangen erfaßt, daß der Kaiser mit Conrads Entlassung auch des Erzherzogs Demission verfügen könne. Wahrscheinlich hatte er in Wien erfahren, daß man sich bereits mit der Kombination befaßte, den vollauf bewährten Erzherzog Eugen als Armeeoberkommandanten und den mit Recht außerordentlich geschätzten und angesehenen General Alfred Krauß als Chef des Generalstabes emporzubringen. Der Generalartillerieinspektor Erzherzog Leopold Salvator agitierte sogar öffentlich gegen den Erzherzog Friedrich und gegen Conrad, die er beide der größten Unfähigkeit zieh und deren Weiterverbleib er direkt als Staatsgefahr hinstellte. Das mag alles dem Erzherzog Friedrich in letzter Minute vorgeschwebt haben, weshalb er es vorzog, stillzuschweigen und den Dingen ihren Lauf zu lassen.

Damals wurde überhaupt viel von einem Rücktritt des Generalstabschefs Conrad geredet und von der Ernennung des General Alfred Krauß an seiner Stelle; diese Möglichkeit war auch durch die Tatsache in den Vordergrund gerückt, daß Conrad gleich nach dem Tode seiner alten Mutter eine sehr schöne, fein gebildete und hochintelligente Italienerin geheiratet hatte, die geschiedene Frau eines steirischen Fabrikanten und Mutter von sechs Kindern. Diese Heirat, obwohl von Conrad mit vollendetem Takt, anerkennenswerten Korrektheit und äußerster Verschwiegenheit behandelt, verursachte doch in der Wiener Gesellschaft viel Aufregung und Mißbilligung, man fand, daß der Generalstabschef einer Armee, die an zwei Fronten gegen übermächtige Feinde kämpfte, anders zu tun finden solle, als sich mit seiner Hochzeit zu beschäftigen. So empfand auch Kaiser Franz Joseph, selbst ein unbeirrter Jünger der getreuesten Pflichterfüllung, und ich staunte nicht, von Dr. Mikesch zu hören, daß der Kaiser gegen Conrad sehr ungnädig gewesen sei, als dieser in Audienz erschien, um die erforderliche Einwilligung zur Eheschließung zu erbitten. Es bedurfte vieler Mühe, bis Bolfras, der Chef des Militärkabinetts, der Conrads Bitte wärmstens befürwortete, hiefür die Erlaubnis des Kaisers erwirkte. Die Erlangung der kaiserlichen Zustimmung zu Conrads Lieblingsoffensive machte Bolfras noch viel mehr Mühe.

Die abfälligen Bemerkungen über die Zustände im Hauptquartier in Teschen nahmen wieder überhand, und besonders ungarische Politiker und Journalisten konnten sich an schärfsten Urteilen über das Oberkommando gar nicht genug tun. Die Personen, gegen die man sich hauptsächlich wandte, waren die Generale Metzger und Kaltenborn, und die Generalsstabsoffiziere Kristofori, Kundtmann und andere, die im Hauptquartier allmächtig gewesen sind. Die phantastischen Gerüchte stimmten schon insoferne nicht, als ich speziell über General Metzger aus allerbester Quelle weiß, daß er einer der tüchtigsten und höchstbegabtesten Offiziere der Armee war, der sich in rastloser Arbeit seinem außerordentlich schweren Dienste widmete und sich mit allem Rechte ungeteilter Anerkennung erfreute. Die anderen, mit Einschluß von Kaltenborn standen nicht so hoch in der Achtung ernsthafter Beurteiler, insbesondere wurde Kundtmann nachgesagt, daß er sich doch nicht jederzeit als der treuergebene Freund des Generals Conrad erwiesen habe, der ihm nicht nur seine Gunst, sondern auch sein Vetrauen in überreichem Maße geschenkt hat.

Der Mai 1916 kam heran, in dessen Monatsmitte der berühmte Vormarsch von Tirol gegen die später immer wieder genannte Hochfläche von Asiago und Arsiero begann. Die Presse schlug einen ungeheuren Jubellärm an, umsomehr, als der Befehl über das Armeekorps, das die Kämpfe einleitete, dem Thronfolger Erzherzog Karl anvertraut worden war, welcher sich bei dieser Gelegenheit nach den Zeitungsberichten seine ersten Lorbeeren verdiente.

Bis dahin hatte Erzherzog Karl während des Krieges keinerlei Befehlsstellen innegehabt. Er war dem Namen nach dem obersten Hauptquartier zugeteilt und hielt sich eine Zeit lang in Przemysl, Neu-Sandec und Teschen auf. Dann zog er sich nach Wien zurück und unternahm nur fallweise Reisen nach Teschen, von wo er periodisch dem Kaiser besondere Heeresberichte und eingehende Skizzen von Einzelheiten der Front überbrachte.

Diese langweilige, öde und geistlose Beschäftigung befriedigte weder den Erben des Thrones, noch den Kaiser oder sonst jemanden. Daher schob Erzherzog Karl in der Folge zwischen seinen Aufenthalten in Teschen und in Wien immer öfter ein längeres Verweilen auf seinem Lieblingssommersitz Reichenau am Fuße des Semmerings ein, aus welchen Unterbrechungen sich die Ernsthaftigkeit seiner Beschäftigung am klarsten beurteilen läßt.

Der zurückhaltende Kaiser Franz Joseph hatte es nicht verstanden, sich in seinem Sohne Rudolf einen tüchtigen Nachfolger zu erziehen, er hatte nichts dazu getan, dem Erherzog Franz Ferdinand die Lehrjahre zu erleichtern und um den letzten Thronfolger Erzherzog Karl bekümmerte er sich auch gar nicht, trotzdem da noch sehr viel zu erziehen war. Dabei kann man dem Thronfolger, Erzherzog Karl Franz Joseph einen gewissen Eifer nicht absprechen: wenn er in Schönbrunn zum Kaiser berufen wurde, lief er förmlich durch die Gänge, um nur schnell zur Stelle zu sein. Er war entschieden schon damals vom besten Willen beseelt, aber selbst anlehnungsbedürftig, mußte er später ohne Vorbildung und zielbewußte Anleitung eine leichte Beute seiner Umgebung werden.

Wenn man für den Thronfolger keine bessere Beschäftigung als diese Art Kurierdienst fand, so hatte er vollkommen recht, sich seine Repräsentation, die niemandem imponierte, so bequem als möglich einzurichten. Wie viel schöner und nützlicher wäre es aber gewesen, wenn Erzherzog Karl seinem greisen Großonkel in ersprießlicher Arbeit zur Seite gestanden wäre und allen Vorträgen und Berichten, die der Kaiser entgegennahm, beigewohnt hätte. Wenn er damit den alten Herrscher auch nicht entlasten konnte, so hätte er doch Gelegenheit gefunden, in geeignetester Art das so wichtige Tagewerk des Regierens zu erlernen, nach und nach die öffentliche Tätigkeit der führenden Persönlichkeiten kennen zu lernen und aus der gründlichen, zwei Menschenalter umfassenden Erfahrung des Kaisers Vorteil zu ziehen, die auf mehr als sechzigjähriger Erfüllung der schwierigsten Herrscherpflichten fest und sicher ruhte. In solch zäher Kleinarbeit hatte Franz Ferdinand gelernt und sich langsam seinen Platz geschaffen.

Ein Anlauf in dieser Richtung, um den Erzherzog Karl in die Routine des Herrschens sozusagen praktisch einzuführen, wurde auch genommen; man ging aber dabei vielleicht einen falschen Weg; der Erzherzog hätte nämlich in der beabsichtigten Weise aktenmäßig Einblick in die Staatsgeschäfte gewinnen sollen. Dieser Versuch dauerte aber nicht lange, weil er einerseits den Kaiser in der an dringenden Arbeiten überreichen Zeit des Weltkrieges empfindlich störte und weil der Erzherzog diesen Agenden ein so geringes Interesse entgegenbrachte und sie so lässig betrieb, daß er sie zumeist nur wesentlich aufhielt und manchen rasch zu erledigenden Angelegenheiten, wenn sie in seine Hände kamen, direkt Abbruch tat, indem er sie tagelang aufschob oder sich nicht weiter um sie kümmerte. Daher ließ auch der Kaiser bald den Erzherzog in diesen Dingen außer Spiel, und die zwei kostbaren Jahre, während welchen Karl Thronfolger war und sich an seines erfahrenen, mustergültigen Großoheims Seite hätte heranbilden sollen, gingen unwiederbringlich verloren.

Nach den ersten wirklich schönen Erfolgen kam die ganze Angriffsbewegung der Conrad-Offensive gegen die Italiener allzu rasch zum Stillstand, besonders der südliche Flügel konnte nicht mehr vorwärts. Es erwies sich in der Ausführung, daß die Unternehmung hier nie die von Conrad erträumte Wirkung haben konnte, so daß der Plan des General Boroevic, von der Isonzofront vorzugehen, wohl vorzuziehen gewesen wäre.

Unterdessen griffen aber die Russen-Armeen in Wolhynien, Polen und der Bukowina heftig an. Den Massen der von den Generalen Brussilow und Kaledin ohne Rücksicht auf geradezu unerhörte Blutverluste in den Kampf gejagten neuen russischen Kräfte konnten die geschwächten österreichisch-ungarischen Truppen einfach nicht standhalten.

Allgemein schrieb man die schwere Niederlage der Unfähigkeit und Sorglosigkeit des Erzherzogs Joseph Ferdinand zu, der sofort von seiner Befehlsstelle enthoben wurde. Mir wurde aber später berichtet — und General Höfer bestätigte es mir —, daß der Zusammenbruch der Front bei General Pflanzer-Baltin in der Bukowina viel ärger gewesen ist und daß man eigentlich dem Erzherzog Josef Ferdinand ungerecht verfuhr, indem man ihn allein zum Generalsündenbock für die kolossale Niederlage machte. In der Hauptsache ist das Unglück auf die Tatsache der Frontschwäche zurückzuführen, auf die Entsendung von Einheiten nach Tirol zu Offensivzwecken, gerade in dem Augenblick, da der gewaltige Russenangriff bevorstand. In Ostgalizien geschah nur das, was geschehen mußte und was jeder vorausgesehen hatte, der nicht in eine fixe Idee verrant war. Erzherzog Karl verließ seine Befehlsstelle in Tirol und übernahm ein Heeresfrontkommando in Galizien, wo er merkwürdigerweise über besonderen Wunsch der deutschen Obersten Heeresleitung einen vollkommen deutschen Stab erhielt, weder zu seiner eigenen großen Freude, noch zu jener des Hauptquartiers in Teschen, gegen das diese Maßnahme eine ganz offenkundige Mißtrauenskundgebung enthielt. „Recht wohlverdient nach solchen Feldherrnkunststücken", sagte Dr. Koerber dazu.

Über Conrads Offensive gegen Italien sei hier auch die Ansicht des Generalstabsobersten Hummel wiedergegeben, der sich später sehr bewährte und nach Verdienst eine glänzende Karriere durchlief; er sagte: „Ich bedaure nicht im geringsten den Stillstand unserer Unternehmungen in Italien, die von allem Anbeginn an totgeboren waren; ich sage im Gegenteil, daß unsere Niederlage im Norden für uns indirekt ein unverhoffter Glücksfall war, der uns vor viel schlimmerem Mißgeschick gerettet hat. Wäre dies nicht geschehen, so wären wir in den ersten Junitagen mit wenigen Armeekorps ungefähr in der Linie Bassano-Vicenza gegen die ganze italienische Armee gestanden, gegen das Gros der ganzen Armee: diese wäre uns zwei- bis dreifach überlegen gewesen, und da hätten wir sicherlich mit dem Hochgebirge im Rücken die entsetzlichste Niederlage erlitten, von der man je gehört hat. Die Russen haben uns davor gerettet, und wir müssen froh sein, daß es so gekommen ist." Diese Worte enthalten eigentlich ein sehr absprechendes Urteil über Conrads vielgerühmte Unternehmung.

Abgeschlossen in seinem Arbeitszimmer zu Schönbrunn, weit weg von seiner Armee, empfand der alte Kaiser die volle Wucht der Niederlagen, und zum erstenmal während des Krieges kämpfte er mit dunklen Vorahnungen. Der Kaiser war nie einer jener Durchschnittsoptimisten gewesen, die alles in rosigem und hoffnungsvollem Licht sahen. Durch traurige Erfahrungen schwer geprüft, nahm Franz Joseph den Ereignissen gegenüber eher eine schicksalsergebene oder sogar fatalistische Haltung ein und freute sich dann umsomehr über eine gute Wendung. Jetzt aber begann der Kaiser den Mut zu verlieren, und Dr. Mikesch sagte mir, er habe, als er die ersten Nachrichten über den russischen Einbruch in Wolhynien erhielt, ich glaube, gegen Stürgkh, geäußert: „Ich wußte, daß es so kommen würde, oh, ich ahnte es!" Anschließend meinte Franz Joseph, Conrad wäre wohl ein tüchtiger und befähigter General und habe gewiß den besten Willen, aber alles, was er in die Hand nehme, schlage leider fehl, „es klebe Pech an seinen Fingern".

Am 18. August 1916 feierte Franz Joseph unter ganz niederdrückenden Aussichten seinen 86. Geburtstag; es war sein letzter! Der Kaiser hatte nur noch den einen Wunsch, sein Reich aus dem Kriegselend in den Frieden zu steuern. „Mehr verlange ich nicht von der Vorsehung", sagte gläubig der fromme Kaiser; „wenn mir dies noch gewährt wird, dann werde ich gerne und friedlich mein müdes Haupt zur ewigen Ruhe legen!"

Die politischen Auswirkungen der militärischen Mißerfolge waren recht böse. Als die russischen Truppen neuerlich die Bukowina bis zur rumänischen Grenze überfluteten, zögerte die Bukarester Regierung unter dem neuen König Ferdinand nicht länger, Österreich-Ungarn den Krieg zu erklären, und ließ unmittelbar darauf, noch am 28. August 1916, ihre Soldaten in Siebenbürgen einrücken. Die überschritten schon die Grenze, als der rumänische Gesandte in Wien Maurocordato abends zum Ballhausplatze fuhr, um dort die Kriegserklärung zu überreichen.

Mit diesem prompten Einmarsch überraschte Rumänien nicht nur die verbündeten Generalstäbe, sondern auch die ungarische Regierung, welche keinerlei Maßnahmen für diesen Fall getroffen hatte, das Land den Eindringlingen schutz- und wehrlos überlassen mußte und die unbewaffnete Bevölkerung so den ärgsten Kriegsplackereien auslieferte.

Die Lage wurde von Tag zu Tag gefährlicher und schließlich derart bedrohlich, daß sich Deutschland endlich doch, wie im Jahre zuvor, entschloß, seinem unglücklichen Verbündeten zu Hilfe zu eilen. In atemloser Hast wurden verfügbare Truppen nach Siebenbürgen geworfen, wo der preußische General Falkenhayn und der tüchtige bayrische General Krafft von Delmenssingen mit deutschen und österreichisch-ungarischen Truppen die Rumänen in meisterhaft angelegten Umgehungsschlachten entscheidend besiegten, während gleichzeitig Feldmarschall Mackensen von Süden her mit einer zusammengestellten bulgarisch-deutschen Armee heranrückte, die Donau kämpfend übersetzte und bald das Kriegsglück vollends zugunsten der Mittelmächte wandte, indem er nicht nur die ganze Dobrudscha, sondern selbst die Walachei mit der Reichshauptstadt Bukarest besetzte.

Da der Verlauf des Krieges im Osten, das Mißgeschick der österreichisch-ungarischen Truppen die Deutschen so oft zwang, zu Hilfe zu eilen, kam man im Reiche zu der fixen Idee, daß der Verlauf der deutschen Unternehmungen in Frankreich dadurch ungünstig beeinflußt werde, und schließlich machte sich in Deutschland nicht nur in militärischen Kreisen eine wachsende Voreingenommenheit gegen die Monarchie breit, deren Unfähigkeiten man es zuschrieb, wenn die Erfolge der deutschen Unternehmungen nie bis zu endgültigen Entscheidungen ausgebaut werden konnten.

Es war ganz entschieden ein großer Fehler der zuständigen deutschen Stellen, daß sie diese, nur auf vollkommener Verkennung aller Umstände aufgebauten Tendenzgerüchten nicht nur nicht richtigstellten, sondern sie zur Erhöhung des Glanzes des eigenen Ruhmes und der eigenen Tüchtigkeit nährten. General Conrad hat sich oft mit Recht über die Eigennützigkeit des deutschen Hauptquartieres beklagt.

Die siebenbürgischen Ereignisse brachten die gesamte ungarische Bevölkerung gegen die Regierung Tisza und das Teschener Hauptquartier auf. Beide wurden im Budapester Parlament auf das allerschärfste angegriffen, und es sei festgestellt, daß die Stellung Tiszas, wie jene Conrads, offenbar von diesem Augenblicke an beim Kaiser ernstlich und bleibend erschüttert waren. Ich sprach gelegentlich in Wien mit einigen ungarischen Politikern, sie waren über das Geschehene empört. Insbesondere gegen General Conrad setzten sie ihrem Unmut keine Schranken und schrieben das bittere Elend und die entsetzlichen Leiden der wehrlosen siebenbürgischen Bevölkerung lediglich Conrads Sorglosigkeit und der Unkenntnis seines Nachrichten-Abteilungsvorstandes Hranilowitsch zu, wobei sie sich in den abfälligsten und wütendsten Ausdrücken gegen beide ergingen.

Damit brachten sie merkwürdigerweise auch die Tatsache in Verbindung, daß Conrads Frau unmittelbar nach ihrer Hochzeit nach Teschen gegangen war, sich dort im Hauptquartier niedergelassen hatte und bei allen geselligen Unterhaltungen, woran das Leben in Teschen sehr reich war, die führende Rolle spielte. Diese Vorwürfe wurden sehr mit Unrecht erhoben, denn im Teschener Haupquartier wußte man sehr wohl, was von Rumänien unmittelbar zu erwarten war, aber sie hatten dort trotz besten Willens gar keine Möglichkeit, dagegen Maßnahmen zu treffen, selbst, wenn sie alle Feste abgesagt hätten. Die geschlagene Armee der Donaumonarchie hatte keine Verbände für den neuen Kriegsschauplatz verfügbar, und in Pleß wurden diesbezügliche Bitten abgeschlagen, bis die aufgepeitschten Wogen des elementaren ungarischen Einspruches dort doch alle anderen Erwägungen hinwegschwemmten.

Der rumänische Angriff machte auf den greisen

Kaiser Franz Joseph einen ungeheuren, wahrhaft niederschmetternden Eindruck. Dr. Koerber erzählte mir, der Kaiser sei durch diese schicksalsschweren Nachrichten völlig umgeworfen worden und habe gegen seine sonstige Art, alles in sich zu verschließen, ausgerufen: „Jetzt bin ich am Ende meiner Kräfte! Was habe ich noch zu erwarten? Vor sechzig Jahren war ich der mächtigste Herrscher in Mitteleuropa, und jetzt werde ich vielleicht in meinem Reich keinen Winkel finden, wo ich mein müdes Haupt, meinen siechen Leib zur Ruhe legen kann."

Der von einem Hustenanfall gestörte Jammerruf des ehrwürdigen Monarchen soll wirklich erschütternd gewesen sein, der Kaiser erfaßte eben die volle Bedeutung der Folgen der rumänischen Kriegserklärung in allen ihren Rückwirkungen. Jetzt war nämlich die letzte Möglichkeit einer überseeischen Versorgung für die Völker der Monarchie unterbunden, welche schon die bittersten Entbehrungen litten. Die Ungarn, die von den landwirtschaftlichen Hilfsquellen ihres Landes leben konnten, hatten nicht so zu leiden, aber umso drückender war die Not bei den Österreichern, die von fremder Einfuhr ganz abgeschlossen, auch von dem Getreideüberschuß Ungarns so gut wie nichts erlangten, da ihnen die Lebensmittel durch Tiszas chauvinistische Maßnahmen und Stürgkhs Unfähigkeit, diese zu überwinden und zu durchkreuzen, vorenthalten wurden. Das war wohl der folgenschwerste und unverantwortlichste Unfug einer pflichtvergessenen Bürokratie, welche es zuwege brachte, unter Hinweis auf patriotische Erwägungen den Reichsrat auszuschalten und mit Hinweisen auf persönliche Sicherheit den Kaiser in Schönbrunn abzuschließen, und nun ungestört, ohne Rücksicht auf Verfassung und Zweckmäßigkeit, mit den verwerflichsten Mitteln willkürlich zu regieren.

Die Warnung, die der Regierung zuteil wurden, war eine solche, daß sie ihrem Chef nichts weniger als das Leben kostete. Dr. Friedrich Adler erschoß den Ministerpräsidenten, als dieser wie gewöhnlich am 22. Oktober 1916 im Wiener Hotel „Meißl und Schadn" beim Mittagessen saß. Der Schuß, der diese politische Untat einleitete, mußte selbst im kaiserlichen Arbeitsraume zu Schönbrunn widerhallen und dem Herrscher endlich Kunde geben von des Volkes Elend und Not.

Von der Ermordung Stürgkhs setzte Generaladjutant Graf Paar ungesäumt den Kaiser in Kenntnis, und dieser war darüber umsomehr bestürzt, als er mit sicherem Feingefühl sofort ahnte, daß es sich hier um ein politisches Verbrechen mit tiefreichendem Hintergrund handeln müsse. Die ersten Auskünfte, die Graf Paar und Kabinettschef Schiessl dem Kaiser über den Mord erteilten, genügten ihm nicht; er befahl dem Fürsten Montenuovo und anderen, besonders eingehende Erhebungen zu pflegen, und schließlich mußte man nach und nach dem Monarchen berichten, wie es um das Hinterland und dessen Bevölkerung stand; entsetzt hörte er diese Meldungen. Vom Grafen Stürgkh hatte er ziemlich viel gehalten, obzwar dessen kalte, rücksichtslose, gar zu sehr immer den persönlichen Ehrgeiz hervorkehrende und aller Ideale entbehrende Art den vornehmen Kaiser abstieß. Und nun dies Enttäuschung! „Also wieder Einer, der mich drangekriegt hat!" äußerte der Herrscher, als er endlich Näheres über die tieferen Ursachen des Mordes erfuhr.

Franz Joseph befahl erst jetzt die sofortige Untersuchung der Lebensverhältnisse im Hinterlande, ordnete an, daß das österreichische Parlament ehestens zusammentreten solle und berief den tatkräftigen und ungemein begabten Dr. Koerber als Ministerpräsidenten. Eine glänzende Wahl, doch war's auch hoch an der Zeit!

Wenige Tage später wünschte ich Dr. Koerber persönlich Glück zu seiner Ernennung und sprach auch meine zuversichtliche Hoffnung auf seine erfolgreiche Tätigkeit an der ihm übertragenen, außerordentlich schwierigen Aufgabe aus. „Sie haben recht", sagte er, „eine überaus schwierige Aufgabe! Ich weiß nicht, ob ich alles werde tun können, was ich möchte, denn wer weiß, wie lange ich Ministerpräsident bleibe. Die Zukunft ist sehr dunkel, denn unser alter Kaiser ist krank", und wiederholend: „Ja, der Kaiser ist krank, sehr ernsthaft krank!"

XII.

„Mors Imperator."

Der Kaiser war ernstlich erkrankt, und dadurch eröffneten sich erschreckende Möglichkeiten, denn ein Ableben des Herrschers war wohl der schwerwiegendste Zwischenfall, mit dem man jetzt zu rechnen hatte. Der Kaiser litt an einer recht hartnäckigen Bronchitis, ja, auch Anzeichen von Lungenentzündung hatten sich gezeigt, und der getreue kaiserliche Leibarzt Dr. Kerzl hatte den Universitätsprofessor Dr. Ortner zu Hilfe rufen müssen. Da hörte ich von Dr. Koerber, daß die Generaladjutanten und der Obersthofmeister schon einige Maßnahmen für den Fall des Todes des Kaisers getroffen hätten, und konnte nun beurteilen, wie schlimm es eigentlich um des Kaisers Gesundheit stehen mußte. Da der Kaiser trotzdem in den ersten Novembertagen täglich einige Persönlichkeiten empfing und die übliche regelmäßige Berichterstattung der Minister und Behörden entgegennahm, schien es fast, als ob er auch diesen neuen Anfall seiner hartnäckigen Alterskrankheit meistern würde.

Am Sonntag, am 19. November 1916 berichtete mir Dr. Mikesch, daß am selben Morgen der Hofpfarrer Dr. Seydl dem Kaiser die heilige Kommunion gespendet habe.

Man hatte die Hoffnung schon aufgegeben, trotzdem empfing der Kaiser am folgenden Montag wieder Besuche, und auch am nächsten Tag erschienen wenigstens die Kabinettschefs und andere Beamte des kaiserlichen Hofstaates zur Erstattung der täglichen Berichte. An diesem Tage, Dienstag, dem 21. November wurde in den Nachmittagsstunden die ganze Hauptstadt durch die bestimmte, vom Schönbrunner Schloß aus verbreitete Nachricht in Aufregung versetzt, der Kaiser werde von Stunde zu Stunde schwächer, und das Schlimmste sei unbedingt zu erwarten.

Franz Joseph fühlte sich an diesem Tage sehr unwohl. Trotzdem saß er wie gewohnt vom frühen Morgen bis zum Nachmittag, allerdings besonders bequem gebettet, an seinem Schreibtisch und zwang sich zum Aushalten. Er arbeitete fleißig, trotz der Fieberschauer, die ihn schon seit einigen Tagen erfaßt hatten. Um vier Uhr nachmittags konnte er nicht weiter; er unterschrieb noch mit Schwierigkeit die kaiserliche Entschließung auf einem Akte, der sich noch auf seinem Schreibtisch befand, dann legte er die Feder weg, stützte seinen Kopf auf die linke Handfläche und betete still und leise.

Die anwesenden Ärzte, Dr. Kerzl und Professor Ortner brachten den rapid verfallenden Kaiser trotz größter Mühe nicht dazu, das Bett aufzusuchen; dieselbe Bitte wiederholten ebenso erfolglos einige Familienmitglieder, die ihn zeitweilig besuchten. Der Kaiser lehnte beharrlich ab, er blieb an seinem Schreibtisch und rastete nur einige Minuten, um Kraft zur Wiederaufnahme der Arbeit zu sammeln.

Um 7 Uhr abends begannen seine Lebenskräfte völlig zu versagen; Ortner, der den Kaiser um diese Zeit besuchte, stellte die Ausbreitung der Entzündung auf beide Lungen und damit das endgültige Entschwinden jeder Hoffnung fest. Es gelang ihm endlich, den Kaiser zu veranlassen, das Bett aufzusuchen. Franz Joseph war jetzt so schwach und so von der Krankheit hergenommen, daß er sich nicht mehr widersetzte. Schon in einem sehr bedrohlichen Zustande marastischer Schlafsucht wurde er schleunigst zu Bett gebracht, das er nicht mehr verlassen sollte.

Alle Erzherzoge und Erzherzoginnen, sowie Frau Schratt wurden telephonisch verständigt, die Mitglieder des kaiserlichen Hofhalters, die Kabinettschefs, die Adjutanten versammelten sich in dem Adjutantenzimmer in Schönbrunn, das an die kaiserlichen Gemächer anstößt. Hier erschien auch gegen 8 Uhr abends Erzherzog Karl in der vollen Uniform eines Generalobersten und beteiligte sich eine Weile an dem leisen, traurigen Gespräch. Die Ärzte Kerzl und Ortner betraten gleichfalls von Zeit zu Zeit den Raum, um den Oberstbofmeister Fürsten Montenuovo auf dem Laufenden zu halten, der sie ängstlich um ihre Voraussagungen befragte. Diese bestanden aber nur in schweigendem, finsterem Kopfschütteln und in hoffnungslosen Handbewegungen. Indessen spendete Hofpfarrer Seydl dem Kaiser die letzten Tröstungen der Kirche, bei welchen Franz Joseph nur durch schwaches Nicken mit dem Kopfe reagierte, da er nicht mehr sprechen, sich nicht mehr bewegen konnte.

Nun wurde die engere Familie für einen Augenblick an das Bett gerufen und nachher auch des Kaisers treue Freundin, Frau Schratt, welche vom Erzherzog Karl Franz Joseph, dem Thronfolger in ritterlichster Weise empfangen worden war. Da Erzherzogin Marie Valerie gegen Frau Schratt nicht sehr liebenswürdig auftrat, verdoppelte der Thronfolger seine Ritterlichkeit gegenüber der langjährigen Vertrauten seines Großoheims und nahm auch die Gelegenheit wahr, um sie seiner Gemahlin gleich vorzustellen und die engherzige Ablehnung der Kaiserstochter so wieder gutzumachen.

Von allen verabschiedete sich Franz Joseph mit einem kurzen, liebevollen Blick, sprechen konnte er nicht mehr. Fünf Minuten nach 9 Uhr war der Kaiser friedlich entschlafen! Die traurige Nachricht verbreitete sich sofort in ganz Wien und machte mit größter Schnelligkeit die Runde durch die Hauptstadt.

Franz Joseph starb „in den Sielen", bis zum letzten Augenblick seines Erdenlebens in wahrhaft staunenswertem Pflichtgefühl an der Erledigung seines täglichen Einlaufes arbeitend.

„Der Kaiser" war fortan nicht mehr der greise, allen wohlbekannte Franz Joseph, von nun ab hat man sich unter diesem erhabenen Namen eine ganz, ganz andere Persönlichkeit vorzustellen.

Der neue Mann, von einem Augenblick zum anderen mit dem höchsten Titel, mit allen Vorrechten und Attributen der höchsten Macht bekleidet, stand in diesem Augenblick mitten unter der vielköpfigen kaiserlichen Familie am Fußende des Bettes, in dem sein Großonkel und Vorgänger kaum verschieden war, der noch vor wenigen Stunden in eifriger Tätigkeit am Schreibtisch gesessen und nach besten Kräften für seine Millionen Untertanen gewirkt hatte.

„Kaiser Karl", „Majestät", wurde der junge Erzherzog plötzlich von allen Würdenträgern, Offizieren und Beamten genannt, die in das Sterbegemach strömten, um am Totenbette des alten Herrschers ein stilles Gebet zu verrichten und zugleich, wenigstens mit den Augen, dem neuen, lebenden Monarchen zu huldigen. Le roi est mort, vive le roi . . ., es ist immer dieselbe traurige, trüb stimmende und doch stets wahr bleibende Erkenntnis.

Die Leiche Franz Josephs wurde mit der österreichischen Feldmarschallsgalauniform, weißem Waffenrock mit roten Hosen, bekleidet. Auf dem Rock waren nur der Hausorden vom goldenen Vließ und die vier erzenen Medaillen angelegt, die der Kaiser gewöhnlich zu tragen pflegte, die weiß behandschuhten Hände waren gekreuzt und hielten ein kleines silbernes Kruzifix.

Franz Joseph blieb einige Tage auf dem Totenbett im Sterbezimmer zu Schönbrunn aufgebahrt, wo stille Messen gelesen wurden und der freie Zugang für das Publikum geöffnet blieb, das in nicht endenwollendem Zug herbeiströmte, um einen letzten Blick auf die sterblichen Reste des altgewohnten Herrschers zu werfen und ihm Lebewohl zu sagen. Dann wurde der Leichnam einbalsamiert, in einen prunkvollen Kupfersarg gelegt und in die Hofkapelle der Wiener Hofburg überführt, wo der tote Kaiser auf dem Schaubette drei Tage öffentlich ausgestellt war, umgeben von Bergen der herrlichsten Blumen und Kränzen mit prunkvollen Schleifen. Bei der Einbalsamierung versuchte man eine neue Methode mit Paraffin, aber die noch ungeübten Ärzte hatten damit ein arges Mißgeschick, denn der Leichnam erschien nachher aufgedunsen, und die Züge des volkstümlichen, allgemein gekannten Herrschers wurden ganz verändert, nicht mehr recht kenntlich.

An einem klaren und sonnigen 30. November, früh nachmittags wurde der Sarg geschlossen und dann auf den prächtigen, ganz schwarzen Galawagen gehoben, der von acht Rappen gezogen und von ungezählten Kranzwagen und Kutschen mit den höchsten Hofwürdenträgern vorgeleitet wurde. Dem Leichenwagen folgten die Wagen der königlichen Leidtragenden — unter ihnen die Könige von Bulgarien, Bayern, Sachsen, der deutsche, der schwedische Kronprinz — und der Mitglieder des kaiserlichen Hauses. Dieser Zug bewegte sich inmitten einer großartigen Entfaltung von Leibgarden, Korporationen und Hofbediensteten durch den äußeren Burghof zur Ringstraße und nahm dann, in großem Bogen, den Weg über den Ring und den nach dem verblichenen Kaiser genannten Kai durch die Rotenturmstraße zur Kathedrale von Sankt Stephan, wo der Wiener Fürsterzbischof Kardinal Doktor Piffl mit einer ebenso so zahlreichen als glänzenden geistlichen Assistenz in besonders feierlicher Weise die eigentliche Einsegnungzeremonie vollzog.

Von St. Stephan aus bis zu den Kapuzinern folgten alle dem Leichenwagen zu Fuß, als erste schritten Kaiser Karl und Kaiserin Zita. Zwischen beiden ging der Kronprinz Franz Joseph Otto, ein sehr hübsches und lebhaftes vierjähriges Kind. Es wurde viel bemerkt und erörtert, daß auch er auf seines Vaters ausdrückliches Geheiß und gegen alle höfischen Regeln, nach denen für ein Kind kein Platz im Leichenzuge gewesen wäre, mitgenommen worden war. Den guten Wienern gefiel es aber anscheinend sehr, diesen schönen Knaben mit seinen kaiserlichen Eltern zu sehen; sie erfreuten sich in dem ernsten und feierlichen Augenblick an dem lächelnden Kinde, das neugierig rechts und links guckte und an des Kaisers Hand dahertrippelte. Noch spannungsvoller waren aber alle Augen auf den neuen Herrscher gerichtet. Dieser machte in seiner strammen, militärischen Haltung einen stattlichen Eindruck; sein jugendliches Gesicht war ernst und von reichem, braunem Haar beschattet. Er trug den langen Mantel der Kavalleriegenerale und hielt seinen goldbetreßten, mit grünen Federn geschmückten Hut, gemäß der militärischen Vorschrift, in der rechten Hand. Von der Kaiserin war bloß die schlanke, hohe Gestalt zu erkennen; ihre Gesichtszüge waren von dichten, schwarzen Schleiern vollständig verhüllt.

Nach einer neuerlichen kurzen Einsegnung wurde der Sarg auf den vorbestimmten Platz in das Gruftgewölbe hinunter getragen, der Obersthofmeister lieferte dem Pater Guardian der Kapuziner den Sargschlüssel aus, Kaiser Franz Joseph war im Erbbegräbnis der Habsburger zur Ruhe gegangen.

Am 2. Dezember, dem 68. Regierungsantrittstage Franz Josephs, um 11 Uhr vormittags, folgte als letzte Zeremonie in der Hofkapelle der Burg in der Gegenwart des Kaisers, der Kaiserin, der kaiserlichen Familie und aller höchsten Zivil- und Militärbehörden, wie auch der gesetzgebenden Körperschaften des Reiches die feierliche Gedächtnis- und Seelenmesse für den verschiedenen Monarchen. Kaiser Karl trug da zum erstenmal öffentlich die weiß-rote Feldmarschallsgalauniform. Sein Aussehen war vornehm und ernst, nur seine Verbeugungen fielen aus Verlegenheit noch etwas steif und gesucht aus.

Ein ganz neuer Zeitabschnitt begann. Am nächsten Tag reiste Kaiser Karl nach Teschen, wo er im Armeehauptquartier den Oberbefehl über die Landstreitkräfte übernahm, wie eine Woche später im Kriegshafen Pola den Oberbefehl über die Flotte.

Die Augen des ganzen Volkes ruhten voll Spannung und Erwartung auf dem jungen Herrscher, große und mannigfache Hoffnungen wurden an seinen Regierungsantritt geknüpft, niemand hatte Zeit und Lust, auf das Vergangene zurückzublicken. Franz Joseph war in wenigen Tagen vergessen, und nur kurze Zeit, nicht einmal zwei Jahre später, hörte auch der mächtige Staat auf zu bestehen, den er beherrscht hatte.

Der Zeitraum zwischen dem Ableben des greisen Kaisers und der vollständigen Auflösung seines Reiches ist so kurz, daß der Zusammenhang ins Auge springt.

Bei der Begräbnisfeier zu St. Stephan am 30. November 1916 hat ein alter General, der sein Schluchzen krampfhaft zurückhielt, auf des Kaisers Sarg hindeutend, gemurmelt: „Das ist die größte Niederlage, die wir im gegenwärtigen Kriege davontragen konnten!"

Hätte sich Österreich-Ungarns Geschick, sein Zerfall auch dann erfüllt, wenn der ehrwürdige Herrscher noch einige Jahre länger gelebt hätte, und wenn er seine Völker aus den Wogen des Weltkrieges in den Hafen des Friedens hätte steueren können?

Zwecks Beantwortung dieser Frage sei es mir gestattet, noch einige Vorgänge festzustellen.

XIII.

Post mortem Francisci Josephi Imperatoris.

Von allem Anbeginn kennzeichnete sich die neue Epoche und damit Kaiser Karls Tätigkeit durch eine unglaubliche Verschwendung von „Henkersbriefen", welche allerdings nicht so tragisch zu nehmen waren als die „bill of attainder" der Tudors.

Unbedingter Grundsatz bei allen neuen Ernennungen war, daß die berufenen Personen „alte Bekannte" Kaiser Karls sein mußten, und nach demselben Prinzip erfolgte auch die Berufung aller Beamten der Kaiserin Zita. Durch diese Übung eröffneten sich den Offizieren des 7. Dragonerregiments, in dem Kaiser Karl viele Jahre gedient hatte, die glänzendsten Aussichten: Im Hofkreis wurde die neue Regierung einfach kurz und bündig die „Herrschaft der Siebener-Dragoner" genannt.

An Stelle des erprobten, betagten Generaladjutanten Paar trat General Prinz Lobkowitz, der langjährige Obersthofmeister aus Kaiser Karls Erzherzogszeit, Bolfras wurde durch General Marterer ersetzt, der mit dem laufenden Dienst und dem Betriebe im Militärkabinett wohl vertraut war; da sich aber seine Kenntnisse auf das militärische Gebiet beschränkten, war er außerstande, die Aufmerksamkeit des Kaisers auf jene Schäden zu lenken, die dem Heere aus Verhältnissen der inneren und äußeren Politik entstehen mochten.

Außerdem hing Marterer sehr an seiner Stelle als Chef des kaiserlichen Militärkabinetts, und daher beschränkte er sich auf willenlosen Gehorsam gegenüber allen Wünschen und Zumutungen Kaiser Karls. Die überstürzte Kaltstellung der erfahrenen, alten Würdenträger war eine verderbliche, unverantwortliche Maßnahme, welche den jungen, unerfahrenen Kaiser nicht nur aller ernsthaften und unparteiischen Ratschläge beraubte, sondern ihn auch jedem unvorher gesehenen Zufall als willenlosen Spielball auslieferte, was nachher des öfteren eintraf.

Während unter Franz Joseph dessen Adjutanten keinen Einfluß außerhalb ihrer engbegrenzten Sphäre eingeräumt erhielten, war dies bei Kaiser Karl ganz anders. Gleich allen Beamten aus des Kaisers unmittelbarer Umgebung redeten auch die Adjutanten in manchem mit, wenn auch nur fallweise, so doch gewiß nicht immer zum Besten der Sache. Speziell zweien von ihnen schenkte der Kaiser in vielen Dingen gerne sein Ohr: dem Grafen Hunyadi, seinem besonderen Vertrauensmann und Freund, und dem Oberstleutnant Brougier.

Graf Hunyadi galt als Hauptberater des Monarchen speziell in ungarischen Angelegenheiten und hatte auf den Kaiser nicht nur in dieser Richtung einen außerordentlichen Einfluß. Allerdings muß man zugeben, daß Hunyadi ein wirklich modern gebildeter, durchaus ernst zu nehmender, vielgereister und über bedeutende Lebenserfahrung verfügender Kavalier war. Gleiches kann man von dem zweiten, dem Kaiser sehr nahestehenden Adjutanten Brougier kaum behaupten, der als Typus des österreichischen Generalstabsoffizier über gediegene militärische Kenntnisse gebot, aber dennoch vom Kaiser in dieser Richtung allzuhoch eingeschätzt wurde, wenn er ihm zum Hauptberater in militärischen Angelegenheiten nahm. Brougier wurde in Heeressachen geradezu allmächtig, weil Kaiser Karl diese zu allerletzt doch immer noch einmal mit ihm besprach und weil bei dem gutherzigen, sich seinen Freunden stets möglichst anpassenden Monarchen immer jener Recht behielt, der als letzter des Kaisers Zimmertür hinter sich schloß.

Der Chef des Zivilkabinetts, Schiessl, wurde über Befehl des Kaisers von diesem Posten entfernt, und an seine Stelle wurde ein höherer Kanzleibeamter des österreichischen Herrenhauses, Polzer, berufen. Polzer war ungewöhnlich jung, aber — allerdings die Hauptsache — persönlich mit Kaiser Karl seit dessen frühester Jugend eng befreundet. Er wurde vom Kaiser in dem kürzesten Zeitraume mit einem wahren Regen von Ehrungen und Beförderungen überschüttet, ohne daß er bis dahin überhaupt die Möglichkeit gehabt hätte, irgend etwas zu leisten. So ist es nicht verwunderlich, daß er darüber den Kopf verlor und wirklich selbst glaubte, ein hervorragendes Genie von außergewöhnlichen Fähigkeiten und eine politische Größe zu sein.

Auch alle anderen Vorstände der Hofämter wurden eiligst und unvermittelt gewechselt; als einer der letzten trat der Obersthofmeister, Fürst Montenuovo zurück, der durch den Prinzen Konrad Hohenlohe, einen Popularitätshascher schlimmster Sorte ersetzt wurde. Als Montenuovo seinen Posten verließ, verlor der junge Kaiser den letzten gereiften Mann aus seiner

Umgebung, der den Mut gehabt hatte, offen und deutlich seine Meinung auszusprechen und zu vertreten, selbst, wenn er wußte, daß dies dem Kaiser nicht erwünscht, ja sogar unangenehm sein könnte.

Konrad Hohenlohe kümmerte sich nicht viel oder gar nicht um seine Pflichten, er befaßte sich hauptsächlich mit politischen Angelegenheiten und setzte seinen Ehrgeiz darein, der allmächtige geheime Privatratgeber Kaiser Karls zu werden. Sehr bald wurde aber sein Hauptzweck durchsichtig, die Förderung seiner eigenen persönlichen Interessen, und darin hatte er, wie man zugeben muß, großen Erfolg.

Zwei Eigenschaften des neuen Obersthofmeisters machten mich stutzig; erstens, daß er seine demokratische, sagen wir sozialistische Anschauung in einer derart augenfälligen Weise hervorkehrte, daß ich beinahe glaubte, er wolle mich zum Besten halten, denn ein Prinz mit der Jakobinermütze ist immer eine nicht ganz einwandfreie Figur, und zweitens fiel mir auf, daß er sich nicht scheute, von Kaiser Karl, seinen Ideen und Plänen in einer so scharf kritisierenden, manchmal direkt abfälligen Weise zu sprechen, die geradezu abstoßend wirkte. Ich entsann mich dabei unwillkürlich des Spruches: „Weß Brot ich esse, deß Lied ich singe" und dachte, daß der junge Kaiser an diesem Ratgeber keine verläßliche Stütze gefunden haben könne, und ich dachte es mir nicht bloß, sondern sagte es dem Prinzen freimütig ins Gesicht, daß ich es kaum begreife, wie er einem Herrscher dienen können, für den er so wenig Achtung und Sympathie empfinde. Verbindlich lächelnd erwiderte mir darauf Hohenlohe: „Ja, glauben Sie, daß ich das alles nicht auch dem Kaiser direkt sage? Ganz gewiß tue ich das, und nicht nur einmal, sondern tausendmal, bei jeder Gelegenheit. Ich erachte es als meine erste Pflicht, dem Kaiser über all diese Dinge die Augen zu öffnen."

Das klang wohl recht schön und gut, aber ich glaubte es nicht, denn in Hohenlohes Augen flackerte ein irres Licht, und mein Gefühl verriet mir nur zu deutlich, daß dem eben doch nicht so sei.

Der Minister des Äußeren Burian wurde enthoben und durch den früheren Bukarester Gesandten Grafen Ottokar Czernin ersetzt; der Chef des Generalstabes Conrad und sein Stellvertreter, General Metzger, mußten dem General Arz und dem Obersten Waldstätten weichen, ebenso der österreichische Ministerpräsident Dr. Koerber dem Grafen Clam-Martinitz.

Conrad wurde mit einem Armeekommando an der Front gegen Italien betraut; er kam nach Tirol und dadurch auch in die Gelegenheit, jene Operation direkt zu leiten, welche zu entwerfen eigentlich sein Lebenswerk gebildet hatte.

Der alleinige Grund für diese Massenentlassungen war der, daß die Würdenträger bereits unter dem Vorgänger des jungen Kaisers im Amt gewesen und von ihm ernannt worden waren. Lediglich im Personenwechsel offenbarte sich der neue Kurs der Monarchie.

Nur den Kommandanten der Flotte, den Admiral Haus sollte Kaiser Karls „blauer Bogen" nicht erreichen; er wurde durch eine höhere Gewalt jählings vom Schauplatz seiner Tätigkeit abberufen. Trotz schweren Leidens leistete er einer Aufforderung des Kaisers, ihn bei einer Reise in Sachen des Unterseebootkrieges und der Bündnisfrage, sowie wegen Anbahnung von Friedensverhandlungen anfangs 1917 ins deutsche Hauptquartier zu begleiten, pflichtgemäß Folge; die Anstrengungen diese Fahrt bei großer Kälte wurden dem bereits schwerkranken Manne verhängnisvoll — er starb kurz nach der Rückkehr an Bord seines Flaggschiffes.

So war der Kehraus alles dessen, was zur Ära Franz Joseph gehört hatte, in der kürzesten Frist glücklich durchgeführt: die Wiener hatten bald ihren treffenden Witz für die Manie des Kaisers, sie nannten ihn kurz den „Putzweg".

Der Rücktritt der alten Würdenträger war nicht gewaltsam mit derben Mitteln erzwungen worden, im Gegenteil, der gutherzige Kaiser überhäufte sie mit einer Fülle von Ehrungen, Titeln und Orden und Adelsverleihungen in einer gedankenlosen, zu Franz Josephs Zeiten völlig ungekannten und auch undenkbaren Art. Der alte Monarch pflegte persönlich jede Kundgebung des kaiserlichen Wohlwollens für seine Mitarbeiter genau zu erwägen, wahrte daher seinen Ehrungen einen wirklichen, unbestrittenen Wert, weshalb die kaiserlichen Auszeichnungen ernstlich begehrt und gebührlich eingeschätzt wurden.

Kaiser Karl aber verlieh zum Beispiel dem General Conrad, den er namentlich nach seiner Heirat nicht mehr leiden mochte und den er auch gar nicht würdigte, gelegentlich seiner Enthebung nicht nur den Feldmarschallsgrad, sondern auch das Großkreuz des militärischen Maria Theresien-Ordens, die höchste österreichische Kriegsauszeichnung.

Kaiser Karl erfreute sich in den ersten Wochen seiner Regierung einer weitverbreiteten Volkstümlichkeit, wie sie die Völker jungen Herrschern stets gern gewähren; außerdem wurde herum erzählt, er sei sehr demokratisch gesinnt, daher begrüßten ihn die breiten Massen mit umso größerer Zuneigung. In der Armee und Flotte wurden große Hoffnungen auf den neuen Herrn gesetzt, man erwartete von ihm männliche Taten und vernünftige, vom Zeitgeist getragene Neuerungen.

Die erste tiefgehende Enttäuschung bereitete der „demokratische" Kaiser Karl seinem Heere zu Weihnachten 1916, als er ohne jeden besonderen Anlaß eine Unmenge aristokratische Reserveoffiziere beförderte, woraus erhellt, daß auch er am Schlepptau der Aristokratie hing, ja eine solche offene Willkür wäre unter dem „aristokratischen", aber gerechten Großonkel nie möglich gewesen.

Nach den Weihnachtsfeiertagen fuhr der Kaiser mit der Kaiserin und dem Kronprinzen nach Budapest, wo nach altem Brauch die Krönung des Kaiserpaares zum König und zur Königin von Ungarn mit ungeheurem Aufwand an Prunk und Festlichkeiten stattfand. Sogleich nach der Krönungsfeier verließen Kaiser und Kaiserin mit dem ganzen Gefolge plötzlich ohne besonderen Grund, einer momentanen Eingebung folgend die ungarische Hauptstadt, die einen längeren Aufenthalt des Kaiserpaares erwartet und begehrt hatte. Dieses Benehmen nahmen die empfindlichen Ungarn äußerst übel und verziehen es dem jungen Herrscherpaar nie.

In den ersten Januartagen 1917 wurde ebenfalls ohne stichhaltige Motivierung das Hauptquartier von

Teschen nach Baden bei Wien verlegt. Der Kaiser ließ sich hier nieder und kam äußerst selten und nur zu ganz kurzem Aufenthalte in die Residenz, womit er wieder die Wiener verletzte. So beraubte er sich selbst durch eigentlich harmlose, aber umso tiefer wirkende Unachtsamkeiten sehr bald aller Volkstümlichkeit.

Um diese wieder zu heben, kam der darauf erpichte Kaiser auf ganz merkwürdige Einfälle. Beispielsweise wurde ein Mitarbeiter des Wiener „Fremdenblattes", Hauptmann Werckmann mit seinem Stab von Kinooperateuren und Photographen in der Hofburg untergebracht, dem Generaladjutanten unmittelbar zugeteilt und mit der besonderen Aufgabe betraut, über den Kaiser, dessen Familie, die Erzherzoge und Erzherzoginnen verherrlichende Aufsätze zu verfassen, die mit allen Mitteln in der heimischen und neutralen Presse verbreitet wurden. Hauptmann Werckmann und seine Mitarbeiter begleiteten den Kaiser sogar auf allen seinen Reisen zur Front und anderswohin und erschienen im amtlichen Verzeichnis des kaiserlichen Gefolges als zu seinem Stab gehörig. Ich machte einmal eine Bemerkung über diesen Mangel an Feingefühl gegenüber Dr. Koerber, der, beiseite geschoben, mit Recht gekränkt und beleidigt war, er erwiderte bitter, daß vielleicht auch die Errichtung eines Referates für Reklame einen Fortschritt gegen die überlebte, alte Zeit bedeute und endete mit den lakonischen Worten: „Niemand weiß, wohin diese überstürzten Neuerungen führen, ich weiß nur eines, zu nichts Gutem!"

Rein persönlich war Kaiser Karl in allem und jedem das Gegenteil seines Vorgängers. Die nie versagende

Würde, die Franz Joseph stets ausgezeichnet, machte einer nachlässigen Ungezwungenheit Platz, die vergaß, daß die hohe Stellung des Herrschers auch besondere Pflichten der Repräsentation einschließt. Sehr bemerkenswert war der völlige Mangel an jener Pünktlichkeit, die an Franz Joseph immer und überall bewundert wurde, der nie diese Höflichkeit der Könige außer Acht ließ. Karl kam bei allen Gelegenheiten später als zur festgesetzten Zeit, und Leute, selbst Erzherzoge, die zur Audienz nach Laxenburg oder Reichenau befohlen waren, mußten dort Stunden und Stunden über den bestimmten Zeitpunkt im Vorzimmer warten, ehe sie vorgelassen wurden, oder sie mußten, was auch öfter geschah, nach stundenlangem Warten mit dem Bescheid abziehen, daß der Kaiser sie diesmal nicht empfangen könne.

Karls Handschrift war flüchtig, charakterlos, ohne das leiseste Kennzeichen von Männlichkeit. Eine in Wien als scharfsinnige Graphologin bekannte Dame gab aus ein paar vom Kaiser Karl geschriebenen Zeilen ein Charakterbild des Monarchen, das ihm keineswegs Ehre macht.

Es war drollig zu hören, wieviel der Kaiser täglich arbeite; vom frühen Morgen bis in die späte Nacht solle er tätig sein, aber nichts kam vorwärts. Ich hatte den Eindruck, er wäre einer jener Leute, die für nichts Zeit finden, weil sie stets vollauf mit dem Gedanken beschäftigt sind, eine entsetzliche Menge Arbeit vor sich zu haben, und die daher in Wahrheit gar nichts tun. Alles geschah oberflächlich, und es kam wiederholt vor, daß der Kaiser den vortragenden Beamten, welcher zwei verschiedene Erledigungen eines Aktes zur

Entscheidung unterbreitete, bat, zwecks Zeitersparnis nur eine, also die dem Beamten genehme Erledigung vorzulegen, deren Unterschrift ohnehin immer anstandslos erfolgte.

Die ruhige Schreibtischarbeit, in der sich Franz Joseph durch genau Lektüre der Zeitungen, der einlaufenden Berichte und Akten eingehend mit allen Vorgängen vertraut machte, um dann die gewünschte Erledigung anzuordnen, fehlte bei Karl vollkommen Dazu hatte der junge Kaiser nicht das innere Gleichgewicht, es mangelte ihm auch an Interesse für die Dinge. Bei ihm mußte alles rasch gehen und gleich glatt entschieden werden; er verfügte sogar das Wichtigste auf Grund ganz kurzer mündlicher Vorträge seiner Kabinettschefs oder sonstiger bei ihm erscheinenden Organe, leider auch oft nach dem Wunsch seiner unbefugten in vielem mitredenden speziellen Freunde.

Er hatte nicht das Verantwortlichkeitsgefühl, daß eine offizielle Anordnung des Monarchen aufs gewissenhafteste vorbedacht sein müsse, weil sie, wenn einmal erlassen, nicht mehr rückgängig gemacht werden darf, soll nicht die Stellung der Krone und der Regierungsgewalt schwerste Einbuße erleiden. Kaiser Karl war wiederholt gezwungen, seine Befehle zurückziehen oder abändern zu lassen, wodurch nicht nur seine Autorität empfindlichsten Schaden litt, sondern wodurch auch in immer weiteren Kreisen der Glaube an die Monarchie überhaupt ins Wanken geriet. Es gibt nichts Schlimmeres, als wenn die Disziplinlosigkeit an höchster Stelle einreißt, und ewig wahr bleibt der napoleonische Aphorismus: Ordre, contreordre, désordre!

Die zwei ihm anvertrauten Hauptaufgaben, die Beendigung des Krieges und den inneren Umbau der Monarchie, behandelte der Kaiser ebenso leichtfertig.

Die Lösung beider Fragen war durch den Thronwechsel äußerst dringend und unvermeidlich geworden, aber Kaiser Karl befaßte sich damit nur hie und da, gelegentlich, wie mit einer Nebensache, und mit dieser Lässigkeit stürzte er sein Reich ins Elend.

Bulgarischem und österreichischem Drucke folgend, ließen die verbündeten Staatsmänner vor Weihnachten 1916 eine gemeinsame Note vom Stapel, welche Neutrale und Feinde zu Friedensbesprechungen einlud. Die Note, als Resultat eines Kompromisses, war ohne Wärme, in ganz allgemeinen Ausdrücken gehalten, und auch der Augenblick war schlecht gewählt, da die Mittelmächte damals gerade im großen und ganzen durchaus nicht erfolgreich dastanden, so daß der zweifellos aufrichtig gemeinte Friedensruf der Mittelmächte im gegnerischen Lager überhaupt nicht beachtet wurde.

Nach Ablehnung der ersten Friedensschritte der Mittelmächte im Dezember 1916 war wirklich für Kaiser Karl eine große und würdige Aufgabe erstanden, deren hehres Ziel die Beendigung des Krieges war. Er erklärte überall und bei jedem Anlaß, vielleicht zu oft und mehr als nötig, daß er kein anderes Ziel habe; er meinte dies auch ehrlich, aber er tat nichts, oder wenigstens nichts Wirkungsvolles dazu, sondern beschränkte sich auf kleinliche, geheime Machenschaften nach Art der bourbonischen Ränke.

Für das notwendig erscheinende Drängen in Berlin mit Drohung möglicher Trennung hat Karl auch den unbedingten Beistand seines Schwagers, des Zaren Ferdinand der Bulgaren gefunden, der als scharfer Denker und äußerst geschickter Staatsmann schon längst warnte, da nach seiner Meinung die Fortsetzung des Krieges nichts anderes, als früher oder später eintretende Vernichtung der Mittelmächte bedeuten mußte.

Diese Zukunft sah auch Karl und versuchte in wiederholten Besuchen im deutschen Hauptquartiere Wilhelm II. oder vielmehr dessen kriegslustige Berater von ihren weitgegriffenen Kriegszielen abzubringen, doch das bei einigen deutschen Generalen und Politikern von großem Einfluß beliebte Säbelgerassel hypnotisierte jedesmal schließlich auch den österreichisch-ungarischen Herrscher, der, in die Hurrahrufe einstimmend, seine Ansicht nicht durchsetzen konnte und nach seiner Rückkehr nach Wien mit kleinlichen Intrigen und Ränken, sehr zum Schaden des beabsichtigten Zweckes, für den Frieden wirkte, ohne sich zu ehrlichen, offenen Schritten aufraffen zu können.

Die andere Frage war nicht weniger schwierig zu lösen, aber sicherlich ebenso dringend. Die slawischen Völkerschaften der Monarchie hatten durch ihr Verhalten während des Krieges gezeigt, daß sie unter keinen Umständen die bisherige deutsche und ungarische Vorherrschaft länger ertragen wollten.

Kaiser Karl begnügte sich dieser ernsten Gefahr gegenüber damit, die Meinungen einiger Staatsmänner seiner eigenen Wahl, wie des Rechtsgelehrten Lammasch, zu hören und nach den Vorträgen oder Leitungen seines Hauptberaters Polzer herausgegriffene Beschlüsse gelegentlich durchzuführen, so die Amnestie für politische Verbrecher, welche als einzelnes Bruchstück eines großangelegten, Schritt für Schritt durchzuführenden Programmes die traurigsten Folgen gerade in Kriegszeiten zeitigte.

Hier muß ich für den Chef des Zivilkabinetts eine Lanze brechen, denn zur Kenntnis der Öffentlichkeit gelangten nur einzelne Fragmente, die ein falsches Bild seiner Pläne geben. Im wesentlichen wollte Polzer die Monarchie aus der unmittelbaren Abhängigkeit von Deutschland befreien und den Frieden erzwingen, indem er, ebenso wie der Kaiser und Czernin, den Anschluß an die Slawen suchte. Auch Polzer wußte schon anfangs 1917 ganz klar, daß die Donaumonarchie den Weltkrieg nicht mehr länger mitmachen könne, ohne schließlich aus den Fugen zu gehen.

Während Graf Czernin aber nicht einmal bis zu Taten gelangte, trachtete Polzer vorerst, die Wünsche der unter der habsburgischen Herrschaft befindlichen Slawen nach Möglichkeit zu erfüllen, um dann den Kontakt mit der Entente zu suchen und, statt weiter im Kielwasser Deutschlands zu fahren, den Abschluß des Krieges zu erreichen. Als ein sichtbarer Schritt auf diesem Wege zeigt sich, außer den Eröffnungen der Thronrede vom 30. Mai 1917, der „Amnestieerlaß". Polzer wollte durch die Gewährung einer weitgehenden Autonomie für die Slawen die Donaumonarchie überhaupt auf eine neue Grundlage stellen und sie dadurch lebensfähig erhalten. Es ging aus innerpolitischen Gründen ohnedies nicht anders, und zudem bestand ziemlich viel Wahrscheinlichkeit, daß einem solchen Ausgleich, nach der Loslösung von Deutschland, die Erlangung eines recht annehmbaren „Verständigungsfriedens" für Österreich-Ungarn folgen würde, was ich auch mit aller Bestimmtheit aus Frankreich und der Schweiz bestätigt erhielt.

Nur sehr leise sprachen schon damals wenige Eingeweihte und Vertraute bei Hofe davon, daß Polzer den Kaiser auch bereits dazu gebracht hatte, auf ganz privatem Wege mit Frankreich Fühlung zu suchen.

Leider hielt die Orientierung der äußeren Politik nicht Schritt mit der inneren Reorganisation, und in diesem Zwiespalt liegt das Mißglücken der Friedensbesprechungen und die Katastrophe des Habsburgerreiches letzten Endes begründet. Wie kam es aber, daß Polzer, obwohl in höchster Gunst bei Kaiser Karl, doch mit seinen zutreffenden Ansichten nicht durchdringen konnte? Czernin war es, der Polzer stürzte, weil ihn dieser beim Kaiser auszustechen drohte. Nachdem aber auch Czernin, wenigstens äußerlich, stets für einen raschen Frieden eintrat, lassen sich die Vorgänge nicht gut zusammenreimen, und die Rolle, die Czernin dabei spielte, ist derart kompliziert und unklar, daß es heute kaum möglich erscheint, sie restlos aufzuhellen.

Man möge durchaus nicht glauben, daß ich diese Bestrebungen zu einer Loslösung Österreich-Ungarns von Deutschland, namentlich in dieser kritischen Zeit, an und für sich als etwas Richtiges hinstellen möchte; im Gegenteil! Aber das wäre der einzige Ausweg gewesen, weil die leitenden Männer im Deutschen Hauptquartiere bedauerlicherweise absolut keine Vernunft annehmen und nicht einsehen wollten, wie es schon um des Vierbundes Sache stand. Kaiser Karl wetterte und tobte dagegen; mit Kraftausdrükken machte er sich über Hindenburg, Ludendorff, Tirpitz u. a. Luft, weil sie alle ernstliche Friedensschritte verhinderten.

So blieben also Polzers Bestrebungen nur ein nach allen Seiten verstümmelter Torso, nach außen erkennbar bloß in dem berüchtigten „Amnestieerlaß" und in der nicht weniger angefochtenen Angelegenheit der „Parma-Briefe".

Diese Anfänge spielten dann eine umso traurigere und vielleicht auch schädlichere Rolle, als sich aus ihnen — ganz gegen Polzers Absichten, nach seinem und Czernins Sturze — die von Burian eilfertig geschmiedete „Vertiefung des deutschen Bündnisses" und, anschließend hieran, die von Seidler knapp vor seiner Demission mit schmetterndem Posaunentone im österreichischen Abgeordnetenhause verkündete Einhaltung des „deutschen Kurses" in der inneren Politik Österreichs entwickelten. In dieser Wendung erlebte Kaiser Karl das entsetzlichste Fiasko seines ursprünglichen, auf Polzers Rat fußenden Friedensprogrammes.

Der Kaiser nahm sich aber nicht einmal die Mühe, diese Lebensfragen seiner Staaten von Grund auf zu studieren, der tägliche Kleinkram der laufenden Geschäfte, dann die Sorge um seine Familie, an welcher Karl mit aufrichtiger Zuneigung hing, ein gelegentlicher Jagdausflug, eines der Hauptvergnügen aller Habsburger und einige hastige, zwecklose Reisen füllten seine Zeit aus. Da man keine große Tat von ihm vernahm, begann man auch bald, keine mehr von ihm zu erwarten, seine Volkstümlichkeit schwand mit merklicher Raschheit, wozu wesentlich die Gerüchte beitrugen vom Einfluß, den die Kaiserin und ihre Familie ausübten, ein Einfluß, den die Österreicher mit seltener Entschiedenheit ablehnten. Die Kaiserin fühlte sich als Italienerin, und ihre Brüder dienten in der französischen, belgischen Armee. Diese Tatsache hätte dem Feingefühl des Kaisers genügen müssen, um während des Krieges einen lebhaften Verkehr mit der Familie der Herzogin von Parma zu vermeiden, und es wäre wohl auch angemessen gewesen, die Kaiserin bei ganz offiziellen Staatsangelegenheiten nicht gar so auffällig in die erste Reihe zu stellen.

Der Kaiser kümmerte sich aber nicht um das auffällige Mißtrauen der Bevölkerung, die Kaiserin begleitete ihn immer, selbst auf den Reisen an die Front, sie war bei den Audienzen anwesend und erteilte offen Ratschläge in Staatsfragen; so bekam man mit der Zeit den Eindruck, von einer Italienerin regiert zu werden.

Es geschah öfter, daß die Kaiserin sogar ohne weiters im Arbeitszimmer erschien, wenn der Kaiser amtliche Berichte entgegennahm, sich mit ihrem Gatten besprach oder ihn mit sich fortführte, so daß der betreffende Würdenträger allein bleiben und oft eine halbe Stunde oder länger warten mußte. Wenn der Kaiser dann zu seiner Arbeit zurückkehrte, war er durch den Einfluß der Kaiserin sichtlich umgestimmt, er verwarf, was er eben erst gebilligt, und billigte, was er vorher verworfen hatte.

Auch die Herzogin von Parma hat einen ziemlich bedeutenden Einfluß auf den Kaiser genommen. Für die Denkungsweise dieser Dame, die ihrerseits von den jeweiligen Sekretären, Domestiken und anderen unverantwortlichen Personen gelenkt wurde, ist es charakteristisch, daß sie nach der Waffenstreckung Bulgariens äußerte, sie habe dieses Ereignis bereits damals vorausgesehen, als ihr die Kammerzofe nach dem letzten Besuche des Zaren Ferdinand mitteilte, daß der hohe Gast gegen die Dienerschaft grob gewesen war und keine Trinkgelder austeilen ließ.

Des Kaisers Wankelmütigkeit war umso verhängnisvoller, als er sofort und ohne viele Umstände einen neuerlichen Wechsel vornahm, wenn er jemanden nicht sogleich seinen Wünschen und Zumutungen willfährig oder entsprechend fand. So fühlte sich niemand vor plötzlichen Verstimmungen und Ränken sicher, niemand hatte den Ehrgeiz, mit Liebe und Tatkraft zu schaffen, denn die Frage: „Wer weiß, ob ich morgen noch im Amt bin" lähmte alle besseren Regungen, was den in diesen Zeiten besonders nötigen ruhigen Fortschritt von vorneherein in Frage stellte.

In Rußland hatten die Lasten des Krieges zu einer schweren inneren Krise geführt. Um seine Herrschaft zu retten, suchten der Zar und seine Ratgeber in den Monaten Jänner und Februar 1917 nachdrücklich bei den Mittelmächten um einen Frieden zu nicht allzu harten Bedingungen an, aber Kaiser Karl und des Außenministers Czernin Tatkraft reichten trotz Unterstützung durch den deutschen Kanzler Bethmann-Hollweg nicht hin, die Zustimmung Deutschlands zu erreichen, das im Begriffe, den uneingeschränkten Unterseebootkrieg ins Werk zu setzen, durch dessen vermeintliche Aussichten verblendet, jedem Frieden durchaus abgeneigt war, auch einem Separatfrieden mit Rußland. Rasch nacheinander folgten dann die russische Revolution und die Absetzung des Zaren, sowie die Kriegserklärung der Vereinigten Staaten von Nordamerika an Deutschland, beziehungsweise der Abbruch der diplomatischen Beziehungen mit der Habsburger Monarchie nach Eröffnung des uneingeschränkten U-Bootkrieges.

Die Wiener führenden Kreise fürchteten den neuen gewaltigen Feind der Mittelmächte nicht, und selbst in des Kaisers täglicher Umgebung glaubten viele, Amerika habe den Krieg an Deutschland erklärt, um die gesetzliche Möglichkeit zur Aufstellung eines großen, neuzeitlich ausgestatteten Heeres zu bekommen, das gegen Mexiko und besonders gegen Japan nötig wäre.

Lichtblicke in das Grau der damaligen inneren Lage brachten die Berichte über die zwölfte Isonzoschlacht, die große deutsch-österreichisch-ungarische Angriffsunternehmung gegen Italien, die im November mit einer entschiedenen, vollkommenen Niederlage der Italiener endete.

Im November wurden Friedensbesprechungen mit Rußland angeknüpft, die dann in Brest-Litowsk offiziell fortgeführt wurden. Die Besprechungen zogen sich durch viele Wochen hin, brachten aber nicht das kleinste greifbare Ergebnis. Schließlich wurde auf Czernins Empfehlung ein hastiger und unüberlegter Friede mit der Ukraine geschlossen, die man von Rußland staatlich getrennt hatte, damit ihre Abgesandten selbstständig vorgehen konnten. Einige Wochen nachher mußten dann auch die Bevollmächtigten Rußlands den von den Mittelmächten diktierten Friedensvertrag annehmen.

Da zeigte sich Czernin als blutiger Dilettant, und es bleibt unbedingt fraglich, ob er und sein auf den starken Mann posierender Mitarbeiter Wiesner als Beruhigung für die Unzufriedenheit des Volkes im Hinterland den unglückseligen, von der deutschen Militärpartei mit der Faust auf den Tisch diktierten problematischen Frieden wirklich mitmachen mußten. Dr. Mikesch hatte recht, wenn er meinte, daß es schlecht um die Monarchie bestellt sei, wenn ihr Schicksal Leuten anvertraut sei, welche ihrer Auffassung nicht einmal bei den Freunden und Bundesgenossen Geltung zu schaffen verstünden.

In gleich kurzsichtiger Weise verfuhr man unmittelbar nachher gegen Rumänien, dem ein wirtschaftlicher Vernichtungsfriede auferlegt wurde, der jedoch nie zur Durchführung gelangte.

In der Zeit dieser diplomatisch verunglückten und wirtschaftlich nie gültigen Friedensschlüsse erfolgte die Proklamierung des Friedensprogrammes der Vereinigten Staaten von Nordamerika. Am 8. Jänner 1918 erschienen die 14 Punkte des Präsidenten Woodrow Wilson, denen am 11. Februar eine weitere Auslegung folgte, welche den Kriegführenden einen konkreten Verständigungsfrieden vorschlug. In Amerika knüpfte man große und weitgehende Hoffnungen an diesen Schritt, umsomehr, als man wußte, daß die erdrückende Mehrheit des Deutschen Reichstages durchaus zu einem Verständigungsfrieden gelangen wollte und daß Österreich-Ungarn bereits am Ende seiner Kräfte angelangt war, wofür die Straßenbilder des Elends den beredtesten Beweis lieferten. Aber Wilsons Ruf verhallte ungehört. In Deutschland brachten die wenigen unverantwortlichen Säbelraßler des Hauptquartieres die Stimmen des einsichtigen

Volkes zum Schweigen, bevor sie vernehmbar werden konnte, und Kaiser Karl und seine Ratgeber wußten wieder nichts Besseres zu tun, als sich der deutschen Ablehnung anzuschließen.

Wo blieb jetzt der klardenkende Czernin? Hatte er nicht den Mut, Farbe zu bekennen, trotzdem Kaiser Karl bei jeder Gelegenheit aller Welt verkündete, daß er nur den Frieden wolle, einen raschen Frieden? Diese Tatenlosigkeit Czernins bleibt unverständlich, und seine Erfolglosigkeit, sowie persönliche Differenzen mit dem Kaiser führten dazu, daß Graf Czernin seinen Platz wieder dem Baron Burian überlassen mußte.

Wenn man das Fazit aus Czernins kurzer, jedoch bewegte Tätigkeit als Außenminister zieht, so kommt man zu dem Schlusse, daß er als verheißungsvoller glänzender Meteor aufgestiegen ist, aber nur zu bald als schäbige Jahrmarktsrakete verpuffte. „Er geriet als sprühender Geist in wurmstichige Verhältnisse; kein Wunder, daß auch er dabei argen Schaden litt", sagte einmal Dr. Mikesch, der anfänglich zu seinen Bewunderern zählte. Dieses Urteil dürfte stimmen, und nicht Dr. Schulz' Charakteristik: „Czernin ist nur ein Blender, der mit großem Geschick zu verbergen weiß, daß er bestenfalls ein nervöser Dilettant ist."

Gute Nerven besaß Czernin allerdings nicht, sonst hätte vieles nicht geschehen können, was sich in der Folge für die Donaumonarchie als geradezu katastrophal erwiesen hat. Offenkundig hing auch er zu sehr an seiner hohen Stellung, um im gegebenen Augenblick seine überragende Persönlichkeit vorbehaltlos zum besten der Sache einzusetzen?!

Ich denke an die Biefe, welche Kaiser Karl in ehrlichem Friedenswunsche durch Vermittlung des Prinzen Sixtus an Poincaré gelangen ließ. Warum leugnete Czernin die Existenz der Briefe und warum hat er nicht aus ihnen ein willkommenes Werkzeug gemacht, um mit Deutschland im Sinne des Friedens einen endlich wirkenden Druck auszuüben? Das wäre doch für einen wirklichen Staatsmann nicht zu schwer gewesen, zumal dort neben schroffster Ablehnung sehr wohl auch tatkräftige Unterstützung, sogar durch den deutschen Kaiser selbst, zu finden gewesen ist.

Die neuerliche Berufung Burians wird dadurch bemerkenswert, daß Kaiser Karl in den ersten Tagen nach seiner Thronbesteigung im Dezember 1916 Burian um jeden Preis hatte loswerden wollen und ihn mehreren Personen gegenüber als einen Beamten bezeichnet hat, der zur Führung der Außenpolitik bei den erhöhten Ansprüchen der Gegenwart völlig unfähig und ungeeignet sei. Und nun rief derselbe Kaiser im allerkritischesten Augenblick denselben Burian zurück! Das zeigt denn doch, mit welcher beinahe gewissenlosen Leichtfertigkeit die entscheidendsten Personalfragen in der Ära Kaiser Karls behandelt und gelöst wurden.

Hier möchte ich noch erwähnen, daß der Monarch seine konstitutionellen Befugnisse und Rechte, ebenso aber auch die dadurch gegebenen Pflichten und Einschränkungen nahezu gar nicht kannte und mehr oder weniger einfach in dem Glauben lebte, daß in der Monarchie alles nach seinem Willen zu geschehen, er also nur anzuordnen habe. Seiner Umgebung kam es außerordentlich zustatten, ihn unbeirrt bei dieser grundfalschen Auffassung seines Herrscherberufes zu belassen, weil dadurch naturgemäß auch ihre Macht ins Ungemessene wuchs, da Kaiser Karl seinen unmittelbaren Ratgebern in allem und jedem vorbehaltlos ausgeliefert war.

XIV.

Gestürzt und verlassen.

Mit unverantwortlicher Stümperhaftigkeit wurde Österreich-Ungarn immer weiter heruntergeregiert. Bevor die neuernannten Minister und Würdenträger überhaupt die Möglichkeit fanden sich einzuarbeiten, wurden sie wieder ihres Amtes enthoben. So wurde der allerdings unfähige österreichische Ministerpräsident Clam-Martinic durch Dr. Seidler ersetzt, der auch nicht besser, ja vielleicht noch schlechter als sein Vorgänger war. Dafür war er ein alter Freund des Kaisers, sein gewesener Lehrer. Nach der Fähigkeit, das Amt zu verwalten, fragte der Kaiser nicht viel.

Seidler zeigte sich übrigens bald als vollendeter Epikuräer, den man ob seines unverwüstlichen Humors und seines nie versagenden Sanguinismus, selbst in den schwierigsten Situationen, hätte beneiden können, wenn dies nicht für sein Vaterland auch mit eine der Quellen unermeßlichen Unheiles geworden wäre. Dr. Paul Schulz schilderte ihn drastisch mit folgenden Worten: „Dem Seidler ist das ganze leidige Regierungsgeschäft höchst gleichgültig; wenn er bloß sein frisch angezapftes Pilsnerbier und sein gutes Essen hat, kümmert er sich sonst herzlich wenig um alles andere. Beim Empfang gelegentlich des letzten Ärztekongresses gab es doch im Ministerpräsidium eine Bewirtung, die — noch dazu an einem fleischlosen Tage

— wahrhaft die erlesensten Leckerbissen an Braten, Geflügel, Schinken und Würsten aufwies; daran erkenne ich meinen Mann! Überdies hat Seidler nur noch eine einzige Schwäche: das Theater! Zumal auch seine, allerdings als Bühnenkünstlerin vielversprechende Tochter am Volkstheater auftritt und hoffentlich bald auch für das Burgtheater verpflichtet werden wird. Begreiflich, daß der Vater viel Interesse an der Sache hat."

Nun geschah ein großer Fehler nach dem anderen, aber auch der Kaiser machte persönlich ein gedeihliches Arbeiten unmöglich. Ganz unerwartet pflegte er zu erscheinen, an der Front ebenso wie in den Ministerien, und nach oberflächlicher, kurzer Information verfügte er Entlassungen, gab er Verordnungen und Handschreiben heraus, die alles auf den Kopf stellten und den mühseligen Aufbau langwieriger Arbeiten im Nu zerstörten.

Wer schlug beispielsweise Polzers Programm für den Umbau des Reiches in Trümmer? War es Kaiser Karl selbst? War es Czernins Erbe, Burian? War es Konrad Hohenlohe, der im dunkeln arbeitete? War es ein mächtiger Außenseiter, der doch nur Graf Stefan Tisza sein konnte? Der um die Gefährdung magyarischer Hegemonie bangende Tisza hatte da tatsächlich seine fatale Hand im Spiele, unter deren rauhem Griff sich Graf Czernin einst nicht zu rühren vermochte und noch weniger jetzt Burian, der auf jedes Wimperzucken Tiszas blindlings reagierte. Diese Auffassung wird durch den Umstand bestätigt, daß Tisza sich selbst mit der Lösung der südslawischen Frage betrauen ließ! Einen unerhörteren Mißgriff dürfte man in der modernen Geschichte überhaupt nicht finden! Die vorstehend geschilderten Ereignisse enthüllen ein so trauriges Bild von wankelmütiger Launenhaftigkeit, Oberflächlichkeit und Ränkewirtschaft, daß die katastrophalen Folgen nur zu selbstverständlich erscheinen.

Der unaufhörliche System- und Personenwechsel blieb das einzig Beständige während Karls Regierung.

Der Chef des Militärkabinetts General Marterer wurde jählings entlassen und durch den Obersten Zeidler ersetzt, einen der früheren militärischen Lehrer des Kaisers, und auch der ungarische Ministerpräsident Tisza wurde, allerdings mehr dem Namen nach, durch den immer wieder aus der Versenkung auftauchenden Dr. Wekerle ersetzt, aber Tisza verstand es trotz aller Gegenströmungen, der mächtigste Mann im Reiche zu bleiben.

Infolge persönlicher Differenzen mit dem Kaiser verließ auch Obersthofmeister Konrad Hohenlohe seine Stelle, ein Hauptberater des Kaisers hinter den Kulissen, der als solcher in seiner Unfähigkeit den verhängnisvollsten, üblen Einfluß ausübte. Schließlich konnte ihn sogar der Kaiser nicht mehr vertragen, und er ersetzte ihn ohne viele Umstände durch seinen Freund und bisherigen Adjutanten, den ungarischen Grafen Hunyady.

Aber Prinz Hohenlohe hatte inzwischen schon seine Hauptabsichten verwirklicht, was ihm durch die Stellung in des Kaisers Nähe sehr erleichtert worden war. Er konnte eine seiner Töchter mit dem einzigen Bruder des Kaisers verheiraten, so daß der Millionär Baron

Mayr-Melnhof es nun doch angezeigt fand, die andere Hohenlohe-Tochter zur Frau zu nehmen und dadurch der Schwager des Bruders des Kaisers zu werden.

Eine andere gleichzeitige Heirat ähnlicher Art vermehrte die Liste der nicht ebenbürtigen Ehen: Erzherzogin Hedwig, die zweite Tochter der Erzherzogin Marie Valerie und des Erzherzogs Franz Salvator, reichte gar einem gewesenen militärischen Begleiter ihrer Brüder die Hand zum Ehebunde, dem Rittmeister Grafen Ternhard Stolberg-Stolberg.

In dieser ganzen Zeit hielten sich der Kaiser und seine Familie der Hauptstadt fern, von ihrer Volkstümlichkeit war keine Spur mehr übrig, trotz Hauptmann Werckmanns angestrengter Tätigkeit in der Tagespresse.

Da geschah das entscheidende Ereignis für Österreich-Ungarns Geschick, die große Offensivunternehmung gegen Italien setzte in der zweiten Junihälfte 1918 ein, die nicht nur mit einem ungeahnten verlustreichen Mißerfolg endete, sondern in ihren Folgen sogar die Auflösung des kaiserlichen Heeres überhaupt herbeiführte.

Bei dieser Offensive wurden nahezu alle Feldstreitkräfte eingesetzt, bloß die in der Ukraine stehenden Detachements blieben unbeteiligt. Ob ein Angriff in dem Augenblick, da die Front an der Piave, Brenta und in Tirol auch von schwächeren Kräften hätte behauptet werden können, überhaupt notwendig war, erscheint mehr als zweifelhaft. Kaiser Karl hat die Offensive, obzwar er eigentlich schon jedes Waffenganges überdrüssig war, angeordnet, um den im März und April gegen Engländer und Franzosen scheinbar so erfolgreich gewesenen Deutschen eine ebenbürtige Leistung seines Heeres gegenüber stellen zu können.

Gleichwertig waren diese zwei Offensiven, denn jede war für ihren Staat der Anfang vom Ende. Wieviel besser wäre es gewesen, die italienische Front nur mit den unbedingt nötigen Truppen zu halten und alle anderen verfügbaren Kräfte nach Frankreich und Flandern zu schicken, um den Deutschen dort auf dem entscheidenden Kriegsschauplatz unmittelbar zu helfen. Dadurch wären wichtigere Erfolge zu erzielen gewesen, aber Kaiser Karl war dieser Kombination aus politischen Gründen abhold, denn er befürchtete daraus eine Erschwerung seiner Sonderfriedensbestrebungen in Frankreich.

Die unter Conrads Befehl stehenden tirolischen Abteilungen waren von vornherein viel zu schwach, um im ersten Stoß den italienischen Widerstand zu brechen, die unter Führung des geschickten und schneidigen General Boroevic stehenden Truppen der Ebene fanden in dem sonst kein Hindernis bildenden, um diese Jahreszeit fast ausgetrockneten Piave, der infolge andauernder Regengüsse austrat und weite Strecken in grundlose Moore und Sümpfe verwandelte, eine unüberwindbare Schwierigkeit für den Nachschub: die Preisgabe unzweifelhaft wichtiger Stellungen an dem Piave und in Südtirol war das Endergebnis der Offensive. Als die unter dem Oberbefehl des Herrschers in Szene gesetzte Unternehmung Schiffbruch erlitten hatte, beeilte sich der Kaiser, Hals über Kopf nach Reichenau zurückzukehren, womit er, ohne zu wollen, den vollkommenen Fehlschlag der unter so großen Hoffnungen eingeleiteten Offensive öffentlich einbekannte.

Die überhastete Rückkehr Karls war wohl seine verhängnisvollste Unüberlegtheit, deren Folgen sich überhaupt nicht mehr gut machen ließen, zumal bald Gerüchte den Weg an die von tschechischen und serbischen Hetzern bearbeitete Front fanden, daß die „Italienerin" Kaiserin Zita — immer die Frauen — den ganzen Aufmarschplan verraten habe. Selbstredend war das Gerede vom Verrat der Kaiserin völlig unsinnig, aber nichtsdestoweniger lief es, wie der Blitz, durch alle Stellungen. Verantwortlich für das wirklich nicht zu rechtfertigende Verhalten Karls sind außer ihm selbst wohl zweifellos auch Generaladjutant Lobkowitz und der Chef des Militärkabinetts Zeidler gewesen, sie haben dem Monarchen in den Reihen der Armee sozusagen das Grab geschaufelt.

Ein Schrei des Entsetzens und der Entrüstung erhob sich in der Monarchie gegen diese Leichtfertigkeiten; in beiden Parlamenten wurden scharfe Interpellationen gegen die Heerführer eingebracht, der Ruf nach Erlösung von der ganz unhaltbar gewordenen Wirtschaft ging vom ganzen Volk aus, das einmal doch die Geduld verloren hatte.

Da wurde Feldmarschall Conrad geopfert und viele andere Generale mit ihm; aber die Opfer befriedigten die Massen nicht mehr, zumal man nicht mit Unrecht den Hauptteil der Schuld dem Armeeoberkommando und seiner Züchtung von Eifersüchteleien zwischen den Generalen Boroevic und Conrad zuschob. Conrads Rücktritt erfolgte übrigens mit allen Ehren, er wurde in den Grafenstand erhoben und zum Oberbefehlshaber aller kaiserlichen Leibgarden ernannt.

Durch diesen Rücktritt wurde die öffentliche Meinung mit bestimmter Absicht auf höheren Wunsch erfolgreich darauf festgelegt, daß Conrad einzig und allein der Schuldige an dem erschütternden Unglücke der Armee in den letzten Junitagen 1918 gewesen sei. Dies war aber eine bewußte Irreführung der Öffentlichkeit, denn die wahren Schuldigen waren in erster Linie im Generalstabschef Arz und seinem Stellvertreter Waldstätter zu suchen, welche aus den auseinandergehenden Vorschlägen der Armeekommandanten einen stillosen Kompromißoperationsplan zusammengebraut hatten, der bei mangelhaftester Vorbereitung naturgemäß mit einer völligen Niederlage enden mußte; aber der Kaiser hatte den Wunsch nach einer baldigen Offensive gegen Italien ausgesprochen, und Hals über Kopf, ohne viel geistige Anstrengung wurde der kaiserliche Wunsch in die Tat umgesetzt. Wohl nichts kann die damaligen Zustände in Österreich schärfer kennzeichnen als die Vorgeschichte, Durchführung und Abwicklung der unseligen Junioffensive.

Wie das Jahr zuvor, verbrachte der Kaiser den 17. August, seinen Geburtstag, auf seinem Lieblingssommersitz Reichenau, im Kreise seiner Familie und der seiner Frau, die immer fast vollzählig bei ihm versammelt war.

Das bemerkenswerteste an dem Feste war wieder die Ernennung einiger Offiziere zu Rittern des militärischen Maria Theresien-Ordens, der mit Erhebung in den Freiherrnstand und einer recht ansehnlichen Jahreszuwendung in Geld auf Lebzeiten verbundenen Kriegsauszeichnung. Kaiser Karl verlieh den Orden am 17. August 1917 und 1918, teils entsprechend den Statuten, teils aber auch nach eigenem Gutdünken, so an die Generale Conrad, Boroevic und Böhm-Ermolli. Ein anderer ungewöhnlicher Umstand verknüpfte sich mit der Dekorierung, welche doch eine ernsthafte militärische Feier war oder hätte sein sollen: die Kaiserin, die Kaiserkinder und die ganze Familie der Herzogin von Parma wohnten merkwürdigerweise der Überreichungszeremonie bei, wodurch das Ganze zu einem Schaustück für Frauen und Kinder und Kindermädchen herabgewürdigt wurde. Da mußte ich mich wieder der Worte entsinnen, die einmal Marquis de Reverseaux im Hinblicke auf das kaiserliche Haus gebraucht hatte: „Ca manque de grandeur!"

Als interessante Reminiszenz sei erwähnt, daß am 17. August 1917, also im Jahre vorher, nach der Ernennung der Ritter dieses hohen Militärordens Erzherzog Joseph, der das Kommandeurkreuz erhalten hatte, spontan den Säbel ziehend, rief: „Gut und Blut für unsern Kaiser! Gut und Blut für unsere Kaiserin!" Dieser Treueschwur erwies sich durch spätere Tatsachen als ganz inhaltloser Byzantinismus, denn gerade Erzherzog Joseph war im November 1918 der erste, der unaufgefordert den Treueid auf die ungarische Republik schwur und sich einen Pfifferling um Kaiser und Kaiserin kümmerte, denen er als Prinz und General und als Theresienritter öffentlich in der feierlichsten Weise Treue bis in den Tod gelobt hatte.

Im September erlitten die Bulgaren ungewärtigt auf dem Balkan schwere Niederlagen, und angesichts der gänzlichen Unmöglichkeit weiteren wirksamen Widerstandes gab der neue bulgarische Ministerpräsident Malinow, den Zar Ferdinand kürzlich an Stelle des hervorragend tüchtigen, unbedingt bündnistreuen Radoslawow berufen hatte, das Schicksal der arg hergenommenen bulgarischen Armee, ohne den Rat oder die Zustimmung der Verbündeten vorher einzuholen, in die Hände des französischen Oberbefehlhabers auf dem Balkan, General Franchet d'Esperey. Malinow handelte gewiß nicht sehr rücksichtsvoll, aber vielleicht doch ganz richtig, zumal wiederholte dringendste Friedensbemühungen des Zaren Ferdinand an dem verblendeten Siegfriedenswillen nicht Wilhelm II. oder Karl I., sondern der noch mächtigeren Generale im deutschen Hauptquartiere gescheitert waren. Bulgarien konnte einfach nicht mehr, und Malinow rettete möglicherweise mit diesem Schritte sein Vaterland vor weiterem schlimmerem Unglück.

Ungarn stand plötzlich vor der erschreckenden Gefahr einer feindlichen Invasion und kümmerte sich nun nur um die eigene Zukunft. Selbst die treuesten Kämpen für den 1867er Ausgleich, wie Tisza und Wekerle, verkündeten die Trennung von Österreich, allerdings unter Beibehaltung der Personalunion des Herrschers in beiden Reichen. Sie meinten, dadurch die Integrität ihres Landes sicherzustellen, wofür sie auch den König auf jeden Fall verpflichteten, aber mit der Macht und Autorität Habsburgs war es ganz vorbei.

Die Italiener rückten an der Südwestfront, Engländer, Franzosen, Serben und Rumänen an der Süd- und Südostfront in das Gebiet der Monarchie ein, sie trafen keinen Widerstand, die Habsburger-Monarchie hatte aufgehört zu bestehen, der Kaiser selbst hatte mit seinem Manifest vom 18. Oktober 1918 die

Brandfackel in das Gebäude der Donaumonarchie geschleudert.

Kaiser Karl spielte in diesen, von niedersausenden Blitzschlägen erfüllten Gewittertagen die denkbar unglücklichste Rolle. Als er seine Macht in Österreich verloren sah, eilte er nach Ungarn und ließ sich in der Hoffnung, mit Hilfe Englands und Frankreichs wenigstens diesen Königsthron für sich erhalten zu können, mit seiner ganzen Familie im Schlosse Gödöllö nieder. Dabei unterhielt er in der nahen Hauptstadt Budapest rege Beziehungen mit den führenden ungarischen Staatsmännern, besonders mit Erzherzog Joseph, den er mit dem Ausfindigmachen von Mitteln zur Rettung seiner Herrschaft betraute. Gleichzeitig pflog er aber unter der Hand auch geheime Verhandlungen mit Tschechen und Südslawen, denen er für den Fall eines günstigen Ergebnisses die Abtretung ungarischen Gebietes versprach; er konnte aber nirgends etwas erzielen, da das doppelte Spiel bald ruchbar wurde. Daraufhin ließ er seine Kinder in Gödöllö zurück und flüchtete nach Schönbrunn — um nun in Wien die Rettung seiner Herrschaft zu versuchen, wobei er das in Ungarn eben mißglückte Spiel neuerdings begann. Aber auch in Wien hatte sich schon eine vorläufig republikanische Regierung gebildet, und so mußte der Kaiser in den ersten Novembertagen endlich begreifen, daß seine Lage gänzlich aussichtslos geworden war. Nachdem er seine Kinder aus Gödöllö glücklich wieder in Sicherheit hatte bringen lassen, zog er sich mit seiner ganzen Familie nach dem kleinen Schlosse Eckartsau in den Donauauen nächst der ungarischen Grenze zurück, einem ehemaligen Jagdschloß des ermordeten Franz Ferdinand.

Als die kaiserlichen Kinder am Tage ihrer Flucht Gödöllö frühmorgens verließen, war das Schloß schon von der ungarischen Nationalmiliz besetzt, und als der kleine Kronprinz Franz Joseph Otto die Stiege in der Vorhalle herunterkam, um sich in den fahrbereiten Kraftwagen zu setzen, grüßte er nach seiner Gewohnheit die dort aufgestellten republikanischen Scharfschützen militärisch, was diese nur mit spöttischem Grinsen und rohen Bemerkungen quittierten. So spielte der Kronprinz bis zuletzt seine Rolle als Volksbeliebtheitspuppe, zu der er so erfolgreich erzogen worden war, und so offenbarte sich dabei dem Kinde mit den schönen feinen Zügen und den goldblonden Locken, daß das Habsburgergeschlecht, das im Mitteleuropa sechshundertfünfzig Jahre geherrscht hatte, vom Thron gestoßen und die einst so mächtige Donaumonarchie in Stücke geschlagen war.

Nachwort

Ich habe mich dieser Arbeit mit ehrlichem Eifer unterzogen, hauptsächlich deshalb, weil ich oft geradezu mit Verachtung und ohne jedes Wohlwollen von den österreichischen Verhältnissen reden hörte, daß dieses Völkerbündel keine Daseinsberechtigung habe, daß es nur durch die Person Kaiser Franz Josephs zusammengehalten werde und nach seinem Tode von selbst zerfallen müsse.

Die Ereignisse haben dieser Auffassung recht gegeben. Franz Joseph war der letzte Pfeiler des buntgefügten Baues der Donaumonarchie. Er selbst hatte bis zuletzt keine Ahnung von seiner tragischen Mission, er arbeitete überzeugt, rastlos für die glückliche Zukunft seines Reiches.

In der langen Ära Franz Josephs sind drei politische Hauptfragen aufgetaucht, mit denen er sich auseinanderzusetzen hatte, und bei keiner von ihnen ist ihm eine günstige Lösung geglückt: die italienische, die großdeutsche und slawische Frage.

Bei der erstgenannten Aufgabe schnitt der Kaiser äußerst unglücklich ab und verlor nach den Schlachten von Magenta und Solferino im Jahre 1859 die Lombardei. In der zweiten Frage hatte er noch mehr Unglück; er wurde nach der Niederlage von Königgrätz nicht nur samt seinen deutschen Stämmen aus dem deutschen Bunde verbannt, sondern er verlor auch noch die letzten italienischen Besitzungen, Venetien mit Venedig. Bei der Auseinandersetzung mit der slawischen Frage fielen seine Staaten durch den Weltkrieg 1914 — 1918 überhaupt auseinander, und die alte Monarchie, in dieser Gestalt eine Schöpfung Franz Josephs, hörte überhaupt auf zu bestehen.

Die gütige Vorsehung ersparte es ihm, dies schreckliche Ende seines Lebenswerkes mit ansehen zu müssen, sie berief ihn zwei Jahre vor der Vollstreckung des geschichtlichen Hochgerichtes in das bessere Jenseits ab.

Friede seiner Asche, Gerechtigkeit seinem Andenken.

Namentliches Verzeichnis der in diesem Buche angeführten Personen.

ADLER, Dr. Friedrich, sozialdemokr. Führer in Wien ... 229
AEHRENTHAL, Frelh. v. (später Graf v.), österr.-ung. Minister des Äußeren . 43 f., 46, 48, 113, 116 f., 119, 140—142, 149, 151, 155, 157, 166, 202
AEHRENTHAL, Gräfin, geb. Gräfin Széchényi 140
ALBRECHT, Erzherzog, Feldmarschall 164, 190
ALEXANDER I., Obrenowitsch, König v. Serbien . 9—11, 14, 17
ALFONS XIII., König von Spanien 114
ALLAIRE, Major, Militärattaché der Vereinigten Staaten von Nordamerika in Wien 80
ANDRÁSSY, Julius Graf, ung. Minister 86
ANGELI v., Professor, Maler in Wien 100
APPONYI, Albert Graf, ung. Minister 45, 87,
ARZ v. Straussenburg, Freih., v., General, Chef des Generalstabes . 80, 244, 268
AUFFENBERG v. Komarów, Freih. v., General, Kriegsminister . 124, 144 f., 152
AUGUSTE VIKTORIA, deutsche Kaiserin 73, 127
AVARNA, Herzog, italien. Botschafter in Wien . 119, 200 f.

BACHRACH, Adolf Dr., Justizrat in Wien 33
BACQUEHEM, Marquis von, österr. Ministerpräsident a. D. 177
BALTAZZI, Aristides 52
BÁNFFY, Desider Baron, ung. Ministerpräsident 22
BECK Freih. v. (später Graf von BECK-RZIKOWSKY), General, Chef des Generalstabes .. 17 f., 29, 46 f., 61, 77, 81, 143, 160
BENCZUR, Julius v., Professor, Maler in Budapest 100
BERCHTOLD, Graf, österr.-ung. Minister des Äußeren .. 117, 166 f., 171, 173 f., 176—180, 182—184, 187, 198—203, 205
BERKELEY-PAGET, Sir Augustus, großbritannischer Botschafter in Wien 92
BETHMANN-HOLLWEG, v., deutscher Reichskanzler ... 256
BILINSKI, Ritt. v., österr.-ung. gem. Finanzminister 173
BISMARCK, Fürst v., deutscher Reichskanzler 36, 142, 148
BÖHM-ERMOLLI, Freih. v., General (später Feldmarschall) 216, 269
BOGDANOWITSCH, Dr., Patriarch von Karlowitz ... 96 f.

BOLFRAS, Freih. v., General,
Chef des Militärkabinettes des
Kaiser Franz Joseph . 9, 41, 83,
   117, 163, 171, 174, 176, 190,
   194, 208, 218, 240
BOMBELLES, Graf v.,
Konteradmiral . . . . 53 f.
BONDY, Leon, Finanzkapazität
in Wien und Prag 177
BOROEVIĆ, v., General
(später Feldmarschall) . . 216 f.,
   222, 266 f., 269
BOTHMER, Graf v.,
bayrischer General 216
BRAGANZA, Herzog v. . . . 73
BRAUN, Freih. v., Staatsrat,
Chef des Zivilkabinettes des
Kaisers Franz Joseph 10
BREVERN de la Gardie,
Graf, russischer Botschaftsrat
in Wien 160
BRIGGS, Kapitän, Militär-
attaché der Vereinigten Staaten
v. Nordamerika in Wien . 215 f.
BROUGIER, Oberstleutnant,
Flügeladjutant des
Kaisers Karl . . . . 241 f.
BRUDERMANN, Rudolf Ritt.
v., General,
Kavallerieinspektor 32
BRUSSILOW,
russischer General 222
BÜLOW, Bernhard Fürst v.,
deutscher Reichskanzler . 197 f.
BÜLOW, Karl v., Major,
deutscher Militärattaché
in Wien 18, 46
BURG, Ferdinand (Erzherzog
Ferdinand Karl) . . 62—64, 127
BURIAN, Frh. v. (später Graf),
österr.-ung. Minister des
Äußeren . 203, 205, 211, 213 f.,
   244, 254, 259 f., 263

CABURI, Franco, Korrespondent
in Wien 28, 80
CÄCILIE, deutsche
Kronprinzessin 111
CASSIN, Bildhauer
in Wien 100
CHOTEK, Sophie, Gräfin
(s. a. Hohenberg) . . . . . 57—61
CLAM-MARTINITZ, Graf,
österr. Minister-
präsident 244, 262
CLOTHILDE, Erzherzogin . 74
CONRAD v. HÖTZENDORF,
Freih. v., (später Graf), General
(später Feldmarschall), Chef des
österr.-ung. Generalstabes . 38,
   50, 77—83, 113, 117 f.,
   123—126, 142—144, 152 f.,
   157, 163, 166, 174, 176,
   186—188, 190 f., 193 f., 196,
   198, 203 f., 208, 213—215,
   217—219, 222—224, 226 f.,
   244 f., 266—269
CONSALVI, Staatssekretär
des Papstes Pius VII. 139
COTCHETT, Kapitän, Militärattaché der Vereinigten Staaten
von Nordamerika in Wien . 153
CROZIER, französischer Botschafter in Wien . . 92, 118, 127
CZERNIN, Ottokar, Graf,
österr.-ung. Minister des
Äußeren . . . . . 202, 244, 252 f.,
   256—260, 263
CZUBER, Fräulein (Gemahlin
des Ferdinand Burg) 64
DANEW, bulgarischer
Politiker 150
DARUVÁRY, v., ung. Sektions-
chef im Zivilkabinett des
Kaisers Franz Joseph . . . 85, 207
DAVILA, Oberst, chilen. Militär-
attaché in Wien 160

DIETRICHSTEIN, Fürst, Flügeladjutant des Kaisers Franz Joseph 89
DRAGA, Königin von Serbien (s. a. Maschin, Draga) 10 f., 14, 17
EDUARD VII., König von Großbritannien und Irland . 24, 27, 42—44, 108 f., 114 f., 212
ELISABETH, Kaiserin von Österreich . 54—59, 72, 74, 84, 86, 92, 103 f., 133, 169
ELISABETH FRANZISKA, Erzherzogin (spätere Gräfin Waldburg) ...... 160 f.
ELISABETH MARIE, Erzherzogin (spätere Fürstin Windisch-Graetz) ..... 69—72
EUGEN, Erzherzog, Feldmarschall ..... 66, 195, 199, 216 f.
EUGENIE, Kaiserin der Franzosen 215
EULENBURG, Fürst, deutscher Botschafter in Wien ... 92, 146

FALKENHAYN, General, preußischer Chef des Generalstabes 198, 225
FEJÉRVÁRY, Freih. v., ungar. Landesverteidigungsminister und später Ministerpräsident ... 24, 44 f., 86, 167
FERDINAND I., Fürst von Bulgarien (später Zar der Bulgaren).... 44, 73, 114, 116, 146, 210—213, 236, 251, 256, 269 f.
FERDINAND KARL, Erzherzog (s. a. Burg, Ferdinand) ...... 62—64, 127
FERDINAND MAX, Erzherzog (s. a. Maximilian, Kaiser von Mexico) 54
FERDINAND I., Kaiser von Österreich 34
FERDINAND I., König von Rumänien 114, 206, 225
FERDINAND IV., Großherzog von Toscana 65
FERENCZY, Frau v., Vorleserin der Kaiserin Elisabeth 86
FESTETICS, Marie Gräfin, Obersthofmeisterin d. Kaiserin Elisabeth .... 86 f.
FESTETICS, Tassilo, Fürst .. 87
FRANCHET d'ESPEREY, französischer General 270
FRANZ V., Herzog von Modena 60
FRANZ I., Kaiser von Österreich usw. 17, 34
FRANZ FERDINAND von Österreich-Este, Erzherzog . 20, 31, 37, 50, 57—61, 69, 74—77, 80, 82, 93 f., 100, 110, 112 f., 118, 122, 124—126,, 133—137, 141 f., 145, 149 f., 152 f., 155, 157, 163 f., 166—171, 173, 175 f., 202, 220 f., 272
FRANZ JOSEPH I., Kaiser von Österreich usw. ... 5—239, 241, 243 f., 246 — 249, 273 f.
FRANZ JOSEPH OTTO, Erzherzog, Kronprinz von Österreich .... 236 f., 246, 272
FRANZ SALVATOR, Erzherzog 66, 123, 161, 187, 265
FRIEDRICH AUGUST III,. König von Sachsen 65, 236
FRIEDRICH II. von Hohenstaufen, römisch-deutscher Kaiser 102
FRIEDRICH, Erzherzog ... 59, 190—195, 208, 217 f.

FRIEDRICH II., König von
Preußen 95
FRIEDRICH WILHELM IV.,
König von Preußen 129
FRIEDRICH WILHELM, Kronprinz des Deutschen Reiches und
von Preußen .... 70 f., 111, 236
GELLINEK, Major des
Generalstabes, österr,-ung.
Militärattaché in Belgrad . 188 f.
GEORG I., König der
Hellenen 114
GEORG, König von Sachsen 65
GIESL, Artur Freih, v.,
General 184
GIESL, Wladimir Freih. v.,
General und österr.-ung.
Gesandter in Belgrad . 173, 180,
188
GIRARDI, Alexander,
Schauspieler in Wien 105
GIRON, französischer Sprachlehrer am sächsischen Hofe .. 65
GISELA, Prinzessin von Bayern,
geb. Erzherzogin von
Österreich ...... 66, 72 f., 161
GLOMBINSKI, Österr.
Reichsratsabgeordneter ... 177
GOLUCHOWSKI, Graf, österr.-ung. Minister des Äußeren .. 8,
13, 17—20, 24, 27 f.
GONDRECOURT, Graf,
General 53
GUSTAV V. ADOLF, König von
Schweden 114
HAUS,
Großadmiral ...... 200, 244 f.
HEDWIG, Erzherzogin (spätere
Gräfin Stolberg-Stolberg) .. 265
HEINRICH VIII., König von
England 48
HINDENBURG, v., preußischer
Generalfeldmarschall 254

HÖFER von Feldsturm,
General 193, 222
HOHENBERG, Fürstin, später
Herzogin v. (s. a. Chotek,
Sophie Gräfin) .. 57—61, 76 f.,
95, 126, 163 f., 167 — 171, 175
HOHENLOHE-SCHILLINGSFÜRST, Konrad Prinz zu,
Obersthofmeister des Kaisers
Karl ..... 242—244, 263—265
HOHENLOHE-WALDENBURG, Prinz zu, Major des
Generalstabes und österr.-ung.
Militärattaché in
St. Petersburg 187
HORDLICZKA, Oberst des
Generalstabes 80, 160
HORTSTEIN, v., General . 184
HOYOS, Graf v., Flügeladjutant
des Kaisers Franz Joseph .. 89 f.
HRANILOWITSCH, v., Oberst
des Generalstabes .. 213 f., 227
HUMMEL, Oberst des
Generalstabes .... 223 f.
HUNYADY, Graf, Flügeladjutant (später Obersthofmeister) des Kaisers Karl .. 241, 264
ISABELLA, Erzherzogin 57
ISWOLSKI, v., russischer
Minister des Auswärtigen 116 f.
JANATSCHEK, Haushofmeister
des Erzherzogs Franz
Ferdinand 77
JOHANN, Erzherzog
(s. a. Orth, Johann) 65
JOHANN Georg,
Prinz von Sachsen 136
JOSEPH, Erzherzog 11, 71
JOSEPH (August),
Erzherzog,
Feldmarschall 269
JOSEPH FERDINAND,
Erzherzog ...... 65, 216, 222 f.

JUAREZ, Benito, Präsident der mexikanischen Republik ... 54
JUSTH, Desider, ungar. Reichstagsabgeordneter . 45, 87
KAHN, Zadoc, Großrabbiner von Frankreich 98
KALEDIN, russischer General 222
KALTENBORN, Ferdinand v., General 219
KAPNIST, Graf, russischer Botschafter in Wien ...... 92 f.
KARL I., Kaiser von Österreich usw. (früher Erzherzog Karl Franz Joseph von Österreich-Este) 84 f., 106 f., 134—140, 169, 174, 181, 212 f., 219—223, 233—238, 240—261, 262—272
KARL, Erzherzog, Feldmarschall 190
KARL I., König von Rumänien 114, 151 f., 167, 206
KARL ALBRECHT, Erzherzog 66
KARL LUDWIG, Erzherzog .... 50 f.
KERENS, Botschafter der Vereinigten Staaten von Nordamerika in Wien 76
KERZL, Dr., Generalarzt und Leibarzt des Kaisers Franz Joseph ... 9 f., 33, 57, 69, 88 f., 99, 133, 231—233
KHUEN—HEDERVARY, Graf v., ung. Ministerpräsident 86, 125
KISS DE ITTEBE, Gatte der Frau Katharina Schratt 103
KLUCK, v., preußischer General 204
KOBURG, Luise Prinzessin v., geb. Prinzessin von Belgien 72

KOENIG von Aradvár, Baron, ungar. Sektionschef im kaiserl. Zivilkabinett ..... 45, 52, 85 f.
KOERBER, v., Dr. österr. Ministerpräsident . 12 f., 19, 22, 25 f., 61 f., 75 f., 84 f., 98, 102, 130, 165, 176, 223, 228, 230 f., 244, 247
KONSTANTINOWITSCH, serbischer Oberst 8
KONSTANTINOWITSCH, Natalie (später Prinzessin Mirko von Montenegro) 8
KOSSUTH, Franz, ungar. Minister 45, 87
KOSSUTH, Ludwig, ungar. Freiheitsheld 45, 97
KRAFFT von Delmensingen, bayerischer General 225
KRAMARSCH, Dr., tschechischer Reichsratsabgeordneter 94, 177, 185
KRAUSS, Alfred, General .... 195, 217 f.
KRAUSS-ELISLAGO, v., Oberst des Generalstabes ... 80
KRIEGHAMMER, Freih. v., General, österr.-ung. Kriegsminister 29, 143
KRISTOFORI, Oberst des Generalstabes 219
KROBATIN, Freih. v., General (später Feldmarschall), österr.-ung. Kriegsminister .. 153, 170, 176, 217
KUNDRAT (Vater), Kammerdiener des Kaisers Franz Joseph 53
KUNDRAT (Sohn), österr. Sektionschef im kaiserl. Zivilkabinett .... 52 f.
KUNDTMANN, Oberst des Generalstabes 219

KUROPATKIN, russischer
General 40
KUNZ, Berta, Weinstuben-
besitzerin in Wien 64
LAMBSDORFF, Graf v.,
russischer Minister des
Auswärtigen 24
LAMMASCH, v., Dr.,
Völkerrechtslehrer, österr.
Ministerpräsident 251
LANE, C. Arthur, Rev.,
englischer Kirchenhistoriker . 48
LANGER, General, Stellvertreter
des Chefs des Generalstabes . 80
LAZAREWITSCH, Oberst,
Flügeladjutant des Königs
Alexander I. von Serbien ... 9 f.
LATOUR, Freih. v.,
General 53
LEDOCHOWSKI, Graf,
Kardinal 59
LENEWITSCH, russischer
General 40
LEO XIII., Papst 59
LEOPOLD, Prinz von
Bayern 66, 73, 99
LEOPOLD I., König
der Belgier 109
LEOPOLD FERDINAND,
Erzherzog (s. a. Wölfling,
Leopold) .... 62, 65 f.
LEOPOLD SALVATOR,
Erzherzog 65, 217
LERCH, Egon v.,
Linienschiffsleutnant ... 70, 72
LIECHTENSTEIN, Prinz v.,
Obersthofmeister d. Kaisers
Franz Joseph 83
LOBKOWITZ, Prinz v.,
General, Generaladjutant des
Kaisers Karl 240, 267
LÖBL v., Oberst des
Generalstabes 80

LOUIS PHILIPP, König der
Franzosen 109
LONYAY, Graf (später
Fürst) v., Elemer 69, 127
LONYAY, Gräfin (später
Fürstin) v., Stephanie (s. a.
Stephanie, Erzherzogin,
Gemahlin des Kronprinzen
Rudolf) 72
LUCCHENI, italienischer
Anarchist 54, 57, 169
LUDENDORFF, preußischer
General, Chef d. deutschen
Generalstabes 254
LUDWIG III., König
von Bayern 236
LUDWIG VIKTOR,
Erzherzog 62
LUEGER, Karl Dr.,
Bürgermeister von Wien 12
LUISE, Prinzessin von Sachsen-
Koburg, geb. Prinzessin
von Belgien 72
LUISE, Prinzessin von Preußen
(spätere Herzogin von
Braunschweig) 138
LUISE, Kronprinzessin von
Sachsen (s. a. Toselli, Frau) 65 f.
LUKACS, v., Dr., ung.
Ministerpräsident 42
MACCHIO, Freih. v., österr.-
ung. Botschafter in Rom ... 199
MAC CLINTOCK, Kapitän,
Militärattaché der Vereinigten
Staaten von Nordamerika
in Wien 80
MACKENSEN, v., preußischer
Generalfeldmarschall . 203, 226
MALINOW, bulgarischer
Ministerpräsident ...... 269 f.
MANZANO, Graf v.,
Flügeladjutant des Kaisers
Franz Joseph 89

MARGARETHE, Prinzessin
von Dänemark 139
MARIE, Prinzessin von
Dänemark, geb. Prinzessin
von Orléans 139
MARIE, Königin
von Rumänien 206
MARIA JOSEPHA,
Erzherzogin .. 133 f., 137—140
MARIE THERESE,
Erzherzogin 137, 139
MARIE VALERIE,
Erzherzogin ... 44, 55, 66—69,
73, 160 f., 234, 265
MARSCHALL, Freih. v.,
deutscher Botschafter
in Konstantinopel 141
MARSCHALL, Dr.,
Weihbischof in Wien ... 51, 76
MARSCHALL, Professor,
Medailleur in Wien 100
MARS, Mela,
Kabarettsängerin in Wien .. 38
MARTERER, Freih. v., General,
Chef des Militärkabinettes des
Kaisers Karl ... 217, 240 f., 264
MARTSCHENKO v., Oberst,
russischer Militärbevoll-
mächtigter in Wien 40, 42
MASARYK, Professor, Dr.,
tschechischer Politiker 185
MASCHIN, Draga (s. a. Draga,
Königin von Serbien) . 10 f., 14,
17
MATHILDE, Prinzessin
von Sachsen 65
MAUROCORDATO, rumäni-
scher Gesandter in Wien ... 225
MAX, Erzherzog (Bruder des
Kaisers Karl) 264
MAXIMILIAN, Kaiser von
Mexiko (s. a. Ferdinand Max,
Erzherzog) 60

MAYER, Dr., Hofpfarrer 50 f.,
53, 56, 87 f., 147
MAYR-MELNHOF,
Freih. v. .... 264 f.
MERAN, Graf v., Bezirks-
hauptmann in Bregenz .. 121 f.
MÉREY, v., österr.-ung.
Botschafter in Rom .. 197—199
METZGER, General,
Stellvertreter des Chefs des
Generalstabes 219, 244
MIKESCH, Freih. v., Dr., österr.
Sektionschef im kaiserl.
Zivilkabinette .. 19, 40, 81, 97,
110 f., 138, 162, 178, 181, 185,
188, 191, 196, 205, 208, 218,
224, 231, 258 f.
MILAN I. Obrenowitsch, König
von Serbien . 8—10, 13—15, 73
MOLTKE, v., preußischer
General, Chef des
deutschen Generalstabes .. 122
MONTECUCCOLI, Graf v.,
Admiral 215
MONTEFIORE, Sir Moses .. 98
MONTENUOVO, Fürst,
Obersthofmeister des Kaisers
Franz Joseph .. 84 f., 89, 170 f.,
174, 176, 179, 190, 207, 229,
233, 242 f.
NAPOLEON III., Kaiser
der Franzosen 54
NEUSSER, v., Dr., Universitäts-
professor in Wien 133
NIGRA, Conte, italienischer
Botschafter in Wien .. 91 f., 200
NIKOLAUS I., Kaiser
von Rußland .... 25 f.
NIKOLAUS II., Kaiser von
Rußland . 24, 59, 114, 138, 256
NIKOLAUS I., Fürst, (später
König) von Montenegro 27, 73,
110 f., 146, 148, 156

281

NOGI, japanischer General . 41
OSKAR, Kronprinz
von Schweden 236
ORTH, Johann (s. a. Johann,
Erzherzog) 65, 127
ORTNER, Dr., Universitäts-
professor in Wien . . . 231—233
OTTO, Erzherzog . 62—64, 134
PAAR, Graf, General,
Generaladjutant des Kaisers
Franz Joseph   41, 45, 57, 69, 83,
89 f., 168 f., 229, 240
PALMER, Bankdirektor
in Wien 99
PARMA, Robert
Herzog von 138
PARMA, Herzogin von . 255 f.,
269
PASIC, serbischer
Ministerpräsident 180
PENFIELD, Botschafter der
Vereinigten Staaten von
Nordamerika in Wien . . 93, 209
PETER I., Karageorgiewitsch,
König von Serbien 115
PFLANZER-BALTIN, Freih. v.,
General 216, 222
PIFFL, Dr., Kardinal,
Fürsterzbischof von Wien . . 236
PITREICH, Freih. v., General,
österr.-ung. Kriegsminister . 19,
23, 29, 46, 61, 77
PLOJ, Dr., österr.
Reichsratsabgeordneter . . . 177
PLUNKETT, Sir Francis,
großbritannischer Botschafter
in Wien 92
POINCARÉ, Raymond, Präsi-
dent der franz. Republik . . 260
POLLAK, David, Philantrop
in Wien 98
POLLAK, Regina, (Gattin
des obigen) 98

POLONYI, Desider, ungar.
Minister 87
POLZER-HODITZ, Graf v.,
Chef des Zivilkabinettes des
Kaisers Karl . . . 242, 252—254,
263
PONSONBY, Major, Sekretär
des Königs Eduard VII. von
Großbritannien und Irland . 43
POSADOWSKY, Graf v.,
preußischer Minister 186
POTIOREK, General,
Landeschef und Oberkomman-
dant in Bosnien und der Herze-
gowina . . . 29, 81, 172, 194, 204
PUTNIK, Wojwode, serbischer
Oberbefehlshaber . . . . . . 180 f.
RAINER, Erzherzog . . . 59, 66,
70 f., 139, 158
RAMPOLLA, Kardinal, Staats-
sekretär d. Papstes Leo XIII . 59 f.
RASCHIN, tschechischer
Reichsratsabgeordneter . . . 185
REBOLLEDO, Salomon, Lehrer
der Medizin an der staufischen
Universität in Neapel 102
REDL, Oberst des
Generalstabes . . . . 159 f.
REPTA v., Dr., griechisch-orient.
Patriarch von Czernowitz . 96 f.
REVERSEAUX, Marquis de,
französischer Botschafter
in Wien 79, 92, 201, 269
RHOMBERG, Dr., Landeshaupt-
mann von Vorarlberg . . . . 121 f.
ROBERT, Herzog
von Parma 138
ROSNER, Dr., österreichischer
Reichsratsabgeordneter . . . 173
ROTHE, Juwelier
in Wien . . . . 100 f.
ROTHSCHILD, Freih., v.,
Albert . . . . 97 f.

RUDOLF, Erzherzog, Kronprinz von Österreich . . 50 — 54, 56 f., 69, 72, 74, 84, 220
RUMERSKIRCH, Freih., v., Obersthofmeister des Erzherzogs Franz Ferdinand von Österreich-Este 168
SAMASSA, Kardinal, Erzbischof von Erlau 112
SCAPINELLI, Conte, Erzbischof, Apostolischer Nuntius in Wien 170
SCHEMUA, Blasius, General, Chef des österr.-ung. Generalstabes .... 144 f.
SCHIESSL von Perstorff, Freih. v., Chef des Zivilkabinettes des Kaisers Franz Joseph . . 85, 171, 174, 179, 181, 190, 207, 229, 242
SCHÖNAICH, Freih. v., General, österr.-ung. Kriegsminister . 49, 77 f., 82 f., 113, 117, 143—145
SCHRATT, Katharina . . . 83 f., 97, 99, 103 — 106, 162, 231 f.
SCHULTHES, Freih., v., Hofrat im österr.-ung. Ministerium des Äußeren 93
SCHULZ, Paul, Dr., Vizepräsident des österr. Obersten Rechnungshofes 90, 259, 262 f.
SCHWARZENBERG, Karl Fürst v. 184
SEEFRIED, Freiherr v. (später Graf v.) 127
SEIDLER, Ritt. v., österr. Ministerpräsident . . 254, 262 f.
SEYDL, Dr. Hofpfarrer . . 231 f.
SIMITSCH, serbischer Gesandter in Wien 93
SIXTUS, Prinz von Parma . 260
SONNINO, italienischer Minister des Äußeren .... 196 f.

SOPHIE, Erzherzogin . 55 f., 59
SOPHIE, Königin von Schweden 130
SPANNBAUER, Kammerdiener des Kaisers Franz Joseph . . . 106
SPIEGELFELD, Freih. (später Graf) v., Statthalter in Tirol 121
STEED, Wickham, Korrespondent der „Times" in Wien . . 28
STERNBERG, Adalbert, Graf 19
STEPHANIE, Erzherzogin, Kronprinzessin, geb. Prinzessin von Belgien (s. a. Lónyay, Gräfin) .... 50, 69—72
STOESSEL, v., russ. General 41
STOLBERG-STOLBERG, Bernhard Graf v. 265
STRAUSS, Hofkapellmeister 131
STROSSMAYER, Dr. Bischof von Djakova .... 21 f.
STÜRGKH, Graf, österr. Ministerpräsident ...... 173 f., 206 f., 224, 228 f.
SZALATNAY, v., Dr., evangelischer Superintendent in Böhmen 97
SZAPÁRY, Graf, österr.-ung. Botschafter in St. Petersburg 187
SZELL, Koloman v., ungar. Ministerpräsident . 24, 35 f., 63
SZTÁRAY, Gräfin, Hofdame der Kaiserin Elisabeth 86
TECK, Herzog, v., großbritannischer Militärattaché in Wien 90
THUN, Fürst v., österr. Ministerpräsident a. D. und Statthalter in Böhmen . . . 93 f., 184 f.

TIRPITZ, v., deutscher
Großadmiral 254
TISZA, Koloman, v., ungar.
Ministerpräsident 22
TISZA, Stephan, Graf, ungar.
Ministerpräsident . . . . . . 125 f.,
 172 f., 176, 186, 203, 206 f.,
 213, 226—228, 263 f., 270
TOSELLI, Luise (s. a. Luise,
Kronprinzessin von
Sachsen . . . . 65 f.
TOSELLI, italienischer
Klaviervirtuose 65
TSCHIRSCHKY und
Bögendorff, Heinrich v., deutscher Botschafter in Wien . . 19,
 71, 91, 101, 109, 141, 146 f., 215
VARESANIN, Freih. v., General
Landeschef in Bosnien und der
Herzegowina 78, 124
VETSERA, Mary,
Baronesse . . . . 50—53
VIKTOR EMANUEL III. König
von Italien 27, 114, 200
VIKTORIA, Königin von Großbritannien und Irland . . . 113 f.
VINEIS, Peter a (Pier delle
Vigne) Kanzler des Kaisers
Friedrich II. von
Hohenstaufen 102
WALDBURG-ZEIL-
LUSTENAU-HOHENEMBS,
Graf, (Gatte der Erzherzogin
Elisabeth Franziska) 161
WALDEMAR, Prinz von
Dänemark 98, 139
WALDSTÄTTEN, Freih. v.,
General, Stellvertreter des
Chefs des österr.-ung.
Generalstabes 244, 268
WALLIS, Graf, General,
Erzieher des Erzherzogs
Karl 134

WATSON, Seton („Scotus
Viator") englischer politischer
Schriftsteller 21
WEDEL, Graf (später Fürst) v.,
General, deutscher Botschafter
in Wien 91, 146, 198
WEISKIRCHNER, Richard, Dr.,
Bürgermeister von Wien 12
WEKERLE, Dr., ung. Ministerpräsident 42, 86, 264, 270
WERCKMANN, Hauptmann,
Leiter der Hofpresse für
Kaiser Karl 247, 265
WIESNER, v., Sektionschef im
österr.-ung. Ministerium
des Äußeren 258
WILHELM II., deutscher Kaiser
und König von Preußen . . . 24,
 41 f., 58 f., 92, 111, 114, 122,
 127, 129 f., 141, 167, 198,
 209-211, 251, 260, 270
WILHELM ERNST, Großherzog
von Hessen 114
WILSON, Woodrow, Präsident
der Vereinigten Staaten von
Nordamerika 258
WINDISCH-GRAETZ, Elisabeth
Fürstin zu, (s. a. Elisabeth Marie,
Erzherzogin) . . . . 69—72
WINDISCH-GRAETZ, Otto
Fürst zu 69, 127
WÖLFLING, Leopold
(s. a. Leopold Ferdinand,
Erzherzog . . . . 62, 65 f., 127
WORONIN, v., Oberst,
russ. Militärbevollmächtigter
in Wien 59
ZEIDLER, Freih. v., General,
Chef d. Militärkabinettes des
Kaisers Karl 264, 267
ZITA, Kaiserin von
Österreich . . . . 106, 134, 236 f.,
 240, 246, 255, 267, 269
ZUMBUSCH, Kaspar, v.,
Professor, Bildhauer
in Wien 100

Inhaltsverzeichnis

Vorwort des Herausgebers 5
I. Wie es anfing 7
II. Die erste Gelegenheit versäumt? 16
III. Verstohlener Einblick in eine Herrscherfamilie. Ein Machthaber und seine Umgebung 40
IV. Die zweite Gelegenheit versäumt? 108
V. Ruhe vor dem Sturm 121
VI. Unheilvolle Ahnungen! 131
VII. Die dritte Gelegenheit versäumt? 146
VIII. Dem Höhepunkt des Dramas entgegen .. 155
IX. Herausforderer oder herausgefordert? ... 166
X. Widerwärtigkeiten und Erfolge 190
XI. Die letzte Gelegenheit versäumt? 209
XII. „Mors Imperator" 231
XIII. Post mortem Francisci Josephi Imperatoris 240
XIV. Gestürzt und verlassen 262
Nachwort 273
Namentliches Verzeichnis der in diesem Buche angeführten Personen 275